淨衆 無相大師

당과 신라문화교류사 II

정중종선법을 창립한 빛나는 자랑스러운 신라 왕자 구법승

정중 무상대사
淨衆 無相大師

변인석 지음

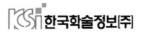
한국학술정보[주]

端雅한 모습의 無相空尊者,『七塔禪寺五百
羅漢図』(陝西旅游出版社, 2002)에서 轉載.

無相空尊者(張曾氏 敬修)『繪圖五百羅漢』
(書目文献出版社, 1992)에서 轉載, 敬修
란 공양자의 이름이다.

峨嵋山 萬年寺羅漢堂의 455號 無相空尊者
(寶冠像), 慈悲의 따뜻한 가슴으로 폭넓게
中國人民을 引導하고 敎化하였다. 德行도
뛰어났다. 이 점이 나한반열에 들어가는데
고려 되었을 것이다.

現 木塔賽村 오른쪽에 禪定寺遺址가 자리하였다.

劍門關

民族文化宮圖書館所藏 藏文版『拔協』手寫本(北京民族出版社, 1982)에서 轉載

祭天於鐵柱側主鳥從鐵柱上飛
總興宗王之勢上鳥張樂盡求自
此已後益加驚詳興宗王乃憶此
吾家中之主鳥也始自忻悅
第七化
全義四年己亥歲復禮朝賀使大
軍將王丘佺首聖張傍等部並益
州連金和尚云雲南自有聖人入
國授記汝先於奇王因以雲南遂
興王業記稱為國馬我唐家或稱是
玄奘授記此乃非也玄奘是我大唐
太宗皇帝貞觀三年己丑歲始往
西城取大乘經至貞觀十九年乙
巳歲屆于京都汝奇王是貞觀三
年己丑歲始生道得父子過玄奘
而同授記耶又玄奘路非應於雲
南矢保和二年乙巳歲有西城和
尚善立陁訶末至我京都云吾西

『南詔圖傳・文字圈』 第七化의 金和尙 記錄

淨衆寺遺址에서 出土된 觀音坐像 (四川省博物館 所藏)

觀音立像龕 上段三角形의 떨어져 나간 부분이『成都万
佛寺石刻藝術』(中國古典藝術出版社, 1958)과 비교하면
약간 修理되었다.

釋迦坐像龕(四川省博物館 所藏)

강폭이 좁아진 府河 西北橋에서 바라본 右側에 淨衆寺遺址가 있다.

古北岩

永慶寺牌坊

釋迦說法圖(北岩, 中唐)

12

北岩力士像

華嚴三聖(唐建中年間), 북암 화엄삼성은『華嚴經』에 의하여 비로자나불을 주존불로 삼아 왼쪽에 문수보살을, 오른 쪽에 보현보살을 모셨다.

西岩 宋代摩崖造像龕

北岩

『宋高僧傳』(卷19)에 無相禪師가 天谷山巖下에서 행한 頭陀行處

羅漢洞 巖下의 眉額에 새겨진 佛像

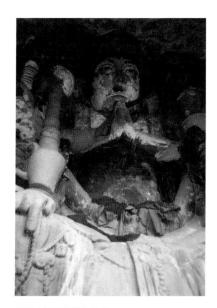

西岩 宋代摩崖造像龕

四證堂碑가 세워졌던 四合院

慧義寺千佛巖

大慈寺祖師堂

草堂寺大雄殿

古寧國寺山門

18

修復한 寧國寺祖師堂, 合掌한 가운데 塑像이 無相禪師이다

祖師堂 앞에서 大慈寺方丈 大恩和尙과 함께

現在의 府河와 南河가 좁혀졌지만, 멀지 않는 매립지에 菩提寺가 있었다

寧國寺 淸德大和尙과 함께　　　文殊院方丈 宗性和尙과 함께

|緖 文|

　필자가 『당과 신라문화교류사』(3종)의 시리즈를 기획하여 신라구법승의 발자취를 착수한지도 금년으로 20년, 79차례, 연일수로 보면 3년 정도가 된다. 성도(成都)는 무턱대고 다녔던 초기까지 합치면 14차례이다. 이와 같이 무상 선사의 실존적 인물의 이해는 무작정 그의 행적이 녹아 있는 성도 현장의 답사에서부터 시작되었다.

　그 결과 계획된 출판의 순서가 신라구법승이 먼저였으나, 아직도 답사가 덜 끝난 유적지가 남았기 때문에 본서가 앞당겨 먼저 상재(上梓)하게 되었다. 그 이유는 다음과 같다.

　1. 중국전역에 흩어져 주석(住錫)한 신라구법승의 파악이 그렇게 쉽지 않을 뿐만 아니라, 필자가 제76차 답사에서 중국독감(中國毒感)을 얻어 귀국 후 장시간 입원하였다. 그 후유증이 지금까지 영향을 주고 있기 때문에 남은 유적지 조사 보다 집필이 가능한 본서가 먼저 시작되었다는 것.

　2. 무상 선사(無相禪師)를 알면 알수록 끌리는 감동을 받을 뿐만 아니라, 초기 무상 선사의 행적(行蹟)을 제외하고, 중·후기의 행적과 기록이 신라구법승 가운데 가장 풍부하고, 확실한 데서 각론(各論)으로 선정하였다는것.

　그럼에도 불구하고 집필기간이 6년 여가 걸린 것은 선학(先學)에 의한 종합적인 시도가 없었기 때문이다. 애당초 저술(著述)을 통해서 부처님께 올리기로 한 법공양(法供養)을 결심한 것은 이

분야의 저서가 전무하였기 때문이다. 수행한 경비도 적지 않게 아파트 한 채 값이 들어갔다. 무엇보다 순환기 내과 주치의(亞洲大 병원 卓承濟科長)가 해외여행을 극구 만류할 때 타지에서 죽는 한이 있어도 이 같은 작업이 지속되어야 한다고 우겼던 일이다. 그것은 20년 간 조사하면서 수집한 자료가 허사로 돌아가기 때문이었다. 그만큼 필자에게는 큰 의미를 갖는다.

이 보다 더 큰 부담을 준 것은 혹시나 무상 선사의 생애나 사상을 오도(誤導)·왜곡(歪曲)하지나 않을까 하는 염려가 언제나 따라다녔다. 때문에 본서에서는 역사적 배경을 중시하여 살피는 것을 게을리 하지 안했다. 본서의 내용 구성에는 다음과 같은 새로운 과제를 다듬으면서 시작되었다.

1. 무상 선사의 유적지를 찾아 관련 문헌과 합치시키는 실증적 연구방법을 택하였다. 그것은 무상 선사의 행적을 통털어 연대별로 나누었다. 때문에 본서는 현대적 의미의 『승전(僧傳)』이라고 말해도 좋을 것이다. 왜냐하면 고승(高僧)일지라도 행적(行蹟)에 관한 기록은 영성(零星)하기 때문이다. 그러나 주요한 설화(說話)일지라도 그 시대에 편찬된 『僧傳』에 담겨졌기 때문에 무엇보다 행적답사를 중시하였다.

2. 신문왕(神文王)의 가계도(家系圖)를 작성하여 무상 선사의 입당(入唐) 연대, 활동의 배경을 역사적으로 분석하였다.

3. 『歷代法寶記』에 수록된 김선사(金禪師)에 관한 풍부한 자료를 통하여 지금까지 미진했던 새로운 문제점을 부각시켜 해석하였다.

4. 무상 선사가 최초 확립(確立)한 정중선파(淨衆禪派)의 선법(禪法)이 촉지(蜀地)뿐만 아니라 저 멀리 중국의 서남국(西南國)인 돈황(敦煌)·티베트(吐蕃)와 남조(南詔)까지 전파되어 큰 영향을 미쳤다는 점에서 정중종이 실질적으로 중국선종을 대표하는 초기의 종

파(宗派)이었음을 입증(立證)하였다. 종래 상징적으로 말해 왔던 달마조사(達摩祖師)의 전의가사(傳衣袈裟)가 무상 대사에 이어지는 법맥(法脈)을 풀이하였다.

아울러 종래 획기적인 업적을 낸 야마구찌 쯔이호(山口瑞鳳)와 카나다의 염운화(冉雲華) 교수가 풀이한 연대문제에 대해서도 비판하였다.

5. 무상 선사가 개원16년(728) 장안에 당도하여 스승을 찾아 법을 구한 편력(遍歷)의 '尋師訪道'를 자중(資中)의 덕순사(德純寺)에서 종지부를 찍고, 처적(處寂) 선사로부터 법을 이은 후 천곡산에 가서 수행하였다. 좌선(座禪)은 덕순사에서 가까운 지금의 중룡진(重龍鎭) 초단산(醮壇山)과 탁석감(卓錫龕)에서 흔적의 문헌을 남겼다. 무상선사의 행적은 다음과 같다.

즉 처적 선사 참알(參謁··德純寺)→좌선수행(天谷山)→정중본원창건(淨衆本院創建·· 松溪)→조사불사(造寺佛事·· 成都)→선법창립(禪法創立·· 松溪) 등 다양한 불교 활동이 경계(境界)의 벽을 두지 않고 넘나 들며 녹아냈다. 흔히들 산승(山僧)이 해야 할 본분이 좌선에 있다고 말하지만, 이말은 무상 선사에게 해당되지 않는다. 불사(佛事)는 중국고승을 통털어 무상 선사를 따를 사람이 없다.

무상 선사는 위의 경계에 연연하지 않고 ① 좌선수행(座禪修行) ② 교리(敎理)정립 ③ 조사(造寺) ④ 중생교화(衆生敎化) 등을 자유자재로 넘나들면서 최고지선(最高至善)의 가치, 경지에 도달시켰기 때문에 그러한 평가는 옳지 않다.

6. 무상 선사에 관한 행적은 빠짐없이 수집(蒐集)하여 지금의 유적지와 일치시킴으로써 덕행(德行)이 높은 고승 대덕(高僧大德)의 김화상(金和尚)을 성도의 불자(佛子)들이 성인(聖人)으로 숭상하게 되었음

을 증명하였다. 일찍이 호적(胡適)은 중국 선종사의 연구가 역사의식(歷史意識)이 결여된 병폐를 지적한 것을 보고, 이에 따라 무상 선사의 행적을 쪼각 마추기로 종합하여 3시기로 나누었다. 이외 무상과 무주의 사자관계의 가능성은 3년이란 짧은 기간에서 이루어졌다.

7. 큰 사찰에 봉공(奉供)된 지금의 오백나한(五百羅漢) 제455호 무상공존자상(無相空尊者像)이 실제의 영정(影幀)과 어떻게 다른지를 다루어 보았다. 존자(尊者)는 성자(聖者)를 가르키는 말이다.

8. 무상 선사가 처적 선사를 참알한 장소가 덕순사이고, 아울러 두타행(12종의 行法)에 정진(精進)했던 장소를 비정(比定)한 자중현 사지판(資中縣史志辦)의 성과를 성불교협회(省佛教協會)가 승인하였다. 이를 한국인으로서는 처음으로 이들과 함께 답사하여 아무런 이의 없이 받아 들였다. 아울러 무상 선사가 세운 미확인의 영국사(寧國寺), 보리사(菩提寺)와 무주(無住) 선사가 세운 보당사(保唐寺), 그리고 그가 득도한 백애산(白崖山)이 어디였을까를 나름대로 처음 비정하였다.

9. 정중사 옛 절터(淨衆寺故址)를 통해 사찰(寺刹) 크기의 범위를 추정하였다. 이와 함께 전당(殿堂), 만불탑(萬佛塔), 제당우(諸堂宇)의 배치를 재구성(再構成)하였다.

10. 정중선계(淨衆禪系)의 계보(系譜)를 확립시키고, 또 무상 선사의 승당제자(升堂弟子)를 여러 문헌에서 모았다.

11. 무상 선사와 마조도일(馬祖道一) 선사의 사자관계(師資關係)를 밝혔다.

12. 무상게(無相偈)가 따로 단독으로 있지 않다는 것을 <Stein. 6077>에서 밝혔다. 아울러 돈황가사(敦煌歌辭) 가운데 무상오경전(無相五更轉)도 시게(詩偈)로써 음미하였다. 또 정확한 연장(联章)을 옮겼다. 목적은 전수의식(傳授儀式)에서 무상 선사가 권위적이고, 평등하지 않았

24

으며, 한문(漢文) 실력이 높지 않았다는 평가를 말끔히 씻어버리는데 있다.

13. 앞으로 무상 선사의 연구를 위한 후진들의 길잡이가 되기 위해 「이설(異說)의 문헌」과 「신통사례(神通事例)」를 모았다. 아울러 『古藏文』, 『南詔圖傳』에 나타난 김화상도 철저히 파악하였다.

위의 과제 이외 본서가 담지 못한 새로운 과제가 발견된다면 『唐에 간 신라구법승』에서 보충할 것이다. 그러나 그 같은 일은 결코 없을 것으로 믿는다. 왜냐하면 위의 13과제를 통해 무상 선사의 행적이 거의 완전히 밝혀졌기 때문이다.

저서(著書)를 통해 무상대사에 관련되는 행적, 사상이 모두 정리되어야 하기 때문에 끝없는 문제가 생겨나 곁 가지를 쳐서 출판이 지연되었다. 무상대사의 사상을 제대로 밝히고, 바르게 조명(照明)되었을까 하는 염려와 무거운 의문점이 한권의 책을 엮는데 동력(動力)이 되었다.

앞에서와 같이 이 작은 한권의 공양은 작게는 또 작고하신 자당 안락행(安樂行) 보살의 영전에 명복을 빌며 바친다. 아울러 그 동안 자료제공에 많은 협조를 아끼지 아니한 허쟌핑 교수(何劍平·四川大學 中文系)와 다찌바나 하즈기(立花葉月) 씨(滋賀大學 圖書館)에게 감사를 표한다.

끝으로 본서의 진행에 큰 협조를 아끼지 않고, 도와준 제자 김준권(金俊權) 박사에게 감사하며, 출판사정이 어려움에도 불구하고 출판을 승낙해 준 한국학술정보(주) 채종준(蔡鍾俊) 사장님께 감사드린다. 아울러 편집에 애써 준 김수영(金秀英) 님에게도 진심으로 고마움을 표한다.

2009년 1월 30일
저자 씀

|目 次|

30

|표·그림·사진 목차|

표 목차

그림 목차

사진 목차

第Ⅰ篇

新羅王子의 出家와 中國求法

王子出家의 人間像

1. 氣伯의 소유자

무상 대사의 가계(家系)를 보면, 그가 왕자라는 데에 세인의 관심이 쏠린다. 무상에 관한 자료는 한국문헌이 아니고, 『歷代法寶記』, 『宋高僧傳』(卷19) 등 중국문헌이다. 이들 문헌은 한국 측의 원사료 (原史料)를 채택했다기보다 무상 대사가 당토(唐土)에 건너온 이후 남기고, 들은 바의 이야기와 행적을 적었다고 보게 된다. 예컨대, 새 왕으로 등극한 아우가 자객(刺客)을 보내올 것이라고 한 것은 편찬자의 객관적인 파악으로서 그 뜻은 왕자의 신분과 단절하고, 불세계로 돌아가는 굳은 결심이라고 보아야 할 것이다. 이 같은 굳은 결심은 애초부터 그의 여동생의 행동과 함께 나타났다. 즉 그녀가 억지로 결혼하게 되자 얼굴에 자상을 낸 뒤 뜻을 세워 출가하는 기백을 보였다. 이를 본 무상(無相) 선사 또한 '어찌 대장부로서 무심할 수가 있겠는가' 고 탄식을 하고 출가하였다. 그 사찰이 군남사(群南寺)라고 『歷代法寶記』, 『宋高僧傳』(卷19)에서 전해지고 있다. 군남사(群南寺)는 산속의 지형상 군의 남쪽에 있는 절이라는 뜻일 것이다. 때문에 군남사(郡南寺)가 맞을 것이다. 『北

『上錄』(卷6)만이 군남사(郡南寺)를 바르게 표기하였다.1) 이 같은 근거는 현재 경상남도 함안군(咸安郡) 군북면(郡北面)에서 찾게 된다. 군북면(郡北面)은 크고 작은 모든 하천(河川)이 남쪽에서 북으로 역류하는 현상을 보인다. 『宋高僧傳』(卷19)에는 한굉(韓浤)이 쓴 비문(碑文)이 있다고 했으나 전하지 않는다. 더욱 한국 측 자료에 최치원(崔致遠)이 교찬(敎撰)한 『大唐新羅國故鳳巖山寺敎諡智證大師寂照之塔碑銘』이 있으나 무상대사의 가계가 언급되지 않았기 때문에 오직 『三國史記』에서 유추할 수 밖에 없다.

이들 남매의 공통점은 결단력 있는 기백이었다. 이 같은 담력이 바로 무상 대사가 큰 원력(願力)을 세워 불사(佛事)를 일구어 내는 원동력이 되었다. 불사 중에는 정중사(淨衆寺)를 본원(本院)으로 전개되었다. 이의 목적은 고통받는 중생을 구제하기 위한 교화(敎化)의 중심기구가 있어야만 했기 때문이다. 이러한 담력은 무상 선사가 선정사(禪定寺)에서 한중(漢中)에 이르는 노정(路程)에서도 나타났다. 필자가 1990년대 초반 안강(安康)의 신라사지(新羅寺址)를 답사 할 때만 해도 서안(西安)의 친구들이 택시나 버스를 타지 말도록 말해주었다. 그때만 해도 진령(秦領)을 넘는데 안전이 위험했기 때문이다. 8시간이 소요되는 깊은 산이다.

뿐만 아니라 그의 신통력은 여러 유형으로 나타났는데 처적 선사를 만났을 때와 두타행에서 호랑이와 함께 지냈다. 정중사의 거종(巨鐘)을 옮겼을 때는 입적 후임에도 불구하고 소상(塑像)에 땀을 흘리는 기적을 보였다.

한국 측 기록에는 성덕왕(聖德王) 때의 적극적인 대중국 외교정책으로 왕자제(王子弟)의 중국파견이 중요한 과제로 등장되고 있었

---

1) [唐]『北上錄』卷6 「本新羅王第三太子. 於本国月生郡南寺出家.」

38

다. 『三國史記』(卷8)에는 무상 대사가 당토(唐土)에 도착한 개원 16년(728, 성덕왕 27) 7월에는 왕제인 김사종(金嗣宗)이 파견되어 국학(國學)에 입학을 요청하였다.2) 여기서 이른바 '子弟入國學'이 란 표청(表請)은 당사자인 자신을 위한 요청이 기도 하겠지만, 앞으로 입당하는 왕자제를 두고 펼친 외교의 성과가 담겨진 말로 파악되기 때문이다. 즉 문장상 일인칭 또는 삼인칭을 나타낸 데서 주목된다. 김사종이 무상 대사인지는 알 수가 없다.

무상 대사의 가계(家系)를 찾을 문헌이 없지만 그가 당나라 장안에 도착한 개원 16년(728)이 중요한 기점이 된다. 그 결과 ①중국에 왔을 때의 나이 ② 어느 왕의 자제(子弟)인가 ③ 여러 왕자를 둔 왕의 가계를 통한 중국과의 교류 등에서 유추할 수 밖에 없다. 그러나 정확히 무상선사를 밝혀내는 정답은 없다. 당과 신라의 기년(紀年)에서 보면 오직 무상대사가 입당(入唐)한 개원 16년 (728)의 기록만 남겼을 뿐이다. 그 밖의 기록은 전혀 없다.

개원 16년(728)은 신라 성덕왕(聖德王) 27년에 해당된다. 그러나 성덕왕의 아들이 아니고 동생일 수 있다는 것이다. 근거로 『三国 史記』(卷8)에 「聖德王이 직위하였다. 왕의 이름은 흥광이고, 이름은 융기…… 신문왕의 제2왕자이다. 효소왕(孝昭王)과 같은 어머니 밑에서 난 아우이다. 효소왕이 돌아가자 아들이 없으므로 나라 사람이 왕으로 세웠다.(聖德王立 諱興光. 本名隆基 與玄宗諱同. …… 神文王第二子, 孝昭同母弟也。孝昭王薨無子, 國人立之。)

위의 31대 신문왕(神文王)과 문목왕후(神穆王后) 사이에 태어난 왕자의 가계도(家系圖)를 알기 쉽게 그려보면 다음과 같다.

2) 『三國史記』卷8「(聖德王) 二十七年秋七月, 置王弟金嗣宗入唐獻方物兼 表請子弟入國學. 詔許之.」

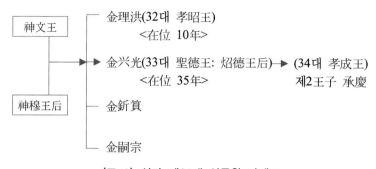

〈표 1〉 신라 제31대 신문왕 가계도

즉, 신목왕후 소생의 4왕자 가운데 2왕자가 왕위에 올랐다. 제3 왕자 근질과 제4왕자 사종은 모두 입당(入唐)한 기록이 있으나 이 후의 기록은 남기지 아니하였다. 『三国史記』(卷8)에 의하면 근질 (釿質)은 726년 5월에 입당하였고, 사종(嗣宗)은 728년 7월에 입 당하여 왕실 자제(子弟)들의 국학(國學) 입학을 받아 달라는 요청 을 성공시키는데 공을 세웠다.

신문왕의 제4왕자의 입당 연대(개원 16)가 중국측 문헌과 일치하 고, 또 그가 걷운 탁월한 외교활동에서 보면 사종(嗣宗)이 무상(無 相) 선사일 가능성이 크다. 더욱 이 문제는 왕자가 많은 가계(家系) 가 고려되어야 할 것이다. 이 경우 신문왕(神文王)이 등장된다. 이 외 왕족의 입당도 있었다. 그러나 이렇다 할 조건이 맞지 않다.

위에서와 같이 신문왕의 가계가 당나라와의 교류에서 단순하지 않았기 때문에 중국 측 문헌이 '제3王子' '제3太子' '王弟' 등의 다 양한 기록을 낳게 했는지도 모른다. 이 같은 오류(誤謬)들은 약간 의 원사료(原史料)에서 갖는 온도 차이에서 비롯된 것이기 때문에 큰 의미를 갖는다고 볼 수 없다. 기준이 되어야 할 점은 ① 총명 함, ② 입당한 개원 16년, ③ 신라왕제의 국학(國學) 입학에 따른 외교성과 등이 일치하는 데서 신문왕(神文王)의 제3왕자와 제4왕자 가운데 후자일 가능성이 크다. 무상 선사가 안사난(安史亂)이 일어나기 전에 장안(長安)을 떠난 것도 앞을 내다 본 결과일 것이다.

　무상 선사가 입당하였을 때의 나이가 40대였다고 한다면 사종이 어느 정도 맞아 떨어진다고 보게 된다. 이와 같이 눈 밝게 앞 일을 내다 보는 영민함에서 본다면 사종(嗣宗)일 가능성이 없지 않다.

　입당하였을 때의 나이가 40대였다고 본다면 『歷代法寶記』가 말한 보응 원년(762)의 입적에서 역산할 경우 거의 맞는다. 이러할 때 『歷代法寶記』(無相章)에서 언급한 '化道衆生, 經二十餘年'이 중요한 셈법(計算)의 기준이 된다. 즉 ①장안(長安)에서 보낸 시간 ② 심사방도(尋師訪道)의 기간 ③ 성적편역(聖蹟遍歷) ④ 자중(資中) 덕순사까지 오는데 소요된 여정(旅程) ⑤ 처적(處寂) 선사를 모셨던 좌우2년(便留左右二年) 등을 합치면 입당하였을 때의 나이는 거의 40대 중반에 들어선 장년(壯年)이였을 것이다.

2. 貴品 띤 遺美의 容貌

　『南詔圖傳 · 文字卷』에서 김화상(金和尙)이 말하기를 현장(玄奘)이 인도에 갈 때 남조국(南詔國)을 거치지 않았다고 말한 것으로 보아 강직한 성품의 소유자임을 알 수 있다. 신장(身長)은 처적(處寂) 선사가 본래 군인 출신이기 때문에 8척(尺)의 거구이지만, 김화상은 그렇지 않았고 품행(品行)이 출중하고, 법력(法力)이 높았다고 본다. 때문에 성도사람들은 그를 신명(神明)한 성인(聖人)으로 숭상하였다.

　필자는 무상 대사가 입적한 지 100여 년 만에 성도 무상영당(無相影堂)을 찾은 신라승 행적(行寂)으로부터 나온 말인 듯한 미남 얼굴을 띤 '유미(遺美)의 모습'에 주목하여 중국 각지의 오백나한 당을 찾아다녔다. 또 최근에 대자사(大慈寺) 무상 기념당에 걸려 있는 초상화가 어떤 기준에서 만들어졌을까 하고 눈여겨보았다. 그 기준은 키가 약간 큰 편이고, 기백이 넘치는 담력이 있으면서 얼굴은 귀품 띤 교양이 흐르는 모습이어야 한다고 생각하였다. 그러나 위의 나한상은 전혀 달랐다.

　티베트・남조(南詔)의 사절이 직접 무상 대사를 보고, 무상 선사에 귀의(歸依)한 것으로 보아 성품이 단아하면서 상대를 설득하고 감복시키는데 뛰어난 힘을 가졌다고 보아야 할 것이다. 무상 선사의 모습을 알아볼 수 있는 용모(容貌)에 관한 문헌을 찾아 보면 다음과 같다.

　① ─ 因謁寫眞, 具聞遺美, 爲唐帝導師.(「太子寺郞空大師白月栖雲塔碑」)3)

　② ─ 鼻梁上有黶.(『歷代法寶記』 無住章)

　③ ─ 咸怪神速非人力之所致也. 原其相之舍利分塑眞形, ⋯⋯ 乃知相之神力自曳鐘也.(『宋高僧傳』 卷19)

　④ ─ 時相之眞形面目流汗.(『宋高僧傳』 卷19;『蜀中廣記』 卷82)

　⑤ ─ 前廡東壁, 畵起金和尙, 高力士像.(「成都府古寺名筆記」)

　⑥ ─ 造淨衆寺, 影堂在焉.(「蜀中名勝記」 卷2)4)

　위 ①은 들은 바 대로 아름다운 귀품 띤 모습이었다는 뜻이다. '듣던 대로'란 영당을 참배한 신라 구법승이 직접 본 표현이다. 그

---

3) 『朝鮮金石總覽』 上, p.183 참조.
4) 『四川成都府志』 卷44 (巴蜀書社, 1992) p.646 참조.

러나 이와 상반된 기록이 ②이다. ①②를 제외한 ③~⑥은 이렇다 할 묘사를 하지 않았다. ④의『宋高僧傳』(卷19)은 거종(巨鐘)을 옮겼던 바로 그 날에 진형(眞形)의 소상(塑像)에서 땀을 흘렸다(爾日面皆流汗)고 기술하였다.

①의 사진(寫眞)은 오늘날의 사진을 뜻하는 것이 아니고 진모습[眞形]을 그렸다는 뜻이다. 즉 진형(眞形)은 본래의 모습을 그린 영정(影幀)이 있고, 또『宋高僧傳』(卷19)에서처럼 사리(舍利)를 나누어 진형(眞形)으로 소상(塑像)한 것 등 2종류가 있다. 즉 그림과 소상이다.

②와 같이 코등 위에 보기 싫은 검은 사마귀가 붙어있었다면, 어떻게 불자(佛子)와 대중(大衆)의 정신세계를 이끄는 종교지도자로 활동을 할 수 있었겠으며, 또 현종(玄宗)으로부터 내전(內殿)까지 드리는 공례(供禮)를 받을 수 있었을까? 더욱 위 ⑤처럼 벽화까지 그려 놓을 수가 없을 것이다. 무상 선사의 참된 얼굴 모습은 ①처럼 왕자(王子)의 귀품(貴品)을 띤 우아하고 단아한 '遺美'의 모습 으로 보아야 한다. 전통사회에서는 '身言書判'이 인물을 평가하는 기준이었다면 ②는 받아들이기가 어렵다. 더욱『歷代法寶記』는 무주계(無住系)를 정통으로 삼았기 때문에 무상 선사에 대해서는 극심한 편견이 여러 곳에서 발견된다. 그것은 ⓘ 무주와 다른 전법의식(傳法儀式)을 강조한 것 ⓙ 무상 계통의 제자인 정중사 신회(神會), 신청(神淸)에 대해서는 한마디의 언급 없이 제외시킨 것 ⓚ 무상과 무주의 만남을 먼 거리를 두고 서술한 것. 그러나 자세히 살펴보면 직접적인 만남이 발견된다. ⓥ 무상의 기형적(奇形的)인 콧등을 서술한 것 등이다. ⓥ 두상공(杜相公)이 김화상이 불가사의(不可思議)하다는 소문을 듣고 성도의 정천사(淨泉寺)를

찾았을때 이미 김화상은 입적하였다. 이때『역대법보기』의 저자는 어느 율사(律師)에 가탁(假託)하여 심한 편견(偏見)을 기술해 놓았다. 즉 김화상은 외국번인(蕃人)이고, 또 불법(佛法)도 없고, 생존시에는 설법(說法)도 많지가 안했다. 그리고 말도 바르지가 안했다는 것이다. 이 대목은 다른 문헌에서 찾아 볼 수 없는 것으로 실제와 다르다고 본다. 왜냐하면 법력(法力), 설법(說法)은 수연(受緣)을 통해 알려졌고, 언어소통은 오경전(五更轉)의 가사(歌辭)가 돈황(敦煌)까지 전파되었기 때문에 그렇지 안했음을 알게 한다.

위에서 ②를 제외한 ①~⑥이 많은 장소의 벽화(壁畫), 진형(眞形)에서 나타나고 있다는 것은 ②가 부정되는 증거이다. 만약 콧등에 사마귀가 있었다면 어떻게 여러 곳에서 무상 진형(眞形)을 그려 놓을 수가 있었단 말인가? 그것도 무상 선사를 기념하는 자랑스러운 장소에서 말이다. 이 같은 논리를 긍정적으로 뒷받침하는 것이 다음에서 확인된다.

즉, ③~④의 진형은 확실한 설명이 없지만 ①과 유사했을 것이다. 더욱 ③이 사실적인 진형에 가까웠다고 보는 이유는 무상 선사의 사리(舍利)를 소상(塑像)에 나누어 조상(造像)했기 때문이다.

④의 '時相之眞形'은『宋高僧傳』(卷19)에 '爾日面皆流汗'이라고 하였다.

⑤는 대자사(大慈寺)의 전무동벽(前廡東壁)에 그려진 실제의 김화상상(金和尙像)이지만 ⑥과 함께 아쉽게도 전하지 않는다. 영당은 선종(禪宗)사찰에 배치된 조사당(祖師堂)일 것이다.

『歷代法寶記』의 작자는 우리가 잘 알듯이 보당선파(保唐禪派)의 입장에서 편찬되었다. 그러므로 편찬자는 무주(無住) 선사 계보의 사람이기 때문에 무상 대사에 관한 평가는 여러 곳에서 부정적인 차별을 나타냈다. 그 한 예가 성도(成都) 상인(商人)에 의탁(依託)하여 혐오감이 드는 모습으로 묘사하였다. 필자가 보기에는 『歷代法寶記』의 작자는 무상(無相) 선사를 만난 적이 없는 듯하다. 『歷代法寶記』의 찬술(撰述)이 무주(無住) 선사의 입적 후 얼마 되지 아니한 시점에서 나온 것으로 본다. 왜냐하면 『歷代法寶記』(卷末)에 수록된 무주의 문인(門人)이 사진(寫眞)을 찬한 '大曆保唐寺和上傳頓悟大乘禪門門人寫眞讚文并序'가 입적한 대력(大曆) 말에 쓴 것이기 때문이다. 즉 문인(門人)이 스승의 사진을 찬한 글이다.

3. 五百羅漢의 無相空尊者像

무상 선사의 얼굴 모습을 크게 보면 무주(無住) 선사를 많이 닮았다고 했으나 유사한 다른 기록이 없어서 확인할 길이 없다. 오백나한(五百羅漢) 가운데 제455호가 무상공존자(無相空尊者)이지만 그 모습은 각양각색으로 다르다. ① 북경의 벽운사(碧云寺), ② 당양(当陽)의 옥천사(玉泉寺), ③ 항주 영은사(靈隱寺), ④ 무한 귀원사(歸元寺), ⑤ 천태산 하방광사(下方廣寺), ⑥ 십방(什邡)의 나한사(羅漢寺), ⑦ 영파의 칠탑사(七塔寺) 등을 두루 찾아다녔다.

하방광사는 아직도 정리가 되지 않았고 크기가 작았다. ①~⑦은 거의가 다 청나라 때 조성된 것이다. ①은 어떤 니소첩금(泥塑貼金)을 하지 않은 채 목재 그대로였다. ⑥은 청나라 건륭 때 주지(住持) 달철(達徹) 스님이 명나라 숭정본(崇禎本)에 의거하여 중각(重刻)한 것을 조본(祖本)으로 하여 조상(造像)했다고 본다. 특히 ④⑥의 무상 공존자는 선 채로 그 모습이 건장하고 키가 커서 남

을 설복하는 힘찬 자세가 ①과 거의 동일하다. ②③④는 금칠(金
漆)을 하였다. 오백나한 중에는 항주 영은사의 무상공존자도 장대
한 모습이다. 그러나 대부분 제455호의 무상공존자는 모두 무장
(武將)처럼 건장하고 얼굴은 무섭고 부릅뜬 눈을 가진 것이 특색
이다. 하루속히 『禪譜』에서 다른 고승처럼 아름다운 모습을 찾아
그려져야 할 것이다.

〈사진 1〉『五百羅漢護法圖說』中의 第455號 無相空尊者

〈사진 2〉什邡 羅漢寺의 無相空尊者, 2008년 4월에
일어난 지진 때문에 파괴되었다.

위의 <사진 1>은 왕자의 귀품이 출중한 모습이다.

무상 대사가 『오백나한(五百羅漢)』의 명호(名號)를 얻게 된 경위
는 무엇이었을까? 적어도 다음의 공적에 유의할 필요가 있다.

① 무상 대사가 신라왕자로 태어났음에도 불구하고, 그는 맑고
봄볕처럼 따뜻한 자비심으로 중국 민중에 다가가서 중생교화(衆生
敎化)에 힘쓴 점이 높이 평가되었을 것이라는 것.

② 검남선종(劍南禪宗)을 떠받치는 기둥 역할을 한 삼구어(三句
語)의 선법(禪法)을 손수 제창하고, 이를 수연(受緣)이란 설법의식
을 통해 실천시켰다. 그 지역은 성도뿐만 아니라 멀리 돈황(敦煌),
티베트[吐蕃]와 남조(南詔)까지 전파되었다는 것.

③ 무상 대사가 덕순사(德純寺)에서 처적(處寂) 선사를 참예(參禮)하고, 가까운 천곡산(天谷山)으로 가서 준엄한 두타행(頭陀行)을 수행한 후 성도에 자리를 옮겨서 정중선문(淨衆禪門)을 열기 위해 중심사찰로 짜임새 있는 정중사(淨衆寺)를 중창하였다는 것. 『宋高僧傳』(卷19)에는 두타행을 행한 천곡산(天谷山)이 생생한 그의 행적으로 기술되었다.

위 ①~③은 흔히 산승(山僧)으로서 해야 할 당연지사(當然之事)라고 말할 수 있겠지만 무상 대사의 경우는 위의 세 가지를 구분하지 않고, 온 열정을 기울여 모두 지상지선(至上至善)의 경지와 가치로 끌어 올렸다는 점이다.

더욱 성도에서 그 많은 조사불사(造寺佛事)를 모화(募化)에 의해 이루었다는 것은 폭넓은 신도를 바탕으로 하였다는 뜻이다. 그러면서 무엇보다 상도현령(成都縣令)과의 만남에서부터 스스로 큰 지원을 받았다. 신도들로부터 힘을 얻은 모화에 의해 불사를 이룩한 점이 무상 대사를 빛나게 한다. 이 점이 무주(無住) 선사와 다른 점이다.

중국의 역대 2,000 여 고승(高僧) 가운데 실존 인물로 오백나한에 들어간 분은 몇분 안 된다. 오백나한에는 불타(佛陀)의 대제자(阿若憍陳如, 須跋陀, 優陀夷, 半扥迦, 注茶半陀迦)와 인도불교사에서 중요한 자리를 차지한 조사(祖師)와 고승(高僧) 등 (龍樹, 無著, 世親), 그리고 중국고승(達摩, 僧伽, 法藏, 無相, 辯才, 延壽, 自在) 등이 들어갔다. 앞의 달마, 승가, 법장은 서역·인도사람이지만 중국에서 활동하였다. 중국인을 제외한 동아시아의 고승 가운데는 오직 무상존자(無相尊者)만이 오백나한에 들어갔다.

앞에서와 같이 중국의 역대 고승에 손꼽히는 분만 해도 2,000여

명이 된다. 즉 불교가 중국에 들어온 서한(西漢) 말에서부터 청나라에 이르기까지 중국의 『僧傳』에 수록된 조사(祖師), 고승(高僧)이 자그마치 2,000여 명이다.

이들 고승 가운데 『오백나한』에 들어간 분은 위의 몇 분 뿐이다. 이것으로 보아 오백나한에 들어가는 평가의 기준이 단순한 명칭상 불린 신승(神僧), 고승(高僧), 대덕(大德), 조사(祖師)에 있지 않고, 봄볕처럼 따스한 자비심으로 중생 교화에 얼마만큼 힘썼는가에 잣대를 마추었다고 보게 된다.

무상 대사에 대한 올바른 평가(評價)도 이같이 단순한 정중종(淨衆宗)의 조사 자리에 머문 것이 아니라, 실제로 정중본원(淨衆本院)을 세우고 성도시민을 이끌어 간 교화(敎化)와 순화(淳化)에 있었다. 현재까지의 연구는 검남선종에 대한 발전과 평가보다 무상 대사와 무주 선사의 사자관계(師資關係)가 사실인가에 더 큰 관심을 모았다.

종래 『오백나한』의 이름(名號)은 일정하지가 않았다. 남송 때 와서 비로소 공부원외랑(工部員外郎) 고도소(高道素)가 많은 경론(經論)을 수집(蒐集)하여 일일이 그 이름을 대조하고 편제(編制)하였다. 이것을 돌에 새겨 비(碑)를 세웠다. 이것이 남송 소흥(紹興) 4년(1134)에 세워진 『江陰軍乾明院羅漢尊號碑』이다. 중국 최초의 오백나한 명호(名號)의 기록으로 이후 큰 변동 없이 내려왔다.

이 비문(碑文)은 일찍 없어져 내려오지 않고 있다.[5] 다행히 『金石萃編』(補正續編 卷17)과 『大藏經補編』(20冊)에 수록되었다.

중국에서는 이에 대한 착오가 있기 때문에 이 자리를 빌려 바로

---

5) 馬書田, 『中國佛菩薩羅漢大典』(華文出版社, 2003) p.321 「以上所列, 是據南末高道素編錄并于南末紹興四年(1134)所立的 『江陰軍乾明院羅漢尊號碑』. 此碑早已不存, 碑文收入 『金石續編』 卷十七和 『嘉興續藏』 第四十三函中.」

잡고자 한다. 필자가 조사한 바에 의하면 『金石萃編』(續編 卷17)에는 비문이 수록(收錄)되지 아니했고, 단지 표제(標題)와 건립연대(建立年代)를 합친 두 줄만이 수록되었을 뿐이다.6)

필자는『오백나한』에서 무상 대사의 모습을 찾을 수 없을까 하고, 마서전(馬書田)이 소개한 이른바 유명한 나한당(羅漢堂)7)이 있는 7곳의 사찰을 답사하였다. 이의 답사는 본래「당에 간 신라구법승」이 주석(住錫)하였던 사찰조사를 함께 하면서 동시에 수행(遂行)하였다.

위의 마서전이 지목한 사찰은 다음과 같다. ① 북경 벽운사(碧雲寺), ② 성도 보광사(寶光寺), ③ 소주 서원사(西園寺), ④ 상해 보화사(寶華寺), ⑤ 무한 귀원사(歸元寺), ⑥ 곤명 공죽사(筇竹寺), ⑦ 소주(韶州) 남화사(南華寺)이다. 이 가운데 오직 ⑥만은 보지 못했다. 앞으로 기회가 있을 것으로 본다. 그러나 소상(塑像)이 매우 큰 것으로 알고 있다.

위의 나한당을 제외하고 소개하고픈 나한당은 ① 십방(什邡) 나한사, ② 항주 정자사(淨慈寺), ③ 항주 영은사(靈隱寺), ④ 당양(當陽) 옥천사, ⑤ 천태산 하방광사(下方廣寺) 등이다. 위 ①은 금년 4월 사천(四川) 지진 때 사찰이 모두 붕괴되었다. 예나 지금이나 재정이 넉넉한 사찰만이 나한당을 세웠다.

『오백나한』이 석각탁본(石刻拓本)으로 채택된 『乾明院五百十八阿羅漢圖錄』(書目文獻出版社, 1993)에 의하면 무상 대사는 왕자다

---

6) ① 『金石萃編』(補正續編)(台湾, 國聯圖書出版公司, 1965, 初版) p.414 卷17 宋 참조.
　② 『南宋江陰軍乾明院羅漢尊號石刻』은 『嘉興續藏』(43函)에서 찾을 수 있겠지만 손쉽게 『大藏經補編』(20冊) p.744에서 찾을 수 있다.
7) 馬書田, 위의 책 p.328 참조.

운 귀품 띤 모습이다. 이『圖錄』은 청나라 건륭(乾隆) 연간에 십방 (什邡) 나한사의 주지였던 달철(達徹) 화상이 명나라 숭정본(崇禎 本)에 의거하여 중각(重刻)하였음에도 불구하고, 파괴되기 전 십방 시 나한당에 있었던 무상공존자는 위협적으로 서 있는 형상(形像) 이였다. 물론 지금은 파괴되었지만 그 전의 것이 그러하였다. 대부 분의 무상공존자는 눈을 부릅뜬 채 선 자세의 무장형(武將形)이다. 그래서 송나라 때의 소상(塑像)에 의거하여 청나라 강희(康熙) 때 절강인 허종용(許從龍)이 그린 장권(長卷)이 현재 여산박물관(廬山 博物館)에 소장되었기 때문에 찾아갈 생각이다.

여산은 고려에서부터 공납된 불상을 모신 나한사지(羅漢寺址)를 찾기 위해 수십 차례 다녔지만 이때는『오백나한장권(長卷)』이 관 심 밖에 있었다.

위에서와 같이『乾明院五百十八阿羅漢圖』가 천인천면(千人千面) · 천자백태(千姿百態) · 기백굉위(氣魄宏偉)의 다양한 형상(形象)이 다. 이를 한국 측 사료(史料)인『寂照塔碑』,『奉化太子寺朗空大師 白月棲雲塔碑』가 무상 대사의 사진(寫眞)을 보고 찬자(撰者)가 듣 던 대로 과연 귀품 띤 미모(遺美)[8]에 따랐는지를 살펴보면『乾明 院五百羅漢圖』의 무상공존자(無相空尊者)는 연로하고, 옆면의 자세 를 취하고 있어서 앞 일을 내다 보는 사색(思索) · 신이적(神異的) 모습이다.

---

8)『朝鮮金石總覽』上 p.183 奉化太子寺朗空大師白月棲雲塔碑「 …. 乾符 二年, 至成都俯巡謁到淨衆精舍, 禮無相大師影堂. 大師新羅人也. 因謁寫 眞具聞遺美爲唐帝導師.」

〈그림 1〉『乾明院五百羅漢圖錄』
(淸乾隆翻刻本)에서 轉載

〈그림 2〉「南宋江軍乾明院羅漢尊
號碑」(『大藏經補編』 20)에서 轉載

그러나 확실한 영정(影幀)은 정중사 영당(影堂)에 모셨던 진영사
진(眞影寫眞)과 소상진형(塑像眞形)이지만 아쉽게도 지금은 전하지
않는다. 아마도 회창폐불(會昌廢佛)때 없어졌다고 본다. 현재 가장
오래된『乾明院五百十八阿羅漢圖錄』뿐 이다.

이것은 청나라 건륭년간(乾隆年間)에 십방현(什邡縣) 나한사 주
지 달철(達徹)이 명나라 숭정본(崇禎本)에 의거하여 중각[重鐫]하였
다. 현존하는 판각(板刻)으로는 가장 오래된 것이다. 이 책의 조본
(祖本)은 말할것 없이 남송의 건명원본(乾明院本)이다. 그것은 명칭
부터 건명원나한을 따랐다는 데서 알 수 있다. 도판은 52면이다.
전면 2면은 18나한상이고, 50면은 500나한상이다. 각면에는 10위
(位)의 나한상이 배치되었다. 상단에 나한의 명호가 붙혀졌으나 나
한상의 위치와 명호(名號)를 맞추는 데는 어려움이 있었다. 앞에서

와 같이 무상공존자(無相空尊者)는 나이가 든 옆면의 자세이다. 사색적 · 신이적 형상(形象)이다.

현존하는 남악(南嶽) 축성사(祝聖寺)는 영파(寧波) 칠탑사(七塔寺)의 오백나한석각도(石刻圖)를 다시 번각(翻刻)하였다. 축성사가 자리잡은 위치가 남악(南嶽)에 오르는 발 뿌리에 있기 때문에 대웅전(大雄殿) 벽(壁)을 주목하지 못 했다.

칠탑사오백나한상식각도(七塔寺五百羅漢像石刻圖)는 원통보전(圓通寶殿)의 3면 벽에 온전하게 유리속에 보존되었다. 석각 넓이 35㎝, 높이 30㎝이고 , 총 250 면이다. 나한의 형상(形象)은 항주 정자사(淨慈寺)에 있었던 송(宋)나라 때 만든 소상(塑像)의 모각(摹刻)으로 보고 있다. 광서(光緒) 16년(1890) 칠탑사주지 자운화상(慈運和尙)이 축성사에 가서 오백나한의 탁본(拓本)을 얻어 와서 중수(重鐫)하였다. 보존을 위해 유리로 덮어 씌어 놓았기 때문에 사진에 담기가 어려워 함께 간 방조유(方祖猶)교수와 함께 가상방장(可祥方丈)을 찾았지만 출타중이여서 방교수가 가상방장으로부터 증정(贈呈)받은 귀중한 『七塔禪寺五百羅漢圖』를 호텔로 가져 와서 선물로 주었기 때문에 집에 모셔 놓았다. 최치원이 찬한 『寂照塔碑銘』,『奉化太子寺朗空大師白月棲雲塔碑』에 나오는 귀품 띤 유미(遺美)의 모습과 거의 합치되었다. 필자가 알기로는 유일하게 칠탑사 만이 출판한 오백나한의 자료이며, 무거운 거책(巨册)이다.

〈그림 3〉五百羅漢畵卷（明 吳彬畵），『中國佛菩薩羅漢大典』에서 轉載

〈사진 3〉北京 碧雲寺
羅漢堂의 無相空尊者

第Ⅱ篇

唐土에서 確立한 淨衆禪門의
系譜와 그 勢力

1. 淨衆·保唐禪派의 傳法世系

정중·보당선파(禪派)의 계보를 엿볼 수 있는 자료는『圓覺經大疏鈔』(卷3之下),『歷代法寶記』,『景德傳燈錄』(卷4)이 있다. 정중·보당선파는 홍인(弘忍)의 수선승단(修禪僧團)인 동산법문(東山法門)에서부터 방지(旁支)로 분화된 지선(智詵)을 개조(開祖)로 하여 처적(處寂) → 무상(無相) → 무주(無住) → 신회(神會)에 이르는 100년은 사천(四川)에서 가장 큰 세력을 떨쳤다. 뿐만 아니라 초기 선종사(初期禪宗史)에서도 대표되는 가장 큰 세력을 가진 종파(宗派)였다.

종밀은『圓覺經大疏鈔』에서 정중종(淨衆宗)을 선종의 제2가(家), 보당종(保唐宗)을 제3가(家)로 분류하였다. 종밀의 이 같은 종파(宗派)의 분류는 현대(現代)적 의미에서 볼 때 대세력(大勢力), 대종파(大宗派)란 뜻이다. 이 말을 최초로 사용한 사람은 호적(胡適)과 염운화(冉雲華)이다. 호적의 이 같은 평가가 나오기 전까지는 아무도 정중종에 대하여 큰 주목이 없었다. 호적은 돈황유서(敦煌遺書)를 통하여 초기 선종사에 걸출한 신회화상(神會和尙)의 역할을 새롭게 밝혔다.

정중·보당선파는 검남(劍南)이란 지방에서 대종파, 큰 세력을 가진 종파의 뜻 뿐만이 아니라, 달마의 상대전의(上代傳衣)가 혜능(慧能) 선사로부터 환수되어 무측천이 다시 지선 → 처적 → 무상

→ 무주에게 전달되면서부터 선종을 대표하는 상징적이고 전국적인 세력이 되었다. 이 때문에 약간 뒤에 흥성(興盛)한 강서의 홍주종(洪州宗)이 사천에 유행되지 못한 이유가 지리적으로 중국서남에 편재해 있기도 하지만 이처럼 검남선종(劍南禪宗)이 확고한 자리를 잡고 있었기 때문일 것이다.

이같이 무상 선사가 확립한 정중종(淨衆宗)을 두고 종밀(宗密)은 북종(北宗)도 아니고 남종(南宗)도 아니라고 했다. 이 말의 뜻은 양쪽에 다리를 걸치는 겸용의 잡유(雜糅)에서 해석할 것이 아니라, 한쪽에 치우치지 않는 독자성으로 풀어가야 할 것이다. 『歷代法寶記』의 작자는 남종에 가까운 돈교법(頓敎法)이라 했다. 무상 선사의 두타행(頭陀行)은 북종(北宗)에 속하였다. 그러나 극소수의 문헌은 정중종을 균횡잡힌 독자성으로 인식하지 않았다. 비록 북종과 남종이 아닌 동산 홍인(弘忍)의 방계(旁系)에 있었지만 상대가사(上代袈裟)가 전수되므로써 상징성의 선종을 대표하는 정통(正統)에 무게를 두게 되었다. 정중선파(淨衆禪派)가 독자의 종파(宗派)를 유지해 나간 구심에는 ① 전의가사(傳衣袈裟)가 홍인(弘忍) → 지선(智詵) → 처적(處寂) → 무상(無相) → 무주(無住)로 이어진 것 ② 정중본원(淨衆本院)에 '七祖院小山'을 세운 것 등이다. 이것은 검남선종(劍南禪宗)이 홍인 아래의 방계(旁系)가 아닌 독자의 계보(系譜)를 지키며 일시 선종을 대표하는 상징물이였음을 뜻한다. 문헌적 근거는 ①이 『歷代法寶記』(惠能章), 『佛祖通紀』(卷40), 『佛祖歷代通載』(卷13)이고, ②는 당나라 정곡(鄭谷)의 '忍公小軒'이란 시(詩)인데, 7조처적(七祖處寂)을 기념하기 위한 뿌리(根源)를 내외에 알린 것으로 보게 된다.[1] 이 시기는 아직 초기 선종사에서 남북종

---

1) ① 傳衣袈裟는 <Ⅳ編 異說表 ⑤傳衣> 참조. 傳衣는 法契와 함께 이어졌으나 淨衆・保唐禪派의 경우는 密室이 아닌 공개적인 付囑으로 전

으로 격렬하게 나누어지기 전이다. 『歷代法寶記』에서는 활태(滑台) 대운사(大雲寺)에서 하택사(荷澤寺) 신회(神會)가 등장하기 바로 전 이다.

지선(智詵) 선사의 입적이 장안(長安) 2년(702)이기 때문에 신회 가 사생결단으로 북종을 격렬히 비판한 이른바 '활태변론(滑台辯 論)' '남양(南陽)의 무서대회(無遮大會)'가 열렸던 개원(開元) 20년 (732)에서 보면 30년이 앞선다. 또 『歷代法寶記』가 무주 계보의 제 자에 의하여 편찬되었기 때문에 남종의 혜능(慧能) 선사를 앞머리 에 두었지만 중심은 정중(淨衆)·보당(保唐)계를 근간으로 구성하 였다. 또한 『景德傳燈錄』(卷4)도 지선(智詵) → 처적(處寂) → 무상 (無相)을 남종(南宗)에 앞서 배치하였다.

정중·보당의 계보는 종밀(宗密)의 인식(認識)과 『歷代法寶記』 의 작자가 각기 다르다. 종밀은 보당의 전법세계(傳法世系)를 홍 인(弘忍) → 노안(老安) → 진초장(陳楚璋) → 무주(無住)로 이어진 데 반하여 『歷代法寶記』는 홍인(弘忍) 아래서 갈라져 나온 지선(智 詵) → 처적(處寂) → 무상(無相) → 무주(無住)로 법맥을 이었다. 그 가 행한 두타행(頭陀行)도 능가종(楞伽宗)에 속하였다. 그러나 『歷 代法寶記』의 저자는 무상의 선법(禪法)을 가르쳐 '頓敎法'이라고 지적하였다. 이와 달리 종밀(宗密)은 무상의 선법을 '非南北'이라 고 하였다. 검남선파(劍南禪派)를 『歷代法寶記』는 무주의 보당선 파를 법통으로 내세웠기 때문에 정중선파(淨衆禪派)의 무상 선사 를 제외한 동학과 제자, 즉 남악 승원(南嶽承遠) 그리고 정중사 신회(淨衆寺神會), 혜의사 신청(慧義寺神淸) 등은 포함시키지 아니 하였다. 다만 서술 중에 언급되어 나오는 가섭(迦葉)은 무상 선사

해졌다.
② [淸]彭定求, 『全唐詩』 下冊 卷675(中州古籍出版社, 1996) P.4192 참조.

의 제자로 말하였다. 이 점이 선종사서에서 등사(燈史)가 광범위하게 채택된 『景德傳燈錄』과 비교된다. 비록 무주(無住) 선사가 무상 선사의 전수의식(傳授儀式)을[2] 제외한 나머지 선법(禪法)인 삼구용심(三句用心)은 그 대로 받아들였지만 무상 선사와 함께 한 기간은 매우 짧았다. 물론 수연(受緣)을 통해 무상 선사의 선법을 만난 것이 건원(乾元) 2년(759)이기 때문에 무상이 입적(入寂)한 보응(寶応) 원년(762)까지 3년에 불과하다. 이 기간에 무상 선사를 계속하여 따라다녔던 것도 아니다.

　서로의 차이점이 있었다. 종밀(宗密)에 의하면 불승(佛僧)이 되는 데는 탁발(剃髮)후에 아무런 의식없이 곧 가사(袈裟)를 입는다. 금계(禁戒)도 안 받는 것이 무주 선사의 주장이었다. 기본적인 차이는 무주선사의 '識心見性'의 심성선법(心性禪法)이였다.[3]

　법맥(法脈)은 승후제자(承後弟子) 쪽에서 말하는 것이 옳다. 그러나 제자들의 저술이 없다. 무상 선사와 마조도일 선사의 사자상승(師資相承)은 여러 문헌에서 말하였다.

---

2) [唐]『圓覺經大疏鈔』卷三之下「指示法意大同. 其傳儀式, 與金門下全異. 異者, 謂釋門事一切不行. 剃髮了便掛七條, 不受禁戒. ……」

3) ① 楊富學·王書慶,「蜀地禪宗之禪法及其特点」(『周紹良先生紀念年文集』, 北京圖書館, 2006) PP.458-46.
　② 王書慶·楊富學,「四川禪派淨衆與保唐之關係」(『敦煌佛敎與禪宗學術討論會文集』, 三秦出版社, 2007) PP.464-469.
　즉 오염(汚染)된 심성(心性)이 곧 계율(戒律)에 어긋나는 위범(違犯)이 된다는 것이다. 또 하나 유의할 점은 무주 선사의 지위가 정중선파(淨衆禪派) 안에서 확고한 자리를 못 얻었기 때문에 무주 선사의 종지(宗旨)인 교를 행하는데 구애받지 않고, 아는 것을 없앤다는 이른바 '敎行不拘而滅識'을 받아들이지 안했다는 것이다. 이 같은 멸식(滅識)은 결국 출가(出家) 후에는 형식적인 수계(受戒), 불사(佛事) 등이 필요치 않는 것으로 비판했다. 때문에 멸식(滅識)은 지선(智詵) → 처적(處寂) → 무상(無相)을 잇는 정중법문(淨衆法門)과 확연히 구분된다.

이 부분은 본서의 다른 장(章)에서 다루었다. 그러나 『景德傳燈錄』(卷4)은 다르다.

2. 劍南의 佛教

1) 大都會 成都

성도는 한(漢)나라부터 지금까지 화서(華西)의 대도시가 되는데는 지형상 분지이지만 토지가 비옥하고, 생산이 자족하여 외부에 의지하지 않고, 독자적으로 생활을 유지할 수 가 있었기 때문이다. 교통도 서안뿐 만 아니라 남조를 통해 서남실크로드와 연결되었다. 서북쪽으로는 티베트(吐蕃)와 연결되었고, 동으로는 장강(長江)이 수상교통의 간선이 되었다.

성도는 일반 도회와 달리 번화(繁華)의 쪽에서는 양주(揚州) 다음이었다.4) 응당히 당시 양주(揚州)와 익주(益州)는 중국 최대의 도시로 그 번영(繁榮)이 으뜸이었다. 인구도 10만호 50만이었다. 번화(繁華)한 도회가 조성(造成)되는 데 있어서 성도는 먼저 옥야천리(沃野千里)가 자리한 자연환경을 배제하고서는 말할 수 없다. 옥야천리란 남북의 길이가 천리가 된다는 말이다. 또 외부의 물화(物貨)를 교역하는 통상수단으로는 북쪽에 양자강(揚子江), 한수(漢水)가 있다. 대도회는 북쪽에 멀리 장안(長安), 낙양(洛陽)이 있고, 서북에 돈황(敦煌)이 있다. 외부와는 서남국에 티베트[吐蕃]와 남조(南詔)가 가깝게 웅거(雄居)하고 있어서 빈번한 교통을 이루었다. 뿐

---

4) 『資治通鑑』 卷253 乾符6年條 참조.

만 아니라 성도의 민강(岷江)은 남조와 남해실크로드에 연결되었다.

성도는 남쪽을 제외하고는 모두 산으로 둘러싸였다. 동북쪽이
대파산(大巴山), 북쪽이 민산(岷山)에 둘러싸여 역대로 황제의 피난
처가 되었다. 이른바 난세(難世)의 황제는 안록산의 난 때 현종이
1년 2개월간을, 황소난(黃巢亂)때는 희종(僖宗)이 3년간 안전하게
몽진(蒙塵)할 수 있었던 것은 바로 천연요새 때문에 택해진 것이
다. 지금의 서안을 떠나 성도 쌍류(雙流)국제공항에 착륙하기 전에
서영설산(西嶺雪山)의 산간(山間)이 한눈에 들어온다. 성도에는 예
부터 120방(坊), 삼시(三市)가 있었다.5) 성도에서 유명한 것은 조
각, 판각, 붓, 음식, 차 등이다. 먹거리를 말해주는 속언(俗諺)에
'성도에서 나고, 건창에서 죽는다.(生在成都, 死在建昌.)고 하였다.
건창은 관목(棺木)을 짜는 화단목(花檀木)이 생산되기 때문이다.
875년 고병(高駢)이 검남서천절도사(劍南西川節度使)에 임명되자
새로운 축성계획을 세웠다. 성도 인구의 100만 명을 동원해서 98
일 만에 완성하였다고 한다. 이것이 나성(羅城)이다. 이 공로로 인
하여 고병은 연국공(燕國公)으로 봉하여졌다. 곧 임지도 회남절도
사(淮南節度使)로 옮겼다. 여기서 신라출신 최치원을 만난다.

---

5) ① 『輿地紀勝』 卷37 揚州 p.1563 「與成都號爲天下繁侈, 故称揚益.」
　② 『容齋隨筆』 9 唐揚州之盛 「···· 商賈如織, 故諺称揚一益二.」

〈사진 4〉唐代羅城 同仁路城墻

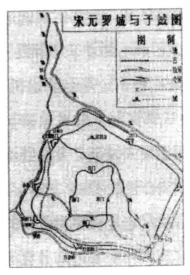

〈사진 5〉宋元代羅城 · 子城圖

신라출신 최치원(崔致遠)과의 만남은 최치원이 제도행영병마도통(諸道行營兵馬都統) 고병의 막하(幕下)에 들어가 종사관(從事官)으로 있으면서 필연(筆硯)을 맡아 대필(代筆) 하면서부터였다. 최치원이 지은 '討黃巢檄文'은 반적(叛賊)의 간담(肝膽)을 서늘하게 한 명문장으로 당나라의 국민적 단합을 모으게 하였다.[6]

또 최치원이 찬결(撰結)한 『唐大薦福寺故主翻經大德法藏和尙傳』이 있다.[7]

---

6) 국내에서 발표된 論文만 해도 수편이 있다.
  ① 李九義,「崔致遠의 檄黃巢書攷」(『嶺南語文學』19, 1991).
  ② 金重烈,「崔致遠의 '檄黃巢書' 硏究」(『東洋古典硏究』2, 1994).
7) 『大正藏』50, 史傳部 2, PP.280 - 286 참조.

2) 劍南의 佛教宗派

성도의 불교를 잡신앙적(雜信仰的)이라고 지칭한 까닭은 알 수 없지만 그렇게 말하는 사람이 더러 있다. 성도라 해서 다른 지역에 비해 묘회(廟會)가 극성한 것도 아니다. 오히려 고승의 배출이 적지 않다. 수말 당초의 혼란시기에는 중원(中原)의 고승들이 성도에 모여 들었다. 『續高僧傳』(卷13,14,20)에는 이를 뒷받침 할 수 있는 기록이 적지 않다.[8] 이외 앞에서 말한 현장(玄奘)의 경우가 대표된다. 필자의 답사 경험에서 보면 성도를 중심으로 반경 200 킬로가 무상 대사가 활동한 지역이 된다. 삼태(三台) 혜의사는 무상 선사, 무주 선사, 도일 선사, 지장 선사가 사정(四証)으로 모셔졌는데, 익주(益州) 무상 대사(無相大師)를 중요한 첫머리의 일정(一証)으로 배치하였다.[9] 찬문에서도 마조 대사보다 양이 많다. 이것으로 보아 마조도일 선사는 남악으로 떠나기 전까지 검남(劍南) 선종의 거장(巨匠), 모범이었다. 지장 대사는 마조 대사의 제자이기 때문에 자동적으로 따라 나온 것이다. 사정(四証)이란 정중종의 대표, 모범의 뜻이다.

삼태 혜의사는 동천절도사판관(東川節度使判官) 이상은(李商隱)이 지은 『당재주혜의정사남선원사정당비명병서(唐梓州慧義精舍南禪院四証堂碑銘并序)』가 청나라 때 편찬된 『全唐文』에 실려 있다. 이

---

8) ① 『續高僧傳』 卷13 釋神逈 「益州官庶士俗及以同舟列道, 爭趨奔于葬所.」
   ② _____ 卷14 釋道基 「於是巴蜀奔飛望煙來萃, 莫不廓淸遊霧, 邪正分焉.」
   ③ _____ 卷20 釋智聰 「還歸本房安座而卒異香充溢. 丹陽一郭受戒道俗三千餘人.」
9) 『宋高僧傳』 卷19 「至開成中, 李商殷作梓州四証堂碑, 推相爲一証也.」

밖에 『四川歷代碑刻』(高文), 그리고 최근에 출판된 『巴蜀佛教碑文
集成』(巴蜀書店, 2004)에도 사증당비명(四証堂碑銘)이 수록되었다.
또 삼태 혜의사는 청나라 때부터 금천사(琴泉寺)라고도 부른다. 본
래는 천불감 자리에 있었으나 당나라 때 지금의 산 위로 자리를
옮겼다.

정확히 말하면 북주(北周) 때 창건된 안창사(安昌寺) 유지 위에
당나라 초에 혜의사가 세워졌다.[10] 또 이상은(李商隱)의 불교문학
에서 소개되고 있는 '四證臺記'가 있다. 즉 장평산(長平山) 혜의정
사의 장경원(藏經院)에는 석벽(石壁)이 붙은 다섯 칸을 이후에 짓
고, 『妙法蓮華經』(7卷), 『四證臺記』, 『彌勒院碑』, 『佛頌』 등을 새겨
넣었다.[11]

이 밖에 정토종(淨土宗), 율종(律宗)이 성도에 들어왔으나 그 세
력은 미미하였다.

이번 답사는 필자가 1995년 1차 답사 때 알게 된 좌계 (左啓:
삼태현 문물관리소장)와의 전화연락에서 한번 들러 달라는 요청
때문에 그동안의 출판물이 있지 않을까 하는 기대에서 찾았으나
청나라 『縣志』에서 뽑아낸 얇은 『혜의사』 책자 하나로 만족하였
다. 그동안 성도는 필자가 14 차례 답사하였지만 성과는 미미하였
다. 혜의사는 대자사(방장: 大恩)가 심도 있는 계획을 세워 무상
대사 연구를 주도하고 있는 것과는 사뭇 달랐다.

필자는 2005년 봄 이들 연구팀이 모이는 장소에 동석하는 영광을
얻어 그들의 연구 대강(大綱)을 엿볼 수 있었다. 중요 과제는 ① 정
중·보당파, ② 무상 인성염불, ③ 천곡산, 금곡산(金谷山)의 암하,

---

10) 王勃, 「梓州慧義寺碑銘幷序」, 『巴蜀佛教碑文集成』, (巴蜀書店, 2004)
　　 p.25 「慧義寺, 則安昌寺之遺基」.
11) 龔鵬程, 『佛教與佛學』(台灣, 新文豐出版公司, 1996) p.9 참조.

④ 정중·보당선파와 성도 등 광범위한 조목으로 짜여 있었다. 필자는 무상과 고대 티베트 선종과의 관계, 즉 『歷代法寶記』의 선종이 티베트에 전파된 것을 앞으로 연구하면 좋을 것이라고 말해 주면서, 『바세(sBa-bžhed)』기록을 이해하고 『티베트발전사』를 저술한 석석(石碩: 사천대학 역사과) 교수를 소개해 주었다. 이 해 8월 십방시(什邡市)가 주최한 마조 선사에 관한 국제 학술회의가 개최되기 전 봄에 시정부의 당서기로부터 초대되어 환대를 받고, 이학동(강원대) 교수와 초청장을 미리 받았지만 귀국 후 독감으로 인하여 장기간 입원하였기 때문에 불참하고 말았다. 이 연구 제목이 바로 그때 예정된 것이었다. 그리고 또 2006년 봄에 자주(資州)를 답사하여 많은 의문을 풀었다. 답사는 문헌이나 전설을 이해하고 풀어가는 데 중요한 연구 방법이다.

第Ⅲ篇

諸文獻에 보이는 崇尙의 金和尙

諸文獻에 나타난 金和尙

1. 『歷代法寶記』 無相 관련의 몇 가지 問題

20세기 초 돈황(敦煌)에서 출토된『돈황유서(敦煌遺書)』중『역대법보기(歷代法寶記)』(1卷)로 말미암아 1120여 년 동안 묻혀 왔던 무상 선사의 선지(禪旨)와 삼구 법문, 그리고 정중사(淨衆寺)를 본원(本院)으로 삼아 폭넓게 홍화(廣化)를 아끼지 아니한 불교활동이 생생하게 찾아지게 되었다. 더욱 덕순사(德純寺) 주변의 천곡산(天谷山)에서 준엄한 두타행(頭陀行)을 통해 오탁(汚濁)한 마음의 때를 씻는 수행이 자세하게 들어났다. 무상 선사에 관한 기록은『송고승전(宋高僧傳)』(卷19)이 있기는 하지만 이 문헌은 시대도 늦을 뿐만 아니라 일종의『승전(僧傳)』이기 때문에 내용이 간략하다. 그러나 중국에서는『송고승전』이 쉽게 전세(傳世)됨으로써 기본사료(基本史料)로 사람들에게 손쉽게 이용되었다. 예컨대 정중사(淨衆寺)의 명칭만 보아도『역대법보기』의 정천사(淨泉寺)보다 늦게 편찬된『송고승전』(卷19)이 정확한 데서 알 수 있다.

이 때문에 무상 선사 곁에서 일어난 많은 기적(奇迹)들의 모습이 부활(復活)되었다.『역대법보기』는 정중(淨衆)·보당선파(保唐禪

派)의 계보를 홍인(弘忍)의 10대(大) 제자로 꼽는 지선(智詵: 609
~702)을 초조(初祖)로 하고 있다. 이들의 사자상승(師資相承)은
지선(智詵) → 처적(處寂: 648~734) → 무상(684~762) → 무주(714
~774)에서 무상(無相: 684-762) → 무주(無住: 714-774) 때가
가장 발전하였다.

　위의 선계(禪系)에서 보면 6조 혜능의 뛰어난 제자인 신회(神會)
가 자리 잡기 전에 검남선종이 독자적인 세력을 확보하여 초기 선
종사의 지위를 확립하였다. 그 선계가 5조 홍인(弘忍)의 10대 제자
인 지선(智詵)을 초조로 하는 정중종(淨衆宗) 지선(智詵)이었다.

　이와 달리 종밀(宗密)의 『원각경대소초(圓覺經大疏鈔)』(卷3之下)
에서 홍인(弘忍) → 노안(老安) → 진초장(陳楚璋) → 무주(無住)의 법
계가 언급되었다. 『역대법보기』(無住章)는 당시 사람들이 '白衣居
士陳楚璋'을 유마힐(維摩詰)의 화신(化身)으로 불렀다. 그러나 무주
선사가 성도에서 자리를 잡기 위해서는 무상 선사와 같은 고승으
로부터 다시 전법을 받는 것이 필요했다고 본다.

　알다시피 『역대법보기』의 편찬은 무주(無住) 선사의 문인(門人)
에 의하여 성립(成立)된 것이다. 그러나 작자(作者)가 누구인지, 언
제 편찬되었는지의 확실한 기록이 없지만 권말(卷末)에 있는 무주
선사의 사진찬문(寫眞讚文)을 살펴보면 『역대법보기』의 성립연대
는 무주 선사의 입적 직후 얼마 안 가서 대력(大歷) 9~13년간
(774~778)에 편찬되었다고 보게 된다. 즉 크게 보면 당나라 대종
(代宗)의 대력연간(766~779)이지만 이를 좁혀서 보면 필자는 대
력 9~13년(774~778)으로 보았다. 이유는 불확실한 연대를 단정
하는 것보다 범위를 넓히는 신중한 태도가 바람직 하기 때문이다.
여기에 대하여 야나기다 세이잔(柳田聖山)은 무주가 입적한 774년

으로 보았고, 대만의 인순(印順) 법사는 775년으로 보았다.

내용은 작자(作者)가 삼구용심(三句用心)을 계(戒), 정(定), 혜(惠)와 서로 상응시켜 정중·보당선파의 선법(禪法)으로 다듬었다.[1]

이 같은 원칙에서 보면 무주 선사 또한 같은 말을 하고 있다. 즉 생각을 일으키지 않는 것이 계문(戒門)이고, 정문(定門)이며, 또한 혜문(惠門)이다.[2]

위의 정설에서 보면 부주(無住) 선사가 오직 막망(莫忘)을 막망(莫妄)으로만 고쳐 불렀기 때문에 정중(淨衆)·보당(保唐)의 선파(禪派)가 같은 뿌리의 울타리 안에 머물게 되었다. 이 삼구용심(三句用心)은 각기 독립된 것이 아니고 하나가 되었다. 다시 말하면 삼위일체적(三位一體的) 해탈방식으로 보게 된다.

뿐만 아니라 무상 선사는 무념(無念)일 때만이 견성(見性)할 수 있다고 보았다. 즉 자기로 부터 일어나는 생각을 스스로 소멸시킬 때 만이 견성할 수 있다는 것이다. 특이한 기록은 상대가사(上代袈裟)에 관한 환원이다. 즉 혜능(慧能) 선사에게 이미 주어진 달마대사의 전신가사(傳信袈裟)를 환수 받아 다시 측천(則天)황후가 지선 선사에게 봉상(奉上)하면서 영구히 공양토록 하였다.[3] 『歷代法寶

---

1) ① 『역대법보기』 杜相公章 「相公又問, 此三句語, 爲是一, 爲是三. 和上答, 是一不三, 無憶是戒, 無念是定, 莫忘是惠. 又云, 念不起是戒門, 念不起是定門, 念不起是惠門. 無念即戒定惠具足.」

② 宗密은 『圓覺經大疏鈔』 卷3之下에서 「戒定慧者, 次配三句也.」라고 했다.

2) 『歷代法寶記』 杜相公章 참조.

3) ① 『역대법보기』 惠能章 「能禪師旣不來, 請上代達摩祖師傳信袈裟, 贈於內道場供養. ⋯ 及將達摩祖師信袈裟. 則天云, 能禪師不來, 此上代袈裟, 亦奉上和上, 將歸故鄕, 永爲供養.」

② 『歷代法寶記』(無住章) 「呈示董璿云, 此是則天皇后與詵和上, 詵和上與唐和上, 唐和上與吾, 吾傳與無住禪師.」

記』는 무주 선사가 입적한 후 얼마되지 아니한 시점에서 그의 제자에 의해 편찬되었고, 『佛祖統紀』는 남송 때 찬술되었다. 저자 지반(志磐)이 자료수집(資料蒐集)을 할 때 『歷代法寶記』를 참조하여 6조로부터 환수 받은 의발(衣鉢)을 말한 것이 아니고, 또 다른 사료(史料), 전승(傳乘)에 의해 채택되었다고 보게 된다. 왜냐 하면 『歷代法寶記』는 20세기에 와서 비로소 돈황(敦煌)에서 출토되었기 때문이다.

『역대법보기』(S.516·P.2125·3717과 이후 추가된 S.1611·5916·P.3727号 卷子)의 내용은 보리달마(菩提達摩)에서부터 6조 혜능(慧能)까지의 전법세계(傳法世系)를 간략히 기술하면서 또 한편으로 지선(智詵)을 초조로 한 성도의 정중선파(淨衆禪派)와 보당선파(保唐禪派)를 중심으로 하는 전법사(傳法史)를 빼놓을 수 없는 초기 선종사의 중요한 기사(記事)로 만들었다. 『역대법보기』는 '정중무상 선사(淨衆無相禪師)'를 속성(俗姓)에 따라 '김화상(金和上)', '김대사(金大師)' 혹은 '김선사(金禪師)'라고도 불렀다. 이 칭호는 하루 아침에 붙여진 것은 아닐 것이다.

『바세』는 실질적인 칭호를 속성 '김화상'에 따라 그대로 받아들여 '진(GIN)' '긴(Kin)' '김(吉木)화상'으로 음석하였다. 더욱 김화상을 '한족(漢族) 화상'으로 알았다.4) '김화상(金和尙)'은 중국 음석(音釋)으로 진(GIN), 긴(KIN)의 두 경우가 모두 티베트 고장문(古

---

③ 『佛祖統紀』卷40 『上元元年, 勅中使往韶州曹溪迎六祖衣鉢, 入內供養.』

④ 『佛祖歷代通載』卷13「是歲遣使詣韶州曹溪. 迎六祖能大師衣鉢, 入內供養.」

4) ① 『拔協』(增補譯本, 四川民族出版社, 1990) p.11「漢族吉木和尙預言的該向國王宣說佛法的時機到了.」

② 『南詔圖傳·文字圈』第7化 참조.

藏文)에 채택되었다가 다시 최근 한역(漢譯)으로 옮길 때 '金和尙'이 아닌 '吉木和尙'으로 착음(借音)하여 표기하였다. 한문(漢文)으로 옮긴 동금화(佟錦華)·황포범(黃布凡) 등은 '金和尙'이 누구인지 잘 몰랐던 것 같다. 때문에 고장문(古藏文)의 음석(音釋)대로 옮겼다. 고장문의 음석에서 보면 김화상＝GIN＝KIM(吉木)＝Kim hu 또는 Kim hun(또는 Kim huhi)과 유사한 음석임을 알게 한다. 이와 같이 원래 한음(漢音)의 음석(音釋)은 방언(方言)이 보태져서 불렸음을 알 수 있다.

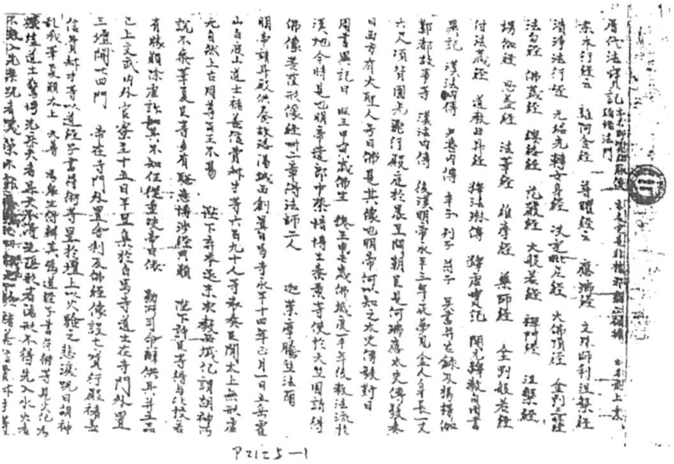

〈그림 4〉『역대법보기』돈황사본 P.T. 2125

『역대법보기』는 돈황원사본(敦煌原寫本) P.T. 2125와 S.T. 516을 저본(底本)으로 삼아 교점(校点)을 붙여『대정신수대장경(大正新修大藏經)』에 수록하였다. 호적은 많은 착오가 있다고 지적하였다.5) 그러나 일본인 야부기 게이기(矢吹慶輝) 등의 업적이 크게

---

5) 아래 <註 6> 참조.

평가된다. 이후 간단히 정리한 교간(校刊)은 1935년 한국인 김구경(金九經)에 의하여 처음으로 이루어졌고, 전역(全譯)은 일본인 야나기다 세이잔(柳田聖山)에 의해 이루어졌다.

김구경 교수는 서울대학교 재직 중 6·25 전쟁으로 인해 납북되었다. 해방 전 김구경은 북경에서 호적(胡適)이 정리하는 돈황문서를 도우면서 일본에서의 연구 자료를 제공했다. 김구경은 오다니 대학(大谷大學)의 종교학과에서 공부했기 때문에 자연히 스승인 스스기 다이세스(鈴木大拙)가 가진 돈황 자료에 대한 의견을 호적에게 전할 수가 있었다. 스스기 다이세스는 유럽에서 직접 페리오·슈타인을 만난 사람이기 때문이다. 이 보다 단연 앞선 선구자는 야부기 게이기(矢吹慶輝)가 있다. 그는 미국 유학 중에 1922년 대영박물관(大英博物館)에 다시 가서 6000여 정(幀)의 사진을 가져왔다. 1928년 오노 겐묘(小野玄妙) 등이 책임편집으로 『대정신수대장경(大正新修大藏經)』(51권)을 교감(校勘)하여 출간하였다.

이것은 페리오(P.T. 2125)를 저본(底本)으로 삼아 전권(全卷)의 녹문(錄文)을 슈타인(S.T. 516)과 일일이 대교하였다. 본래 『歷代法寶記』가 역대의 『大藏經』에 수록되지 못했기 때문에 쉽게 망실(亡失)되었다가 돈황 장경동(藏經洞)에서 부활되어 나와 비로소 『大正藏』에 수록되었다.

때문에 김구경이 비록 심양(沈陽)에서 떠돌아 다녔던 이른바 '심양무소득거(瀋陽無所得居)'일 때 '계림김구경(鷄林金九經)'이 1935년 교정(校定)했지만 돈황원권자(敦煌原卷子)나 사진을 대조하지 않았다. 이때 거의 모든 학자들이 그랬듯이 김구경도 예외일 수가 없이 『대정장(大正藏)』을 사용했다고 본다. 그러나 귀중한 자료인 『능가사자기(楞伽師資記)』, 『역대법보기』, 『達摩大師觀心論』

을 함께 묶어 간행했다는 점에서 큰 의미를 갖는다. 다만 그에 의한 『校刊歷代法寶記』는 분량을 나누어 상·중·하권(卷)으로 묶었다. 권 상이 총론에 해당되고, 권 중은 지선을 필두로 처적·무상을 포함시켰다. 권 하는 무주가 앞 머리에 오게 하였다. 말이 교정(校定)이지 내용은 『대정장』과 같다. 교정(校定)은 착오를 찾아내기 위한 목적이어야 한다.

『大正新修大藏經』이나 『명사여운(鳴沙餘韻)』(岩波書店, 初版; 臨川書店, 1980 再版)에 실린 부분적인 『역대법보기』를 참조했을 것이다. 호적(胡適)은 김구경의 업적을 소개하였다. 그러나 김구경에 의한 교간이 본래부터 착오가 많아 마음에 들지 않았던 탓인지 호적도 주석(注釋)을 붙이고 싶다고 말했으나 끝내 이루지 못했다.[6] 아마도 『大正藏』을 그대로 교정(校訂) 없이 교점(校点)이 다른 몇 군데가 있는 것을 보고 그렇게 말했을 것이다. 더욱 『역대법보기』가 일본인, 한국인에 의해 교정되고, 번역된 데에 대한 중국인으로서의 오기(傲氣)일 것이다. 이것은 마치 일본에서 『돈황유서』 50주년을 맞아 기념문집이 나왔을 때 중국의 왕중민(王重民)이 약탈해 간(1900) 50주년 기념이란 용어를 사용한 데에 대해 불쾌히 말하면서 반대한다고 말한 것과 같다.[7]

필자는 무상 대사와 관련된 문장을 ① 『대정신수대장경(大正新修大藏經)』에 수록된 『歷代法寶記』, ② 김구경의 『교간역대법보기(校刊歷代法寶記)』, ③ 스스키 다이세스(鈴木大拙)의 관련 자료, ④

---

6) 胡適,「與柳田聖山論禪宗史書」(『胡適集』, 中國社會科學出版社, 1995) P.331 「『大正大藏經』的『歷代法寶記』, 金九經排印本『歷代法寶記』, 都有無數錯誤. 我將來要出版一部校定的『歷代法寶記』, 也許可以抬高此書的歷史價値.」

7) 王重民, 『敦煌遺書論文集』(中華書局, 1984) p.62 『但那意味着斯垣因盜經的五十年, 那是我們極力反對的.』

기타 다른『역대법보기』의 필사본, ⑤ 야나기다 세이잔(柳田聖山)
의 주석(註釋) 등을 대조해서 살폈다. 현재까지 전 세계 각지에
흩어진『돈황유서』의 총수는 50,000여 권[號]이다. 이 가운데 가
장 중요한 것이 ①『능가사자기』(淨覺 集), ②『전법보기(傳法寶
記)』(杜朏 著), ③『역대법보기』(作者未詳)이다. 김구경은『역대법보
기』와『능가사자기』를『돈황유서』의 쌍벽이라 부르면서 간행하였다.

　필자는 성도 김화상에 관한 문헌에 ①『역대법보기』, ②『바세』,
③『남조도전(南詔圖傳)』, ④『여지기승(輿地紀勝)』을 보태서 4대
보고(寶庫)라고 부르고자 한다. 그리고 위 야나기다 세이잔은『大
正藏』에 수록된『歷代法寶記』를 일본어로 원문(原文)대로 김화상
을 번역했을 뿐 고의적인지는 알 수 없으나 신라왕자라고 한마디
도 부각시키지 아니하였다.[8] 그는『初期禪宗史の硏究』(p.282)에서
는『歷代法寶記』(無相章)대로 신라왕족(新羅王族)이라 했다. 이보다
늦게 야마구찌 쯔이호(山口瑞鳳)의 논문「티베트불교와 신라의 김화
상(ヂベット佛敎と新羅の金和尙)」(『新羅佛敎硏究』, 山喜房佛書林,
1973)이 나와 김화상 연구에 대한 관심을 끌게 하였다. 그는 처음
부터 신라 김화상으로 제목을 붙여서 지적하였을 뿐만 아니라 니마
(尼瑪), 신화상(神和尙)이 김화상을 지칭하는 대명사(代名辭)임을 강
조하였다. 여기에 대해서는 본 <제3편－3>을 참조하길 바란다.

　『역대법보기』를 면밀히 검토해 보면 다음과 같은 새로운 과제를
발견할 수 있다. 이 점에서『역대법보기』는 무상 선사가 묻혀 있
다가 혜성처럼 역사의 정면에 되살아난 데서 단연 으뜸가는 사료
가치의 보고(寶庫)임에는 틀림없으나 아래의 13가지 과제는 아무
도 제기하지 않았다. 연구사의 문제점을 말하고 싶은 심정이다. 이

---

8) 柳田聖山,『初期の禪史Ⅱ』(筑摩書房, 1979, 初版2刷) pp.144～145 참조.

같은 문제점을 풀어가는 목적이 본서를 출간한 동기가 되었다.

① 성도는 북방실크로드를 통해 들어온 북방불교와 남방 해상실 크로드를 통해 들어온 남방불교(南方佛敎)의 교차점에 있었다. 이 같은 역사적 배경에서 성도와 김화상의 이름이 외연적(外延的)으로 퍼져 나갔다. 그 대표가 중국의 서남국인 강성(强盛)한 토번(吐蕃) 과 남조(南詔)였다.

② 무상 선사의 행적(行蹟)을 조각 마추기로 모울 때 3시기로 구분할 수 있다는 것.

③ 정중종(淨衆宗)의 초조인 지선(智詵) 선사를 허구적인 인물로 부정하는 데 대해 반론을 제기할 수 있는 중요한 자료라는 것.

④ 무상어록(無相語錄)이 돈황에서 발견된 고장문(古藏文) 사본 에 수록되었다고 하지만,9) 이를 초역(抄譯)하여 확인하기 전까지『大 正藏』에 수록된『歷代法寶記』를 받아들여야 할 것이다. 호적은 많 은 착오(錯誤)가 발견된다고 했지만 현재로서는 별다른 도리가 없 다.『古藏文』은 북경대 영신강(榮新江) 교수가 협조하여 복사해주 었기 때문에 확인할 일만 남았다. 무상어(無相語)에 관해서는 <Ⅶ 편-7>을 참조하기 바란다.

⑤『바세』에 나타난 성도(成都)의 신화상(神和尙), 태양(太陽)이 김화상을 두고 말하고 있음이 신통사례(神通事例)에서부터 입증할 수 있다는 것이다. 야마구찌 쯔이호가 말하는 태양(尼瑪)화상이 김 화상을 두고 말한 대명사이기는 하지만 다른 화상에게도 지칭하는 상징의 경우가 있다. 때문에 김화상(金和尙)을 음석(音釋)한 것과는 간접적으로 거리가 멀다. 그는 핵심과제인 김화상을 찾지 못하고, 추상적인 니마(nyi ma)화상에 김화상을 집중시켰다.10) 그러나 김

---

9) 黃燕生,「唐代淨衆-保唐禪派槪述」(『世界宗敎硏究』, 1989-4) p.79「在敦 煌發現的吐蕃文寫本中, 有無相, 無住的語錄.」

화상이란 핵심과제를 약간 벗어났지만 지금까지 가장 구체적인 성과였다.

⑥ 성도가 잡신앙적(雜神仰的)인 지역이 아니고 고승(高僧)의 배출에서나 서역에 간 구법승이 장안, 낙양 다음으로 성황을 이루었다. 여기에는 보현보살의 도량(道場)인 아미산을 가깝게 두고 있었기 때문일 뿐만 아니라 초기 선종사에서 특별히 발전한 검남선종이 있었기 때문이다.

⑦ 비록 무주(無住) 선사가 섬서 봉상인(鳳翔人)이라 할지라도 보당사(保唐寺)를 장안의 평강방(平康里)에다 비정하는 것이 무리이다. 성도와 멀리 떨어졌기 때문이다. 성도와 가까운 곳에서 찾아야 한다는 것.

⑧ 사자상승(師資相承)의 법통에서 보면 무주 선사는 삼구용심(三句用心)을 계승하였다. 용심(用心)이란 글자 그대로 마음다스리기, 마음쓰기의 뜻으로 일심(一心)을 목표로 한다. 그러나 사부대중이 모여 수연(受緣)을 거행할 때 무주 선사가 보인 태도는 기름에 물 탄 듯 먼 발치에서 이방인으로 바라보면서 그 길로 백애산(白崖山)으로 들어가고 만 대목을 두고 사자관계가 아니라는 것으로 해석한다. 무주 선사가 하란산(賀蘭山)에서 오로지 무상 선사를 만나기 위해 성도에 왔기 때문에 먼저 무상 선사부터 예견하였다. 분명히 두 선사(禪師)의 사자관계(師資關係)는 『歷代法寶記』(無住章)에서 지선(智詵) 선사가 측천황후로부터 받은 가사(袈裟)를 무주 선사에게 넘겼고, 또 나의 법(法)이 무주에게 갔다(吾傳與無住禪師. …… 吾法無住處去.)고 했다. 종밀이 말한 무주가 속인(俗人) 진초장(陳楚璋)으로부터 법을 배운 것을 어색해 한 나머지 성도에

---

10) 山口瑞鳳,「チベット佛敎卜新羅の金和尙」(『新羅佛敎硏究』, 山喜房佛書林, 1973) p.28 참조.

서 자리를 잡으려면 다시 무상 선사로부터 인가(印可)를 받아야 하는 필요성 때문이었다면 처음에는 부자연스럽게 나올 수밖에 없었다. 이 문제는 당시 승려가 불법을 속인(俗人)한테서 얻은 것을 두고 기이(奇哉)한 것으로 지적되었다.[11] 여기서 속인이란 출가승단(出家僧団)에 속하지 아니한 사람을 말한다. 더욱 수연의 의식(儀式)에 참석했으나 이미 무상 선사에게 백애산에 가겠다는 작별인사를 한 마당에서 엄격한 설법(說法)의 분위기를 보고 서먹한 이방(異邦)적인 태도를 나타낼 수밖에 없었다.

때문에 수연이 한창 무르익어 가는 중도에 나와 그를 맞아줄 백애산에 들어가고 만 것이다. 『역대법보기』(無住章)에 의하면 백애산은 무주 선사가 득도한 곳이다.[12] 이와 같이 그가 거북스럽게 느낀 것은 엄숙한 수연의식 때문이다. 더욱 실천적인 행화의식(行化儀式)에 익숙하지 않았던 것으로 보게 된다. 그가 북영주(北靈州)의 하란산(賀蘭山)에서 오직 김화상의 교법(敎法)이 어떤 것인가를 먼저 검남의 상인(商人) 조양(曹瑒)에게 묻고 난 후에 성도에 왔기 때문에 차분히 참석하는 태도를 보였어야 했기 때문이다. 그럼에도 불구하고 거리를 좁히지 못한 것은 『역대법보기』(무주장)가 무주계를 법통(法統)으로 하여 구성됐기 때문에 온도 차이가 없을 수 없다. 더욱 그가 의식(儀式)을 싫어하고, 불사(佛事)를 인정하지 않는 평등사상 때문에 그랬을런지도 모른다고 생각된다. 그러나 차별화는 선을 긋듯이 나타내기보다 기본적으로 삼구어(三句語)의 틀이 어떻게 계승되었는가의 구조에 맞추어져야 할 것이다.

⑨ 측천무후(則天武后)가 혜능(慧能)으로부터 환수 받은 상대가

---

11) 『歷代法寶記』 杜相公章 「相公聞說, 奇哉奇哉, 僧人隱沒佛法, 不知如俗人, 俗人却欲得佛法流行.」

12) 『歷代法寶記』 無住章 「白崖山無住禪師必是道者.」

사(上代袈裟)를 정중·보당선파의 개조인 지선(智詵) 선사에게 다시 내렸다는『歷代法寶記』는 불교설화(佛敎說話)를 담은 것이지만 그 영역이 광범위하여 남송 때 편찬 된『佛敎統記』(卷40)에도 수록되어 믿을만 한 기록으로 받아 들여야 한다는 것이다.[13] 왜냐하면 초기의 선종사에서 보면 정중·보당선파가 당시 제2~3의 큰 세력을 떨친 선종(禪宗)의 주류이며 대표의 위치에 있었기 때문에 전법가사(傳法袈裟)를 제수 받았을 가능성이 없지 않다. 더욱 두상공(杜相公)이 무상선사가 입적한 후 정천사(淨泉寺)에 와서 무상 선사가 생존했을 때의 종적(縱跡)을 찾기 위해서라고 했지만 목적은 2벌[二領]의 가사가 제기되었다. 그가 정천사(정중사)에 간 목적이 상대가사(上代袈裟)를 접수하기 위한 때문이었을 것이다.

이를 시간적으로 보면 홍주선(洪州禪)이 크게 일어난 시점이 중당(中唐)의 정원(貞元: 785 - 805) 이후이기 때문에 촉지(蜀地)에서 정중·보당선파가 독자적으로 발전할 수가 있었다. 이 같은 세력의 발전에는 다소 고위 관료의 재정적 뒷받침에 의지하였다고 보이지만『宋高僧傳』(卷19)·『蜀中廣記』(卷82)·『蜀中名勝記』(卷2) 등에서와 같이 주체는 대중의 모화(募化)에 의거하였다. 관리의 뒷받침을 보면 무상 대사의 뒤에는 양익(楊翌)과 장사(長史) 장구겸경(章仇兼瓊)이 있었고, 무주(無住) 선사 뒤에는 삭방(朔方)절도사에서 국상(國相)에 올랐던 두홍점(杜鴻漸)이 있었다.

전자는『宋高僧傳』(卷19)에 수록되었고, 후자는『歷代法寶記』(杜相公章)에 수록되었다. 그는 숙종(肅宗)을 제위(帝位)에 앉히는

---

13) ①『佛祖統紀』卷 40『上元元年, 勅中使往韶州曹溪迎六祖衣鉢, 入內供養.』
　　②『佛祖歷代通載』卷 22 참조.

총연출자의 공으로 재상(宰相)이 되었다. 때문에 『歷代法寶記』는 '杜相公'이라고 하였다. 두상공(杜相公)은 무상 선사의 유언(遺言)에 나오는 귀인(貴人)으로 무주(無住)더러 3-5년간만 그대로 산에서 나오지 말고 있으면 귀인이 맞으러 올 것이라고 했다. 그때 나오라고 예언하였다.14) 당시 실세인 두상공이 보당선파의 발전에 큰 힘이 되었다. 위에서와 같이 측천황후로부터 인정받은 걸출한 지선이란 인물의 출현 위에 정중종의 교세가 발전되었다면 상대가사의 제수는 상당히 자연스러운 일이다.

⑩ 『경덕전등록』(卷4)에 수록된 이른바 '南陽白崖山'이 성도에서 멀리 떨어졌을 뿐만 아니라 가는 길도 쉽지 아니하여 『역대법보기』에 기록된 빈번한 왕래와 부합되지 않는다. 때문에 '錦州昌隆白崖山'이나 『歷代法寶記』에 나오는 '蠶崖關西, 白崖山'과 혼동한 것은 아닐는지?

⑪ 야나기다 세이잔(柳田聖山)과 카나다의 Jan Yun-Hua(冉雲華)는 천곡산(天谷山)의 위치를 관현(灌縣)의 서남쪽에 있다고 밝혔다.15) 필자가 보기에는 이곳이 청성산을 가르켰다고 본다. 두 사람 모두 근거를 제시하지 안했지만 이곳이 지금의 관구진(灌口鎭: Guan Kou Zhen)서남쪽으로 16K 떨어져 있기 때문이다. 이들은 아마도 청성산(靑城山)의 별칭이 천곡산이기 때문에 확신 없이 이곳에 비정했다고 본다. 필자도 한때 청성산을 무수히 다닌 적이 있다. 최근에 확정한 곳이 자중(資中) 덕순사(德純寺)에서 2킬로미

---

14) ① 『歷代法寶記』無住章「是出山時, 更待三五年間, 自有貴人迎汝卽出.」
　　② 柳田聖山, 『初期禪宗史書の硏究』(禪文化硏究所, 1966) p.285 참조.
15) ① 柳田聖山, 『初期の禪史Ⅱ』(筑摩書房, 1979, 初版2刷) p.147 참조.
　　② Jan Yun-Hua, Mu-Sang and His Philosophy of 'No Thought'
　　佛教暎像會報社 1993, P.210 "The T'ien-Ku mountain is in Present
　　Kuan County of Szu-Ch'uan Province."

터 떨어진 타강(沱江)변의 초단산(醮壇山)이다.

⑫ 무상 선사가 무주 선사에게 3－5년간만 산에서 나오지 말고 있으면 귀인(貴人)이 나타나서 맞이할 것이라고 예언한 것은 다른 신통사례와 맥을 같이한다는 것.

⑬ 무산 선사가 나의 삼구어(三句語)는 보리달마에서부터 내려온 교법(敎法)이지 결코 지선·처적이 말해 준 것이 아니라고 강조한 것은 천곡산에서 그가 행한 두타행(頭陀行)과 맥을 같이한다는 것. 두타행은 달마의 초기 종풍(宗風)이다.

위에서와 같이 『역대법보기』가 초기 선종사에서 가장 많은 분량을 찾이 하는 선적(禪籍)일 뿐만 아니라 정중·보당선파의 전법기록이 상대가사와 함께 담겨졌다. 또한 무리가 없는 것이 달마선(達摩禪)의 분화가 5조 홍인 아래서 이루어졌다는 시점이다. 더욱 『속고승전(續高僧傳)』(권16)의 「보리달마·혜가전(慧可傳)」에는 가사의 기록이 없다. 그러나 전법가사의 이야기는 황당하기보다 앞에서 말한 종파의 교세를 정면으로 상징하는 실제의 신표였다고 보게 된다. <Ⅳ편>의 <표3>에서처럼 여러 문헌이 각기 다른 이설(異說)에 주목된다.

위 ①～⑬은 분산으로 다루지 않고, 앞으로 장절(章節)에 따라 나누어 질 것이다. 아울러 본서의 구성 또한 바로 위 ①～⑬의 과제에서부터 출발하였다. 때문에 『역대법보기』는 본서를 구성하는데 있어서 떼려야 뗄 수 없는 기본사료로 운용(運用)될 것이다. 이같은 문제의식은 지금까지의 연구사(研究史)에서 볼 때 한 번도 시도된 바가 없다.

2. 『佛祖統紀』에 나타난 全禪師

『불조통기(佛祖統紀)』(卷40)에 수록된 김지장왕보살(金地藏王菩薩)
의 기록은 한마디로 모순(矛盾)과 혼효도착(混肴倒錯)으로 구성되어
있다. 그 근거는 두 선사의 ① 활동 지역, ② 세수(世壽) 등이 뒤섞
인 기록을 남겼기 때문이다. ①은 검남 성도(劍南成都)와 지주 구화
산(池州九華山)이고, ②는 무상이 79세, 지장이 99세로 입적하였다.
시적(示寂)의 장면은 스스로 미리 알고, 목욕을 부탁하였다. 지장왕
은 조용히 앉은 채[坐逝]로 전신이 부패하지 않았다. 송나라 때부터
이미 등신불을 말한 것이다. 이처럼 ①②의 내용이 혼효착란(混肴錯
亂)을 일으킬 정도로 뒤섞여 구성되었음을 말할 수 있다.

(1) 『불조통기(佛祖統紀)』의 관련기사

ⅰ) 혜악(慧鍔)기록의 분석

『불조통기(佛祖統紀)』의 저자인 지반(志磐)이 인식(認識)한 이른
바 '신라전선사(新羅全禪師)'가 누구이며, 그가 과연 성도(成都)를
출발하여 구화산(九華山)으로 들어가기 위해 등륙(登陸)한 곳이 지
주(池州)라고 한다면 지주와 근거리에 있는 여산(廬山)에서 그의
행적(行蹟)을 찾을 수는 없을까? 김지장이 구화산에 들어간 여정
(旅程)에서 볼 때 그가 성도에서 출발하였지만 강주(江州)가 중간
도착지점이 된다. 또 여기서 동성(桐城)의 투자사(投子寺)를 거쳐
구화산으로 갔다고 한다면 여산은 중간의 출발점이 되기도 한다.
이 같은 문제를 푸는 데 있어서 수상교통(水上交通)은 중요한 핵
심과제(核心課題)가 된다.

『불조통기』는 남송의 승 지반(志磐)이 함순(咸淳) 5년(1269)에

와서 거의 10년 만에 종래의 『종원록(宗源錄)』과 『석문정통(釋門正統)』을 기초로 해서 기전체(紀傳體)와 편년체(編年體)의 체제로 섞어 꾸민 최초의 불교사서(佛敎史書)이다. 당시 200여 종의 다른 전기(傳記)나 사적(史籍)에서 찾아볼 수 없는 희귀한 사실을 많이 담고 있는 것이 장점으로 말해진다.

그런데 『불조통기』에 수록된 한국 관련의 기사는 크게 보아 두 곳이다. 첫째, 중국의 보타산에 관음보살의 성지(聖地)를 개산한 일본승 혜악(慧鍔)에 관한 기사이다. 둘째, 성도(成都)에서 홍법활동을 편 전선사(全禪師)에 관한 기록이다. 이 두가지 한국에 관한 새로운 자료는 어떤 가치를 갖는 것일까? 그것은 아마도 성도를 중심으로 하는 선사들의 행각(行脚) 코스가 양자강을 따라 동쪽으로 구강(九江)까지 또는 동쪽으로 더 나아가 명주(明州)까지 이어졌었음을 알 수 있다. 알고 보면 여산(廬山) → 지주(池州) → 구화산(九華山)으로 들어가는 여정이 어렵지 않다는 것이다. 왜냐하면 성도 가운데를 흐르는 민강(岷江)이 구채구(九寨口)에서 발원하여 도강언(都江堰) → 대불사(大佛寺) → 중경(重庆) → 양자강(揚子江)으로 들어가기 때문이다.

보타산과 관세음보살의 내력에서 일본승 혜악은 **빼놓**을 수가 없다. 이 말은 관음도량이 본토(本土)의 오대산에서 도해관음(渡海观音)의 성산(聖山)인 보타산으로 남하(南下)하였다는 뜻이기도 하다. 이 불교전설은 보타산이 관음성지가 된 내력을 말한 것이다. 때문에 일본승 혜악에 대한 부정은 곧바로 보타산의 관음성지를 원천적으로 부인하는 결과를 만든다.

개산조 혜악 대사(慧鍔大師)는 [民]『보타낙가신지(普陀洛迦新志)』(卷首)에서와 같이 지금까지 1,000여 년간 사적(事迹), 시문(詩文)

에 적혀 내려오고 있다. 혜악은 『불조통기』이 후 『불조역대통재(佛祖歷代通載)』(卷16)와 일본문헌인 『원형석서(元亨釋書)』(卷16)에도 수록되었다. 『원형석서』(卷30)는 일본에 불교가 전파된 후부터 가마쿠라(鎌倉) 말기까지 고승의 전기를 모은 불교학상의 귀중한 사료이다. 기전체(紀傳體)로 쓰인 최초의 불교서이다.

〈그림 5〉 元亨釋書

저자는 동복사(東福寺) 해장원(海藏院) 고간시련(虎關師練)이다. 원형 2년(1322)에 완성하였다. 「혜악화상연보(慧蕚和尙年譜)」[16])에는 혜악 대사에 관한 문헌들을 수록하였다. 즉 『입당구법순례행기(入唐求法巡禮行記)』, [南宋] 『寶慶四明志』, 『금택문고구장백씨문집(金澤文庫舊藏白氏文集)』, 『속일본후기(續日本後記)』, 『정해청지(定海廳志)』 등이다. 위의 문헌들은 『고려도경』(A.D. 1124 書成)이 『불조통기』(A.D. 1269 書成)보다 앞서 편찬되었다고 해서 충분한 사료

---

16) 『傳記・典籍硏究』(大日本佛敎全書刊行會, 1931) pp.531 - 540 참조.

의 내적비판(內的批判) 없이 신라인의 해상장악 등을 운운하면서
사료가치, 설득력이 있다는 논리에 대한 반론으로 충분하다.17)

일본승 혜악이 3차례에 걸쳐 타고 다닌 배의 선주는 ① 초주 신
라소공(楚州 新羅梢公), ② 명주의 이영덕(李嶺德), ③ 명주의 장우
신(張友信) 등으로 장보고와 관련될만한 선주는 오직 ①뿐이다. 이
때 신라(新羅), 당(唐), 일본선(日本船)이 서로 경쟁적인 관계에 있
었지만, 혜악의 경우는 초주에 살고 있는 신라인의 선박이 처음을
제외하고는 고용되지 않았다. 문제는 마지막 복국선(復國船) 즉 귀
국선에 있었다. 다만 일본승 엔닌(圓仁)의 경우는 신이지로(神一朗)
가 장지신(張支信)에게 뱃삯을 주었으나 하루다로(春大朗)가 명주
(明州)에서 먼저 귀국하였기 때문에18) 도리 없이 산동(山東)으로
가서 신라인의 선박을 원인일행(圓仁一行)이 고용했던 것이다. 선
주 장우신(張友信)과 장지신(張支信)이 동일인지는 알 수가 없다.
글자가 유사한 것으로 보아 우선 그렇게 볼 수 가 있다.

또 선화(宣和) 6년(1124)에 편찬된 『고려도경(高麗圖經)』 이외는
신라인이 오대산에서 보타산으로 가져왔다는 관음상의 기록은 아
무 곳에도 찾아지지 않는다. 지반은 서긍(徐兢)의 '먼 옛적 신라상
인'을 기록한 『고려도경』을 참조하지 않은 채 일본 승려를 보타산
의 개산조로 채택하였다. 왜냐하면 신라상인과 일본승려는 확연히
구분되지만 외국인으로 내려오는 설화에서 잘못 채택될 수 있다.
더욱 이것이 잘못 쓰인 것이라기보다, 다른 계통의 보타관음의 설
화를 참조했다고 보아야 한다. 필자가 조사한 바로는 『고려도경』
이외는 모두 일본승이다. 아마도 서긍이 고려에 가는 길이기 때문

---

17) 하나의 가능성을 제시한 글로는 曹永祿, 「중국 보타산 조음동은 제2
　　의 낙산관음이다」(『佛敎春秋』1996~9) pp.106-108 참조.
18) 『入唐求法巡禮行記』卷4, 會昌7年6月9日條 참조.

에 외국승의 설화를 '옛 신라상인'으로 잘못 쓴 것이 아닐런지 모른다. 상인과 관음신앙이 어울리지 않게 오대산에 가서 휴대까지 구성될 수 없기 때문이다. 여기에는 지반이 잘못 채택했다든지 또는 일본 중심으로 왜곡(歪曲)했다고는 전혀 보이지 않는다.

그 이유는 다음으로 말할 수 있다.

『불조통기』를 편찬할 때 관음상에 관한 원사료(原史料)가 전선사와 함께 있었다고 본다. 이 점에서는 『고려도경』도 마찬가지이다. 그 흔적을 『불조통기』는 혼효도착으로 보게 된다. 왜냐하면 성도(成都)에서 구강(九江)까지의 행각로정(行脚路程)을 채택할 때, 전선사와 김지장을 다른 사람으로 구별하지 못한 것으로 보기 때문이다. 그리고 중국문헌에서 일본승 혜악을 수록한 것으로는 [남송]『보경사명지(寶慶四明志)』[南宋]『개경사명속지(開慶四明續志)』가 [南宋]『불조통기』보다 앞선다. 내용은 후양(后梁) 정명 2년(916)에 이미 혜악이 관음상을 매잠산(梅岑山)의 양지바른 곳에 관음보타사를 세웠다. 매잠산은 이후 보타산으로 고쳐 부르게 되었다.

문헌에 기록된 서술의 연대를 따지더라도 정명(貞明) 2년(916)은 『고려도경』(A.D. 1124)의 찬술보다 200여 년 앞선다. 말할것 없이 내용도 옛 신라상인(賈人)보다는 목적이 뚜렷한 청익승(請益僧) 혜악이다. ② 지반의 활동무대가 보타산과 가까운 영파(寧波)의 복천사(福泉寺)와 동호(東湖)의 월파산(月波山)이었기 때문에 전해 들었던 당대의 혜악설화를 잘못 채택했다고 볼 수 없기 때문이다. 『入唐求法巡禮行記』를 쓴 일본승 엔닌(圓仁)이 회창 1년 9월에 처음으로 일본승 혜악(惠蕚)이 제자 3인과 함께 오대산에 왔다는 소식을 듣고 적었지만, 실제로는 혜악의 입당은 3차례 이루어졌다.

관음도량이 인도불교에서 일어났지만 대승불교에 의하여 신봉된

보살의 하나가 되었다. 이곳을 찾으면 다음과 같다. ① 인도 남방의 보타낙산은 일찍이 석가모니가 관세음보살과 함께 직접 중생을 교화하고, 설법을 했던 곳이다. ①을 제외하고 관음보살이 주처했던 영지(靈地)는 ② 중국 동해상의 보타산, ③ 티베트의 보타라궁, ④ 스리랑카의 보타산, ⑤ 중국 열하(熱河) 승덕(承德)의 보타낙사, ⑥ 한국의 낙산(洛山), ⑦ 일본의 보타락(補陀洛), ⑧ 중국 아모이(廈門)의 남보타산 등이 영장(靈場)으로 되었다. 필자가 답사한 곳은 위의 ②③⑥⑦⑧이다. ⑧은 청나라 때 ②의 남쪽에 있다고 해서 부쳐진 이름이다. ②③의 보탈라(궁), 보타락(補陀洛)은 절강의 정해 보타산과 같이 모두 관세음보살이 주처하는 영지(靈地)이다. 정해(定海) 보타산에서는 티베트에서 온 승려를 자주 보게 된다. 그 이유는 보타산이 관음보살의 성지(聖地)이기 때문에 순례하러 온 것으로 본다.

그러면 서긍(徐兢)의 『고려도경』에 나오는 이른바 '신라상인의 관음상 휴대'의 기록과 『불조통기』(권42)의 '혜악 관음설화'를 비교하면 오대산에서 가져온 관음상은 같으나, 가져온 사람이 다르다. 또 재료도 『보타낙가신지(普陀洛迦新志)』(卷首)에서는 동관음상(銅觀音像)이라고 하였다. 이를 표로 만들면 다음과 같다.

〈표 2〉 補陀山 觀音記錄의 文獻比較

區分 典籍	편찬 시대	내용연대	인물	출발지	봉상처
高麗圖經 (卷34)	南宋	옛 이야기	昔新羅商賈	五臺刻其像	梅岑焦上迎奉
寶慶四明志 (卷11)	南宋	大中13년(859)	日本國僧惠鍔	五台山中臺精舍	昌國之梅岑山
佛祖通紀 (卷43)	南宋	大中13년	日本國沙門慧鍔	五臺山得觀音像	結盧海上以奉 之. 今山側有 新羅礁
佛祖歷代通載 (卷17)	元	大中年間	日本國僧惠鍔	五台得菩薩畫像	像舍于土人張 氏之門

위에서 ① 『고려도경』은 옛 적 신라상인 → 오대산(관음상) → 신라에 운반으로 간략하다.

② 『불조통기』는 일본승 혜악 → 오대산(관음상) → 불긍거관음원(보타개산)

③ 『佛祖歷代通載』는 일본승 혜악 → 오대산(菩薩畫像) → 상사(像舍)를 토인 장 씨 문에(土人張氏之門) 두었다.

이 가운데 ②가 연대, 인명(人名), 지명(地名)이 구체적이고, 또 현장의 상황과 맞는다. 그런데 ①처럼 신라상인이 오대산에서부터 보타산을 거쳐 관음상을 신라로 가져갔다는 기록은 오직 『高麗圖經』 뿐인데 반하여 일본승 혜악의 기록은 많은 중국전적(中國典籍), 송원방지(宋元方志)가 계승하고 있다.[19] ③ 『昌國志』에서 말하고 있는 양나라 정명 2년 (梁貞明 2)에 처음으로 세운 관음원 이전 즉, 당나라 대중(大中)때 천축승(天竺僧)이 이곳 동굴에 와서

---

19) ① 卞麟錫, 「10세기 浙東海岸의 觀世音菩薩信仰과 普陀聖山의 한국관계」 Ⅰ. Ⅱ(『禪文化』 2008~10, 11).

② 卞麟錫, 「『五燈會元』에 나타난 그 옛적 高麗人의 觀音聖像조각에 대하여」(『禪文化』 2009 - 2) 참조.

묘법(妙法)을 설하자 영적(靈跡)이 비로소 나타났다고 했다. 천축승 (天竺僧)은 2가지로 볼 수 있다. 하나는 인도승이고, 다른 하나는 항주 상천축(上天竺)에서 온 승려로 보는 것이다.

앞으로 이 문제를 풀어가는 데는 서긍(吳兢)이 고려로 간 해상로를 고찰하는 것도 중요하다. 서긍 일행이 선화(宣和) 5년(1123) 5월 26일 보타산을 경유하면서 주야 1일 동안 불사를 올렸기 때문이다. 위에서와 같이 관음상의 일본 반입 또는 신라 반입은 바로 관세음보살의 교화가 전파되어 나간 2갈래를 강조했음을 말해 준다.

ⅱ) 金地藏 기록의 분석

『불조통기』에 기록된 전선사(全禪師)는 성도에서 홍법활동을 하였던 저명한 신라고승 김화상(金和尙)을 잘못 지칭한 듯하다. 『역대법보기(歷代法寶記)』에는 속성(俗姓)이 김씨이기 때문에 사람들이 '김화상(金和上)'이라 불렀다고 하였다. 법호는 무상(無相)이다. 그는 신라 왕족(또는 神文王의 제4왕자)으로 당(唐) 개원(開元) 16년(728: 신라성덕왕 27년)에 입당하여 장안(長安)의 종남산(終南山) 운제사(雲際寺)가 바라보이는 선정사(禪定寺)에 머물렀다. 여기서 주목되는 것은 『역대법보기(歷代法寶記)』가 무상의 홍법활동을, 『불조통기』(卷40), 『송고승전』(권19)이 건사(建寺), 조탑(造塔), 종루(鐘樓), 란야(蘭若) 등을 주로 기재하였다. 선정사지(禪定寺址)는 지금의 목탑채촌(木塔寨村)에 있다. 이곳에 머물게 된 것은 현종(玄宗)의 칙령에 의한 배려가 있었기 때문이었다. 얼마 안 가서 안록산의 난(安祿山亂)이 일어났는데, 무상 선사는 그 이전에 이미 성도로 자리를 옮겼다. 무상 선사가 피난 온 당나라 현종을 다시 성도에서 조견(朝見)하여 내전(內殿)에서 공례(供禮)를 받고, 직접은 아니지만 재정적 후원을 받는 계기가 되었다.

성도현령(成都縣令) 양익(楊翌)이 사찰 창건을 위한 모화(募化)에 큰 도움을 주었을 것이다.[20] 또한 다른 한 사람은 740년 토번(吐蕃)과의 전쟁에서 큰 공을 세운 장구(章仇)가 있다. 이도 불교보호에 큰 힘을 보탰다. 무엇보다 현종이 직접 나섰기 때문에 '대성자사(大聖慈寺)'란 사액(寺額)이 내려졌다.[21] 성(聖)은 성은(聖恩)의 줄임말이고 자(慈)는 자비(慈悲)의 뜻에서도 현종과 무상, 그리고 대성자사와의 관계를 엿보게 한다. 또 다르게는 현재 성도사람에게는 무상이 신라왕자 출신이기 때문에 '大慈寺'가 '太子寺'에서 연유된 것으로 믿고 있다. 즉 '大慈寺와 太子寺'가 유사한 음이다. 이것으로 보아 성도에 피난 온 현종이 불교에 더욱 심취할 수밖에 없었던 현실적 수요에 놓였음을 알 수 있다.

또 무상 선사가 농토 1,000무(畝)를 하사 받고, 무릇 96원(院)의 규모를 갖추었기 때문에 사천(四川)에서 가장 큰 사원이 되었다. 아울러 현종은 무상 선사에게 명하여 사원의 '규제(規制)'를 세우도록 하였다. 그는 처적(處寂)의 사대(四大) 제자이며, 정중종(淨衆宗)의 실제적인 창립자이다. 마조도일 선사를 초기 정중종의 출신으로 말할 때는 무상의 제자로 말해진다.

이상은(李商隱)이 지은『당재주혜의정사남선원사증당비명병서(唐梓州慧義精舍南禪院四證堂碑銘幷序)』에는 인증(印證)의 계보를 무상 대사 - 무주 대사 - 도일 대사 - 지장 대사 등의 사증(四證)을 모셨다.[22]

---

20) ①『神僧傳』卷7 釋無相條 참조. ②『宋高僧傳』卷19 釋無相條 참조.
21) 『佛祖統紀』卷40 참조. 현행『불조통기』간본에는『大正新修大藏經版』과『藏經書院版』(新文豊出版公司印行)이 있다. 서로 비교하면 약간 빠진 부분이 발견된다.

위 혜의정사(慧義精舍)는 또 다르게 혜의사(慧義寺)라고도 불렸다.[23] 신청(神淸) 선사는 무상의 사법제자이다. 지금의 삼태현(三台縣) 혜의정사(慧義精舍) 문물주임, 좌계(左啓) 씨가 필자에게 들려준 이야기는 북경대 영신강(榮新江) 교수에게 이 그림을 찾아 달라고 부탁하였다는 것이다.

마조도일 선사의 평생은 다음으로 나눈다. 즉 ① 검남시기(709 ~733), ② 남악시기(733~742), ③ 홍주시기(742~788)이다. 그가 무상 아래서 공부한 시기는 위 ①의 시기에 해당한다.[24] 그러나 ②의 시기에서 그가 남악 회양으로부터 받은 전법이 너무나 컸기 때문에 ①이 묻혀버리고 말았다. ①의 시기는 짧은 데 반하여 ③은 비교적 길다. 만약 그렇지가 않다면 오도된 『선보(禪譜)』에 의한 혜능 → 남악 → 마조의 법통이 조작되어진 결과일 것이다.

무상(無相)의 선법은 지선(智詵), 처적(處寂)과 달리 마음 다스리는 일심(一心)의 무념(無念), 막망(莫妄)의 삼구어(三句語)를 진전시켰다. 무억은 계(戒), 무념은 정(定), 막망은 혜(慧)로 해석된다.[25]

---

22) 『全唐文』卷780, p.10281 참조. 즉 慧義精舍의 南禪院에 益州靜無相大師, 保唐無住大師와 洪州道一大師, 西堂智藏大師의 眞形(眞像)을 그렸는데, 옥벽(屋壁)에 화신(化身)이 되어 모범을 지었다. 靜은 靜衆으로 一字가 탈락되었다. 여기에 지선(智詵), 처적(處寂)이 모셔지지 아니한 이유는 무상 선사를 중심으로 하였기 때문일 것이다.

23) ①『宋高僧傳』卷6 唐梓州慧義寺神淸傳 ②『同書』卷25 唐梓州慧義寺淸虛傳 참조.

24) 何云,「馬祖道一評傳」(『世界宗敎硏究』 1989~1) p.19 참조.

25) ① 馮學成 等,『巴蜀禪燈錄』(成都出版社, 1992) p.3 참조. ② 無住語錄은 袁賓,『禪語譯注』(語文出版社, 1999) p.57「"非一非三"의 公問曰, "弟子聞金和尙說無憶, 無念, 莫妄三句法門, 是否" 師曰, 然.」이 公案은『歷代法寶記』無住章에 杜相公과의 法去來에서 따온 것이다. 즉「相公又問, 此三句語, 爲是一, 爲是三, 和上答, 是一不三.」

이 삼구어는 지선(智詵), 처적(處寂)으로부터 전수된 것이 아니고, 달마조사로부터 전법된 것이라고 말하였다. 혜능(慧能)이 스스로의 선법을 귀납하여 무념(無念)을 종(宗)으로, 무상(無相)을 체(體), 무주(無住)를 본(本)으로 하였다.

일찍이 대만의 엄경망(嚴耕望)은 성도의 사찰 가운데 ① 대성자사(大聖慈寺), ② 정중사(淨衆寺), ③ 초당사(草堂寺), ④ 영국사(寧國寺)가 무상 선사에 의해 창건되었다고 하였다.[26] 이것은 『宋高僧傳』(卷19)에 근거한 것일 뿐 위치비정(位置比定)은 더 나가지 못하였다. 왜냐하면 영국사가 어디에 있었는가는 언급되지 안했기 때문이다. 보리사는 단문창(段文昌)의 치립기(置立記)를 인용했을 뿐이다. 그러나 먼저 초당사에 머물다가 후에 정중사(淨衆寺)를 세워 옮겼다고 했다. 중국의 『僧傳』 『文獻』에 수록한 무상 선사가 중창한 사찰의 배열이 하나같이 정중사가 앞 머리에 둔 것으로 보아 동의할 수 없다. 초당사의 위치는 지금의 두보초당(杜甫草堂)의 동쪽으로 비정된다. 그의 홍법활동은 필자의 답사경험에서 보면 외연(外延)의 전파를 제외한다면 성도를 중심으로 반경 200㎞ 안에서 이루어졌다. 그럼에도 불구하고 『불조통기』(卷40)는 지주(池州) 구화산(九華山)까지 간 것으로 확대하였다.

『불조통기』(卷40)는 전선사(全禪師)가 검남(劍南)의 성도부(『歷代法寶記』는 城都府)와 지장성산(地藏聖山)인 지주(池州) 구화산을 잇는 폭넓은 활동을 펼쳤다고 기술하였다. 『불조통기』가 비록 개인에 의한 사찬(私撰)이기는 하지만, 원사료를 채택함에 있어서 어

---

26) ① 嚴耕望,「唐代成都寺觀考略」(『大陸雜誌』 63～3) p.101 참조.
　　② 『四川通志』 卷38 興地 寺觀條와 『大淸一統志』에서도 「보리사, 정중사」가 무상에 의해 募建되었다고 하였다.
　　③ 『宋高僧傳』 卷19 「造淨衆大慈菩提寧國等寺.」

느 전적(典籍)보다 폭넓게 이용되었다는 것을 한국 관련의 기사에
서 보게 된다.

〈그림 6〉『佛祖通紀』의 全禪師관련 記事

　앞에서도 말했지만 혼효도착을 일으킨 원인이 바로 신라왕자 출
신의 구법승 무상(無相) 선사와 김지장(金地藏) 보살왕을 따로 보
지 않고 동일인으로 본 흔적이라 할 수 있을 것이다. 그러면 『불조
통기』(卷40)의 전선사(全禪師)와 김지장(金地藏)을 동일인(同一人)
으로 보았던 근거가 무엇인지는 알 수가 없으나 그렇게 된 배경을
대충 찾아가보기로 하자.
　역사에서 가정(假定)은 금물이지만 역사적 배경을 탐색하는 데

는 필요할 때도 있다.

첫째, 김화상이 성도에서 지주(池州)로 자리를 옮겼다는 기록은 『불조통기』(卷40)가 유일하다. 이것이 사실이라면 '김화상(金和上) = 김지장(金地藏)'이란 도식(圖式)이 성립된다. 그러나 두 화상의 활동무대가 엄연히 다른 먼 거리의 '성도'와 '구화산'으로 구별된다면 이 도식은 '김화상≠김지장'이 된다. 성도에는 정중사 무상 선사 이외 또 다른 익주김(화상)이 있었다.[27] 이 경우 『佛祖統記』(卷40)가 칙명을 받아 대자사(大慈寺)의 전선사(全禪師)가 규제(規制)를 세우도록 한 기록에 근거하게 된다. 아울러 또 다르게 이 도식에 중간거점인 여산(廬山)을 끼워 넣을 경우에도 '김화상≠김지장'이 된다. 이럴 경우 김화상은 무상 선사가 아닌 또 다른 신라왕실의 근속(近屬)인 김지장일 수가 있다. 그가 '대성자사(大聖慈寺)의 주지로 있었지 않았을까'의 가능성도 있다. 왜냐하면 장안에서 남쪽의 자오곡(子午谷)을 넘으면 한중(漢中) → 성도(成都)로 들어가기 때문에 거의 같은 시기에 펼쳤던 편방의 방향과 여정이 같았다고 보기 때문이다.

여산에는 신라승려가 머무는 신라암(新羅庵)이 최초로 발견되었기 때문이다. 신라암의 존재는 김지장왕보살이 강서, 호북 일대를 편력하다가 지주(池州)로 가기 전에 거쳤을 출발점으로 볼 수 있기 때문이다. 또 여산의 주변에는 동성(銅城)의 투자사(投子寺)가 있고, 그곳에는 김지장의 수행처로 알려진 타좌석(打座石)이 지금도 있다. 투자 대동(投子大同) 아래서 신라승 찬유(璨幽)가 인가(印可)를 받았다. 가까운 황매(黃梅)에도 사조사(四祖寺), 오조사(五祖寺)가 있다. 근처의 악서(岳西) 사공산(司空山)에는 이조사(二祖寺)

---

27) 崔致遠, 「大唐新羅國故鳳巖山寺敎謚智證大師寂照之塔碑銘幷序」(『朝鮮金石總覽』上, p.80) 「西化則靜衆無相, 常山慧覺禪譜, 益州金, 鎭州金者.」

가 있고, 잠산(潛山)에는 3조사(三祖寺)가 있어서 김지장이 이 일
대를 편력(遍歷)했을 가능성이 있다.

(2) 九江의 江路에서 본 明州・南昌과 成都의 接點

ⅰ) 고려인에 비친 仙鄕 預章

『능개재만록(能改齋漫錄)』(卷14)의 「고려지예장선장기(高麗至豫
章先狀記)」에 따르면 북송의 숭녕(崇寧) 때 고려인이 명주(明州)의
해로(海路)를 따라 경도(京都) 개봉으로 들어가서 입공(入貢)하였
다. 우연한 바람을 타고 강로(江路)를 따라 길을 잃고 예장(江西)
까지 갔다.[28] 강주는 지금의 구강이고, 예장은 지금의 남창을 말한
다. 당시 고려인이 홍주성(洪州城)을 보고 '도원(桃源)'이라 감탄하
였다. 이들이 도원의 절경(絕景)에 빠진 나머지 길을 잃고 예장(南
昌)까지 내려갔던 것이다. 당나라 때 신라상인(新羅商人)의 활동이
강로를 따라 이루어졌다. 한강(漢江)을 따라 올라가면 안강(安康)에
신라사(新羅寺)가 있고, 복건(福建) 천주(泉州)에서 진강(晋江)을 따
라 남안(南安)에 이르면 신라촌(新羅村)이 있다. 이것들은 모두 신
라상인의 거점이었다.

위 고려인이 통과한 도시를 보면 먼저 명주(寧波)에 들어와서 개
봉(開封)・강주(九江)・홍주(南昌)로 들어왔다. 명주는 외국 선박이
입국 수속을 밟는 곳이다. 명주에서 내항(內航)을 따라 약간 북상하
면 소흥(紹興) - 항주(杭州)는 경항 운하(運河)와 만난다.

이같이 거미줄 같은 중국의 운하는 지역 간의 거리를 단축시켜
주었다. 남송(南宋)에 와서도 수도 항주(杭州)는 홍주와 긴밀한 내

---

28) 『能改齋漫錄』 卷14 記文高麗至豫章先狀 「北宋崇寧年間, 高麗人從明
　　州海道, 到京都入貢. ……偶乘風, 自江路至豫章. 其先狀云, 泛槎馭以尋
　　河, 遠朝天闕望桃而迷路, 誤入仙鄕.」

왕을 유지하였다.

따라서 명주에서도 강로(江路)를 따라 먼 강주(江州), 홍주(洪州)와도 연결되었다. 뿐만 아니라 변주(汴州), 명주(明州)는 구강(九江), 남창(南昌)을 거쳐 건주(虔州), 장주(漳州)에서 더 내려가면 저 유명한 혜능(6조)이 이른바 '심야수인가(深夜受印可)'를 받고, 2개월 만에 당도하였다는 대유령(大庾領)이 나온다. 이곳에서 더 남하하면 소수(韶州), 광수(廣州)에 닿는다. 필자는 이 드라마틱한 이야기가 꾸며진 불교설화로 알았으나 최근에 문헌을 찾고 보니 사실의 가능성이 있는 것으로 믿게 되었다.[29) 이 같은 수로를 통한 남행(南行)은 중원(中原)과 영남(嶺南)을 잇는 중요 간선(干線)이 되었다. 또 성도와 강주는 양자강을 따라 이어졌다. 뿐만 아니라 동쪽으로는 지주(池州), 남경(南京), 양주(揚州)로 이어졌다. 양주는 해상 실크로드의 중요 기항지였다. 양주는 한반도와 산동과도 이어졌다. 이와 같이 중국 각지를 이어 주는 수상교통은 상상을 초월할 정도로 발달하였다.

바로 강주(江州)는 촉광(蜀廣)으로 내려가는 상품(商品) 전운(轉運)의 거점으로 유명하였다. 또 강주와 지주(池州) 사이의 안경(安慶)에는 장강(長江) 연안에 표지(標識)로 쓰인 영강사(迎江寺) 탑이 지금도 남아 있다. 이의 역사기록에는 선종사(禪宗史)가 관련되고 있다. 근처에 삼조사(三祖寺), 이조사(二祖寺), 사조사(四祖寺), 오조사(五祖寺)가 있기 때문이다.

사천(四川)에서 무한(武漢)까지 내려온 선사는 전선사(全禪師) 이외 또 장여(長蘆) 청료(清了) 선사가 있다. 그는 성도의 대자사를

---

29) 『佛祖歷代通載』卷22「五祖即於夜半密付其衣. 盧得衣鉢, 宵遁至大庾領頭, 爲上座追及. 盧即置衣鉢於石上云, 不可以力爭. 明乃盡其神力, 鉢不能擧. 明乃云, 本爲法來, 非爲衣也. ……」

출발하여 한강(漢江)을 따라 무한에 와서 남양(南陽)의 단하산(丹霞山)을 찾았다.[30] 또 남양에서 명주까지 동으로 내려간 사람으로는 굉지(宏智) 정각(正覺) 선사가 있다.

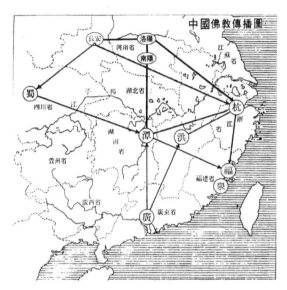

〈그림 7〉 중국불교전파도

위 그림에서 홍주(洪州)는 천주(泉州), 복주(福州)와 연결되고, 동쪽으로는 명주(明州), 항주(杭州), 양주(揚州)와 긴밀하게 통하였다. 동서의 도시를 이어 볼 때 마름모꼴 안에 놓인다. 같은 위도에서 볼 때 가까운 거리를 느끼게 한다. 이와 같은 강로(江路)에서 볼 때 신라상인에 의한 교역 상품이 운반되었다. 이들의 래왕은 상상을 초월할 만큼 성황을 이루었다. 그 주요한 강로는 ① 명주(明州) → 사천, ② 명주 → 안강(安康), ③ 명주 → 무한(武漢)으로

---

30) 『五燈會元』 卷14 淸了傳 「出蜀至沔漢, 扣丹霞之室.」

나누어 볼 수 있다. 남양(南陽)까지는 무한에서 북상하는 백하(白河)를 이용하였다.

홍주는 강서(江西)의 정치, 경제, 문화, 불교의 중심지이였다. 위의 고려인(高麗人)이 홍주성을 '선향(仙鄕)'으로 부른 것은 자연의 경치만을 두고 말한 것이 아닐 것이다. 그것은 ① 끝없이 펼쳐진 남북 400킬로의 들판, ② 마조도일(馬祖道一) 선사가 창건한 48개의 홍법도량, ③ 빼어난 산수의 절경, ④ 풍요한 산물 등이 포함된 찬탄일 것이다.

ii) 廬山의 新羅庵

홍주와 가까운 여산에는 신라암(新羅庵)이 있다. 위치는 대천지사지(大天池寺址)의 남쪽 200미터 절벽 아래에 자리하였다. 수직으로 된 큰 바위 절벽에 가로 누운 바위 하나가 있다. 그 모양이 용머리를 닮았다고 해서 붙인 이름이다. 이 절벽에는 작은 암자가 들어설 수 있는 공간이 안쪽에 있었다. 송나라 진순유(陳舜兪)의 『廬山記』(卷3 山行易覽4)에 의하면 신라암의 위치는 천지원(天池院)에서 3里이다.[31] 그러나 필자가 보기에 200미터가 안 되는 거리였다.

본래 진순유(陳舜兪)의 『여산기(廬山記)』(卷3)에는 분명히 '신라암(新羅庵)'이라고 명명하였는데, 어찌된 영문인지 지금은 '용수애(龍首崖)'라고 부르고 있었다.[32] 중국인의 역사왜곡을 지명(地名)에서부터 엿보게 한다.

---

31) 『廬山記』卷3, 山行易賢4 「至天池院, 院之南一里, 至隆禪師塔. 塔之下二里, 至新羅庵.」

32) 『中國大百科全書(中國地理)』(中國大百科全書出版社, 1993) p.316 「廬山多名勝古迹, 主要游覽地有仙人洞, 五老峰, 含鄱口, 三疊泉, 大天池, 香爐峰, 文殊台, 龍首崖……」

〈사진 6〉新羅巖址

또 다른 이름은 계곡이 깊어 발끝을 쳐다볼 수 없는 낭떠러지에
서 투신으로 성불(成佛)하는 사람이 많았다고 해서 사신애(捨身崖)
라고도 부르고 있었다. 그러나 송나라 때부터 불러온 이름은 신라
암(新羅庵)이다. 처음부터 본명이 신라암이다. 필자는 우연히『전
당시보편(全唐詩補編)』에서 법명이 알려지지 안은 신라승이 대의
(大義)의 풍조(風造)를 듣고, 벼랑 끝에서 투신을 실감한 현장에
와서 시게(詩偈)을 남겼는데 ① 장소, ② 신라승, ③ 투신애사(崖
死)의 방식이 모두 이곳 신라암의 현장과 일치하고 있다.33) 찾아
간 목적은 바로 위에 있는 지융선사탑(至隆禪師塔)을 참예(參禮)하

---

33) 陳尙君,『全唐詩補編』(中華書局, 1992) 中, p.994「三千里路禮師顔,
師已歸眞塔已關。鬼神哭泣嗟無主, 空山只見水潺湲。」(『江西詩徵』卷
87에 收錄.)

기 위해서 였다고 보인다. 지금은 어디에 있었는지 흔적조차 알 수 없다.

사신애(신라암)에서 바라보는 계곡 건너편의 경치는 빼어나다. 문득 보타산 조음동(潮音洞) 위에서 보았던 금지사신연지비(禁止捨身燃指碑)가 떠올랐다. 보타산의 파도소리와 여산 신라암의 낭떠러지에서 바라보는 아슬아슬한 경치는 산(山)과 바다(海)로 다르지만 투신성불의 유혹을 받는 것은 동일한 것으로 생각되었다. 김지장 보살이 여산의 신라암에 주석하였다는 문거(文據)는 없다. 그러나 그가 성도의 대성자사(大聖慈寺) 주지로 있었던 또 다른 신라의 전화상(全和尙)으로 본다면 강로를 따라 여산(廬山)까지 와서 신라암에 일시 자리를 잡았다고 보게 된다. 왜냐하면 그의 여정에서 강주(江州)가 중간 지점이기는 하지만 구화산과 연결 지을 때는 또한 출발점이 되기 때문이다. 송나라 진순유가 지은 『廬山記』(卷3 山行易覽4)에는 지금 보아도 저자의 풍부하고 세심한 지리지식에 감복하였다. 그가 실제로 답사한 산로(山路), 수로(水路)는 지금의 길(山路)과 전혀 다른 방향이다. 즉 "천지(天池)에서 15리를 하산(下山)하면 금수곡(錦繡谷)이 나온다." 이곳의 물은 두 곳에서 나오는데, 하나가 금수곡에서 나오고, 다른 하나는 석문곡(石門谷)에서 나와 모여 분강(湓江)에 흘러간다(同名錦繡谷, 山下江水一出, 錦繡谷一出石門谷, 合流入湓江). 이 분강이 바로 양자강으로 흘러 들어가는 강이기 때문에 옛 신라승도 고도(古道)를 따라 여산(大林寺, 天池寺, 新羅庵)으로 오르지 않고, 금수곡에서 올라갔다. 금수곡에서부터 신라암까지는 6킬로미터 정도이다.

여산사묘(廬山寺廟)를 조사하고, 연구해 온 왕요주(王耀洲)는 신라암이 근대에 오면서 신작로의 개설로 인하여 없어졌을 것이라고 말했음에도 불구하고, 필자 혼자 나서서 찾아낸 큰 수확이었다. 신작로와 관계없는 맞은편의 계곡이었기 때문이다. 이곳을 찾는 데는 그 옛적에 주석하였던 신라구법승의 영응(靈應)에서 얻어진 성과라고 믿고 싶다. 기적은 많은 땅을 밟는 만큼 나타나는가 보다.

끝으로 맺고자 하는 말은 강로의 중요성이다. 이의 역사적 배경은 당·오대(唐五代)시대의 강로(江路)를 탐사하는 일이다. 일찍이 호적(胡適)은 선종사를 연구하는 데 있어서 3가지 자료의 결점을 지적한 바가 있다. 그 가운데 하나가 역사의식에 주목하지 않았다는 것이다.[34] 호적의 많은 저작(著作) 중에 단독으로 무상 선사에 관한 논문은 없다. 그러나 다음의 저술에서 약간 언급되었다. ① 『神會和尙遺集』(P.372), ② 『胡適手稿』7集(P.338)이다.

여산 정상에 있는 신라암은 신라구법승이 거쳐 가는 수행처였기 때문에 성도를 거쳤던 김지장이 편력할 수도 있다. 돈황본(敦煌本)의 『역대법보기(歷代法寶記)』에는 두상공(杜相公)이 영국사(寧國寺)와 정천사(淨泉寺)를 당일에 왕래한 기록이 있으나, 정천사(淨泉寺)는 검남(劍南)에 있었던 정중사(淨衆寺)의 오기(誤記)일 것이다. 당일에 왕래한 것으로 보아 영국사는 성도의 교외에 존재했던 것으로 보게 된다. 이 두 곳을 두홍점(杜鴻漸)이 가볍게 가서 무상의 유적을 관망(觀望)했기 때문이다. 이와 달리 어떤 중국학자는 '정천보당계(淨泉保唐系)'란 용어를 그대로 쓰고 있다.[35] 또 『역대법보기』에는 무상(無相) 선사가 장안에서 입촉(入蜀)까지의 행적을 기술하였는데, 그가 얼마나 여러 곳을 주유(周遊)했는가를 말해 준다. 즉 "바다를 건너 당(唐)나라에 왔다. 스승과 불도를 찾아 두루

---

34) 胡適, 「中國禪學的發展」(『胡適講演集』上, 中央研究院 胡適紀念館, 1978 修訂版) p.88 참조.

35) 杜繼文·魏道儒, 『中國禪宗通史』(江蘇古籍出版社, 1995) p.161 참조.

거닐고 밟았다. 곧 자주 덕순사에 와서 당화상(처적)을 참예하였다 (浮海西渡, 乃至唐國. 尋師訪道, 周遊涉歷, 乃到資州德純寺, 禮唐和 上.)"고 하였다.

다른 한편으로 여산이 구화산과 가깝기 때문에 김지장(金地藏) 이 강서, 호북 일대를 편방하다가 여산을 거쳤을 가능성도 있다. 실제로 신라암에는 앞에서와 같이 법호(法號)가 알려지지 아니한 신라승(新羅僧)의 시게(詩偈)가 전해지고 있다. 김화상과 전선사는 각기 다른 사람으로 보게 된다. 왜냐하면 당시 신라승이 대부분 장안에서 한중(漢中)을 거쳐 성도에 도착했던 것으로 본다. 그 같 은 것으로는 한중(漢中)에 신라승려가 모여들었던 건명사(乾明寺) 가 있고, 또 가까운 안경(安慶)에 신라사(新羅寺)가 있었다.

동시사료(同時史料)인 비관경(費冠卿)의 『구화산화성사기(九華山 化城寺記)』에 의하면, 김지장을 '신라왕자'라고 했지만 청나라 주 빈(周贇)의 고증에는 '왕자(王子)가 종종 세자(世子)로 오인되었다.' 고 하였다.[36] 이와 같이 『불조통기』의 작자는 두 신라 왕자를 각 기 다른 사람으로 보지 않고, 동일인(同一人)으로 보았던 것이다.

때문에 김지장이 성도에서 출발하였다는 것은 우리의 선입감(先 入感)일 뿐, 실제로 '김화상(金和上) ≠ 김지장(金地藏)'의 도식을 전 제로 할 때, 전선사의 구화산 입산(入山)의 출발점이 여산이었을 것이다. 그러나 중요한 것은 위 도식처럼 김화상 무상선사는 성도 에서 입적하였다는 사실이다. 그러나 익주(益州) 김화상의 입적은 알 수가 없다. 그리고 여산은 장강(長江)의 강로(江路)에서 볼 때, 중간지점일 뿐만 아니라, 무엇보다 신라암이 자리하였기 때문이다.

---

43) 九華山志編纂委員會, 『九華山志』(黃山書社, 1990) p.545 참조.

3. 『拔協』에 나타난 金和尙

― 주로 山口瑞鳳와 冉雲華 敎授의 年代問題에 대한
批判을 중심으로 ―

최근 중국 서남 지역에서 발원(發源)된 두 개의 돌발사고로 인한 참사가 있었다.

① 작년 3월 14일 라사(Rhasa)에서 일어난 분리독립(分離獨立) 시위이다.

② 이후 얼마 안된 4월 12일은 성도(成都) 북방(北方)에서 승용차로 2시간 거리인 문천(汶川)이 대지진의 근원지가 되었다. 이것들은 모두 성도의 김화상(金和尙)을 생각하게 하는 사건이다. 왜냐하면 김화상은 신통력을 가졌기 때문이다.

①은 역사에서 가정(假定)은 무의미 하겠지만 신통력(神通力)이 있는 김화상이 생존해 있었다면 폭동이 일어나지 않도록 미연에 티베트인에게 예언(預言) 해 주었을지도 모른다. 실제로 김화상은 적조덕찬(赤祖德贊) 때 귀족권신(貴族權臣) 마향중걸(瑪香仲杰)에 의해 불교가 탄압받고 있을 때 『삼부경(三部經)』을 사절(使節)에게 주면서 청포암동(靑浦(欽補)巖洞)에 숨겨두었다가 때가 되면 왕[贊普]에게 선강(宣講)하도록 일러주어 해결했다는 아름다운 전승(傳承)이 『바세(拔協)』에 담겨 있다. 『바세』에는 지금까지 소개되지 아니한 김화상 관련의 기록이 3곳이나 된다. 그럼에도 잘 알려지지 못한 것은 선학(先學)에 의한 본문의 내용 비판이 없었기 때문이다. 따라서 이에 대한 검토가 요구된다.

②의 돈황벽화에는 행각승(行脚僧)이 호랑이를 몰고 다니는 그림이 있는데 그 장소가 서역행의 깊은 산중이 시작되는 문천이 아

닌가 한다.

그중 하나가 서울 국립박물관에 소장되어 있다.[37] 나머지는 일본(中山正善氏 所藏), 영국(브리티시박물관 소장) 등에 소장되었다. 『바세』에 나타난 티베트 사절이 성도의 김화상을 배견(拜見)하고 귀국길에 문천을 시발점으로 하는 천장도로(川藏道路)로 갔기 때문이다.

이곳의 북방에 구채구(九寨區)가 있다. 필자는 『바세』의 기록이 사실인지 알아보기 위해 213국도를 따라 답사한 적이 있다.

위 ①②는 모두 역사와 깊은 관련이 있다. 중국의 호적(胡適) 박사는 앞에서와 같이 선종사(禪宗史)의 연구에서 역사관점이 소홀하게 다루어지는 결점을 지적하였다.[38] 이에 대하여 일본의 스스기 다이세스(鈴木大拙)는 선(禪)을 역사적 배경 아래에 두고 이해할 것이 아니라 선 그 자체를 알지 않으면 안 된다고 비판하였다.[39] 하지만 또 중국인으로 티베트 연구의 초기 연구자로 큰 업적을 낸 여징(呂澂)도 그의 『불교연구법(佛敎研究法)』에서 ① 장경(藏經), ② 교사(敎史), ③ 교리(敎理)를 다루면서 ②를 최선(最先), 최요(最要)라고 했다. 교리상(敎理上)의 문구(文句), 훈고해석(訓詁解釋), 곡설번사(曲說繁辭)가 당시 불교연구의 병폐라고 말하였다.[40] 스스기 다이세스가 비판한 호적은 역사가에 머물지 않고, 사상사 뿐만 아니라 선(禪)에 대해서도 어느 정도 이해했다고 본

---

37) 秋山光和, 「敦煌畵 '虎をつれた行脚僧'をめぐる考察」(『美術研究』 239, 1968) pp.172 - 173 참조.

38) 胡適, 「中國禪學的發展」(『胡適講演集』 上, 中央研究院 胡適紀念館, 1978, 수정판) p.88 「其次是缺乏歷史的眼光, 以爲研究禪學, 不必注意他的歷史, 這是第二個缺點.」

39) 八木信佳, 「胡適の禪宗研究」(『禪文化研究所紀要』 6, 1974) P.135 참조.

40) 呂澂, 『佛敎研究法』(臺灣, 新文豊出版公司, 1996, 1版 2刷) p.59 참조.

다. 때문에 역사배경이 중시되어야 하느냐 또는 선 그 자체가 중요
하느냐가 아니라 양쪽을 융합하는 방법에서 볼때 선을 중심하는 쪽
에서도 역사를 모르고서는 안 된다는 그러한 말로 이해하게 된다.

그러면 역사 관점에서 볼 때 진실한 성도의 김화상이 어떤 분일
까를 풀어가 보자. 지금까지 김화상에 대한 연구에서 획기적인 성
과를 낸 사람이 두 분 있다. 한 사람이 야마구찌 쯔이호(山口瑞鳳)
이고, 또 다른 사람이 염운화(冉雲華)이다.

1) 야마구찌 쯔이호(山口瑞鳳) 교수: 도쿄대학(東京大學) 교수로
있을 때 김화상을 신화상(神和尙)으로 소개하는 데 큰 역할을 했
다. 거의 같은 시기에 오바타 히로미쯔(小畠宏允)도『바세』에 나타
난 신이(神異)의 김화상과 그의 위트(機智)를 말했지만 핵심과제를
풀어가는 범위를 뛰어넘지 못했다.[41]

그 근거로『바세』에 나오는 니마(尼瑪)의 뜻이 태양(太陽)이기
때문에 특수명사(特殊名辭)가 아닌 친근한 보통(普通)의 대명사(代
名辭)로 전환시키는 데 큰 역할을 했을 뿐만 아니라 널리 불리게
만들었다. 그는 리처드슨(Richardson)이 김화상(Kim Hva Shang)
아래에 니마(nyi ma)라고 주(註)를 붙인 데 주목하여 이를 인용하
였다.[42] 지금의 중국 불교학계에서도 김화상이 신화상(神和尙)으로
불리고 있는 것을 뛰어넘지 못하고 있다.

그의 연구성과는 한마디로 역사의 관점(觀點)을 놓쳤다는 데 아
쉬움이 컸다. 역사연구에 있어서 문헌의 본문비판이 중요하다는

41) 小畠宏允,「チベットの禪宗と『歷代法寶記』」(『禪文化研究所記要』 6, 1914) p.139 참조.
42) 山口瑞鳳,「チベット佛敎と新羅の金和尙」(『新羅佛敎硏究』, 山喜房佛敎書林, 1973) p.28 참조.

것을 말하지 않을 수 없다. 이 같은 이유 때문에 그의 연구가 김
화상이 아닌 상징적으로 불렀던 니마를 다룬 지엽적(枝葉的)인 것
으로 말하지 않을 수 없다. 필자에게 고장문초역(古藏文抄譯)을 한
역(漢譯) 해 준 까(尕) 교수를 두 번째 만났을 때 번역본이 있다는
것을 알려주었다.

　책 분량이 79페이지이기 때문인지는 몰라도 어떤 도서관에도 없
었다. 그런데 농국대학교(東國大學校)에 1년간 와 있었던 하검평
(何劍平) 교수의 도움으로 주변의 친구가 소장한 것을 입수할 수
있었다. 그는 박사논문으로『유마힐경(維摩詰經)』에 대해서 공부했
기 때문에 동료 중에 티베트불교를 공부하는 교수가 있었다.『바
세』의 장문판은 북경대학 사학과 영신강(榮新江) 교수가 제공해
주었다. 쪽수는 까(尕) 교수가 초역해 준 것과는 차이가 있었고 문
장이 간결하면서 바른 번역이 눈에 띄었다. 여기서부터 점차 해결
의 실마리가 열리기 시작했다. 김화상 관련의 문장은 3곳이 있었
다. 정독을 하는 가운데서 우연히 '길목화상(吉木和尙)', '한족화상
(漢族和尙)'에 주목하면서 문제점의 끈을 놓치지 않게 되었다.

　그 결과 김화상이 고장문에 GIN 또는 KIN으로 음석(音釋)된다
는 것을 알았다. 이 '길목화상'이 바로 티베트 고장문에 수용된 김
화상의 음석이기 때문이다.『바세』에는 김화상 관련의 문제를 푸는
본문 연구에서 김화상과 다른 상징적 칭호가 함께 포함되었다.[43]

　2) 염운화(冉雲華) 교수: 캐나다 맥마스터(Macmaster Canada) 대
학에서 교편을 잡았고 대만, 중국에서 김화상 연구에 가장 많은

---

[43] 佟錦華・黃布凡 譯註,『拔協』增補譯本(四川民族出版社, 1990) p.11
　　『桑喜聽了贊普的話後, 心想看來世間要出現善行了, 漢族吉木和尙預言
　　的該向國王宣說佛法的時機到了.』

업적을 냈다. 다른 사람은 1회적(回的)인 데 비해 연속적으로 3편의 논문을 발표하였다. 영문 이름은 Jan Yun - Hua이다.

그러나 『바세』에서 김화상에 관한 핵심 문제인 티베트 사절이 김화상을 만난 법연(法緣)을 멀리하였고, 또 핵심문제인 김화상의 만남을 송두리째 부인하는, 즉 무상(無相)에 의한 정중선파(淨衆禪派)의 티베트 왕실의 전파를 근원적으로 부인하는 결과44)를 낳았기 때문이다. 『바세』에 수록된 김화상 관련의 기사에 대한 신빙성마저도 부인하였다. 즉 종래 중국선종의 티베트 전파는 마가연(摩訶衍)에서부터 보지만 실제는 정중선법(淨衆禪法)이 김화상으로 부터 배운 쌍희(桑希)를 통해 티베트 왕실에 전파되었다. 때문에 새롭게 검토해 볼 필요가 있다.

① 김화상으로부터 설법(說法)을 들었다는 시점[日期]이 무상 선사의 입적(入寂) 이후가 되기 때문에 제자인 무주(無住) 선사일 것이라는 것.

② 무상 선사의 입적에 관해서는 두 가지 각기 다른 기록이 있다. 즉 『역대법보기(歷代法寶記)』(無相章)은 보응(寶應) 1년(762)이다. 티베트 기년(紀年)으로는 적송덕찬 8년이다. 또 다른 문헌인 『송고승전(宋高僧傳)』(권19)은 지덕(至德) 1년(756)이니, 이해는 적송덕찬 2년에 해당된다. 즉 재위(在位) 2년이다.

③ 『바세』에는 티베트 사절의 이른바 '내지취경(內地取經)'의 기년(紀年)이 없다는 것.

위 ①~③은 모두 역사적 사실에 부합(符合)되기 때문에 염운화

---

44) 冉雲華, 「敦煌遺書與中國禪宗歷史」(『中國唐代學會會刊』 4, 1993) p.63 「傳往西藏文化區域的唐代禪法, 以北宗, 南宗(荷澤爲代表), 及益州淨衆寺等三家, 藏文資料中, 提到無相和向向西藏入唐大臣說法一事, 然日期却在無相去世以後, 日本學者懷疑說法者可能是無相的弟子無住.」

교수가 사절파견의 시점을 입증(立證)하지 않는 한 설득력을 잃게 된다.

이상으로 불교 연구는 역사를 설명할 수 없지만 역사 배경은 당시의 불교를 설명하고 있음을 확인하였다. 아울러 한국사(韓國史)의 연장도 티베트와 남조(南詔)까지 확대되는 중심(中心) 자리에 김화상이 있다는 새로운 사실을 강조하게 된다.

4. 『南詔圖傳・文字圖』에 나타난 金和尙

불가(佛家)에서는 옷깃만 스쳐도 전생에서 인연이 있다고 말한다. 이 같은 인연은 학문 세계에서도 실감하게 된다.

필자가 1962년 대만대학 역사연구소에서 연구생으로 수학하고 있을 때 공동연구실 위층에 인류학계(人類學系) 교수연구실이 있었다. 외부 교수로 고궁박물원(故宮博物院)에서 두 분의 이씨(李氏) 성을 가진 부관장(副館長)이 출강하고 있었는데 두 분 다 중국회화사(中國繪畫史)가 전공이었다.

이임찬(李霖燦) 교수는 작은 키이고 눈이 커서 이국적인 남방사람[南方人]처럼 보였다. 그러나 이 교수는 하남(河南)이 고향이고 서호미전(西湖美專)을 졸업하였다.

또 다른 이 교수는 키가 크고 교양학부생을 상대로 명성을 떨치고 있었다. 당시만 해도 보기 드문 슬라이드를 활용하여 화조(花鳥)의 구도(構圖)를 자세히 설명해 준 기억이 생생하다.

이 글의 주제와 관련된 이 교수는 앞의 이임찬 교수이다. 필자와는 한마디 말도 나눈 바가 없었지만 필자가 최근 성도(成都) 김

화상(金和尙)의 중생교화(衆生敎化)를 외연(外延)으로 확대시켜 보
았을 때 현지의 문헌(文獻)에 기재(記載)된 곳이 티베트[吐蕃] 왕실
뿐만 아니라, 남조(南詔)까지 그 이름이 전파되어 나타났다. 『남조
도전(南詔圖傳)』에는 숭상(崇尙)의 고승(高僧)으로 기록되었다. 이임
찬 교수는 일찍이 『남조도전』의 자료연구에 큰 업적을 냈기 때문에
필자와 연결되었다. 이 교수는 1943년부터 현지조사를 통해 『납서
상형문자자전(納西象形文字字典)』, 『납서경전역주9종(納西經典譯注九
種)』, 『납서연구논문집(納西研究論文集)』 등 수많은 동파문화(東巴文
化)를 연구하여 '동파문화의 아버지[東巴文化之父]'로 존경받으면서
최근에는 '이임찬기념관(李霖燦紀念館)'이 이장(李莊)에 세워졌다.

　필자는 최근 네 차례에 걸쳐 고궁박물원에 소장된 자료를 보러
갔다. 첫 번째 방문은 아주대학에 있을 때 「왕회도(王會圖)」를 보
기 위해서였다. 이때는 『남조도전』에 관해서 전혀 몰랐었다. 두 번
째와 세 번째는 불교서적을 구입하기 위해서 였고, 마지막 네 번
째 방문은 일본 교토(京都) 유린관(有鄰館) 소장의 『남조도전』을
보기가 어렵게 되자 부득이 『남조대리국신자료적종합연구(南詔大
理國新資料的綜合研究)』(國立故宮博物院, 1982, 初版)에 실린 칼라
도판을 활용하기 위해서였다. 이 책은 『中央研究院民族學研究所
專刊9 (1967)의 「南詔大理國新資料的綜合研究」를 새롭게 칼라 도
판을 넣어 출간하였다. 집필 중인 『정중무상대사(淨衆無相大師)』가
출판되면 이임찬기념관에 한 권 보낼 작정이다. 또 하나는 대만의
신문풍출판공사(新文豐出版公司)와의 만남이다. 후기(后記)에서 감
사를 표하였다. 이임찬기념관에 책을 보낼려고 하는 이유는 마지
막 「제7화의 김화상(第七化 金和尙)」의 자권(字圈)이 칼라 도판으
로 실려 있기 때문이다. 비록 이 교수와는 연구목적과 방향이 다

르지만 그의 업적이 너무나 빛난 데 사사(私師)하면 서부터 뵙기를 희망하였다. 왜냐하면 김화상이 신라왕자(新羅王子)라는 사실을 알려 주고 싶었기 때문이다. 그리하여 주목하지 아니한 「제7화의 김화상」에 대한 역주(譯注)도 시도하였다. 불행히도 만날 기회가 없었던 것은 일찍 대만을 떠났고 또 병중에 있었기 때문이다. 오관중(吳冠中)의 말에 의하면 그가 1997년 캐나다의 집에 찾아갔을 때 지병으로 인하어 이미 휠체어(輪車)에 의시하였고 대화는 불가능했다고 한다.45)

또 필자와 절친한 성도(成都)의 문인보고작가(文人報告作家)인 대준(岱峻)에게도 이임찬 교수와의 인연을 이야기해 줄 생각이다. 그가 나에게 준 한 권의 책을 펼쳐보지 않고 있다가 최근에 와서 우연히 보니 그 속에 이임찬 교수가 포함되어 있었다.46) 그의 집 옥상에 꾸며 놓은 정원(庭園)에 초대되었을 때는 주로 이제(李濟), 부사년(傅斯年), 동작빈(董作賓) 교수에 관해서만 담론을 나누었다.

필자가 대만에 갔을 때 호적은 그해 봄에 이미 돌아가셨고 동작빈 교수는 대만대학 복리사(福利舍)에서 작년에 작고한 김충열(金忠烈·고려대) 교수가 인사를 시켜주었다. 필자가 대학 4년생일 때 동작빈 교수가 한국에 와서 서울대학교에서 학위를 받았기 때문에 한국유학생을 멀리하지는 않았다. 이제 교수는 장개석(蔣介石)정부의 문화대사(文化大使)로 세계를 순방하면서 외교 활동을 하고 있었다. 부사년 총장은 필자의 지도교수인 부락성(傅樂成)의 백부이자 어릴 때 부터 그 집에서 자랐기 때문에 강의시간을 통해 장개석, 호적 등과 나눈 문통서함을 볼 수 있었다.

---

45) 李群育, 『新編麗江風物志』(雲南人民出版社, 1992) p.222 「此時, 李霖燦因病整日坐輪椅之上, 己不能說話.」

46) 岱峻, 『發現李莊』(四川文藝出版社, 2004) pp. 183-187 참조.

7~8세기 중국 서남의 소수민족(少數民族)이 이해(洱海)호수와 전지(滇地)까지 뻗어 나가면서 세웠던 남조국(南詔國) 정권에 관한 중요한 자료가 『남조도전』에 담겨 있다. 남조국의 존립은 13대, 274년이다.

남조국은 토번국(吐蕃國)과 함께 당나라에 대항한 서남의 강국(强國)이었다.

『남조도전』은 「화권(畫卷)」과 「문자권(文字圈)」 2부로 나누어지는데 이를 합쳐 부른다.

위에서와 같이 『남조도전』의 목적은 불교가 이해 주변까지 전파되는 과정에서 범승(梵僧)에게 공양하는 도상(圖像)을 통해 국가의 안정과 민중의 예의바른 풍속(風俗)을 맑게 순화(淳化)시키는 데 있었다. 「문자권」은 대체로 남조 초기 이전에 지어졌다고 말한다. 그러나 현존하는 『남조도전』은 여러 사람에 의하여 의문이 제기되어 모본이 그려진 연대를 제시하였다. 즉 『圖傳』『畫卷』에 있는 중흥 2년(中興 2년·898)의 제발(題跋)에 대하여 의문을 제기하면서 부터이다. 즉 ①12-13C에 그려진 모본설(Helen B. chapin; 청나라의 張照) ② 대리시대(大理時代)(向達) ③ 대리국 단사영(段思英)시대 (李霖燦) ④ 후세의 모본일 가능성(汪寧生) 등이다.

위 챠핀(chapin)여사가 처음으로 의문을 제기한 논문을 발표하였다. 장조(張照)는 『南詔図傳·畫卷』에 대하여 가장 먼저 청나라 옹정 5년(雍正5·1727)에 감상하면서 종이의 질이 오래되어 당나라 때의 장경(藏經)과 퍽 유사하다(紙色淳古絶私人唐人藏經)[47]고 하였다.

---

47) ① 汪寧生,「『南詔中興2年畫卷』考釋」(『中国歷史博物館館刊』2, 1980) 참조.

② 李惠銓·王軍,「『南詔図傳·文字卷』初探」(『南詔文化論』, 雲南人民出版社, 1991) p.414 참조.

위에서와 같이 대체로 대리국(大理國) 초기의 모본(摹本)임이 확인되었다.48) 일본 교토 유린관에서 관리를 맡은 후지이(藤井) 부인도 그런 말을 들었다고 했다. 집중적인 고찰은 <Ⅶ篇-Ⅱ>에서 다시 다루기로 한다.

---

48) 候冲, 『雲南與巴蜀佛教硏究論稿』(宗敎文化出版社, 2006) P.124 「『南詔圖傳』成畫于南詔中興二年, 但現存畫卷却不是南詔末期的原作. …… 所以這當是一個摹本.」

第Ⅳ篇

無相 大師와 관련된 異說의
文獻과 前期 禪蹤

1. 異說의 文獻

무상과 관련된 주요 문헌에는 ① 『歷代法寶記』, ② 『北山錄』, ③ 『圓覺經大疏鈔』, ④ 『宋高僧傳』 등이 있다. 이 외 송나라 때 편찬된 『輿地紀勝』이 있고, 또 명나라 때 편찬된 ⑤ 『六學僧傳』(卷30), ⑥ 『蜀中廣記』(卷82), ⑦ 『蜀中名勝記』(卷2), ⑧ 『神僧傳』(卷7) 등이 있다. 이것들이 일치하지 않는 이설을 담고 있기 때문에 우리는 신중하게 사료 운용(運用)을 모색하기 위해 이설의 문헌부터 검토해야 한다.

일치하지 않는 각기 다른 이설이란 ① 가계(家系), ② 입당시기(入唐時期), ③ 심사방도(尋師訪道), ④ 법호(法號), ⑤ 전의(傳衣), ⑥ 사찰종탑건조(寺刹鐘塔建造), ⑦ 문하제자(門下弟子), ⑧ 두타행처(頭陀行處), ⑨ 입적(入寂)과 세수(世壽) 등을 내용으로 한다. 이들 문헌은 무상 대사를 연구하는 데 있어서 기본사료가 되기 때문에 함께 모아 편리하게 활용하게 하였으며, 또 바로잡는 데도 유용하게 이용될 수 있다. 이를 알기 쉽게 표를 만들면 다음과 같다.

〈표 3〉 無相大師 관련의 異說

內　容	記　　　事	出　　典
① 家　系	○ 劍南城都府淨泉寺無相禪師, 俗姓金. 新羅王之族, 家代海東.	『歷代法寶記』無相章
	○ 蜀淨衆寺金和尙, 號無相禪師. 本新羅王第三太子.	『北山錄』 卷6
	○ 本新羅國人也. 是彼土王第三子, 於本國正朔年月生.	『宋高僧傳』 卷19
	○ 唐成都靜衆寺僧無相, 新羅國人也. 是彼土王第三子.	『蜀中廣記』 卷82
	○ 唐無相, 新羅國王之子也.	『六學僧傳』 卷30
	○ 相之弟本國新爲王矣.	『神僧傳』 卷7
	○ 釋無相, 新羅國人也. 是彼土王第三子.	『神僧傳』 卷7
	○ 僧無相, 新羅國人.	『蜀中名勝記』 卷2
② 入唐時期	○ 開元十六年至京, 後入蜀至資中.	『北山錄』 卷6
	○ 以開元十六年, 汎東溟至于中國到京.	『宋高僧傳』 卷19
	○ 開元十六年, 汎海舶東至京師.	『六學僧傳』 卷30
	○ 以開元十六至中國.	『蜀中廣記』 卷82
	○ 開元十六年至成都.	『蜀中名勝記』 卷2
	○ 浮海西渡, 乃至唐國. 尋師訪道, 周遊涉歷, 乃到資州德純寺, 禮唐和上. ⋯便留左右二年.	『歷代法寶記』無相章
	○ 根元是五祖下分出, 名爲智詵, 卽十人中之一也. 本是資州人, 後却歸本州德純寺開化. 弟子處寂俗姓唐. 後唐生四子, 成都府淨衆寺金和尙, 法名無相是其一也.	『圓覺經大疏鈔』 卷三之下
③ 尋師訪道	○ 謁詵禪師.	『宋高僧傳』 卷20
	○ 後入蜀資中謁智詵禪師.	『宋高僧傳』 卷19
	○ 謁詵禪師.	『六學僧傳』 卷30
	○ 後入蜀之資中, 謁智詵禪師.	『蜀中廣記』 卷82
	○ 謁詵公學禪定.	『北山錄』 卷6

內　容	記　　　事	出　　　典
④法　號	○ 寂公與號曰無相.	『宋高僧傳』卷19
	○ 先居淨衆本院, 後號松溪是歟.	『宋高僧傳』卷19
	○ 玄宗召見隷於禪定寺號無相.	『神僧傳』卷7
	○ 蜀淨衆寺金和尚, 號無相禪師.	『北山錄』卷6
	○ 師一日至, 寂公問曰. 何號, 師曰. 無相.	『錦江禪燈』卷16
	○ 金和尚, 法名無相.	『圓覺經大疏鈔』卷3之下
	○ 俗姓金, 時人號金和上也.	『歷代法寶記』無住章
	○ 喚海東無相禪師.	『歷代法寶記』處寂章
⑤傳　衣	○ 則天曾召入宮賜磨納九條衣, …… 中夜授與摩納衣.	『宋高僧傳』卷19
	○ 萬歲通天二年七月, 則天勅天冠郎中張昌期, 往資州德純寺請詵禪師授請赴京, 內道場供養。	『歷代法寶記』惠能章
	○ 則天賜與詵和上, 詵和上與吾, 吾今咐囑汝. 金和上得付法及信衣。	『歷代法寶記』無相章
	○ 佛法付囑誰人, 能和上答. 我衣女子將去也.	『歷代法寶記』無相章
	○ 密遣家人王鍠, …… 付囑法及信袈裟云. 此衣是達摩祖師衣, 則天賜詵和上. 和上與吾, 吾轉付汝.	『歷代法寶記』處寂章
	○ 見金和上在日縱跡, 有兩領袈裟, 一領衡山寧國寺, 一領留在淨泉寺供養. 相公不信.	『歷代法寶記』杜相公章
	○ 上元元年, 勅中使往韶州曹溪迎六祖衣鉢, 入內供養.	『佛祖統紀』卷40
	○ 五祖即於夜半密付其衣法. 盧得衣鉢宵遁 …… 能受正傳於曹溪. 是以禪盛東南, 謂之南能北秀.	『佛祖歷代通載』卷22
	○ 亹崖關西白崖山中有無住禪師, 得金和上衣鉢.	『歷代法寶記』杜相公章
	○ 且授以則天所賜磨納九條衣.	『六學僧傳』卷30

內　容	記　　事	出　典
	○ 在忍大師處, 三度被偸, 及至吾處, 六度被偸, 竟無人偸. 我此袈裟, 女子將去也, 更莫問我.	『歷代法寶記』惠能章
	○ 若不傳時, 法有斷絕. 又問, 禪師得否. 答, 不在會處. …… 此人若說法時, 正法流行, 邪法自滅, 爲佛法事大, 所以隱而未出.	『歷代法寶記』神會章
	○ 唐朝忍禪師在東山將袈裟付囑與能禪師. 經今六代. 內傳法契, 以印證心. 外傳袈裟以定宗旨.	『神會和尙遺集』(胡適校)P.281
⑥寺刹 · 鐘塔建造	○ 由是遂勸檀越造淨衆大慈菩提寧國等寺. 外邑蘭若鐘塔不可悉數.	『宋高僧傳』卷19
	○ 乃已檀越四合. 於是淨衆大慈菩提寧國等伽藍作矣.	『六學僧傳』卷30
	○ 至成都, 募化檀越, 造淨衆寺, 影堂在焉. 寺有一巨鐘.	『蜀中名勝記』卷2
	○ 新羅國僧無相, 募建有巨鐘, 重千鈞.	『大淸一統志』卷26
	○ 唐開元十六年, 新羅國僧無相募建.	『四川通志』卷38
⑦門下弟子	○ 會和上在荊府時, 有西國人迦葉賢者, …… 又問, 識金禪師否, 迦葉答, 盡是金和尙弟子.	『歷代法寶記』神會章
	○ 乾元二年正月, 到城都府淨泉寺. 初到之時, 逢安乾師, 引見金和上. 和上見, 非常歡喜, 金和上遣安乾師作主人, 安置在鐘樓下院住. 其時正是受緣之日, 當夜隨衆受緣, 只經三日三夜. 金和上每日於大衆中, 高聲唱言, 緣何不入山去, 久住何益. 左右親事弟子怪金和上, 不曾有此語, 緣何忽出此言. 無住和上, 黙然入山.	『歷代法寶記』無住章
	○ 付法門人神會. 又有南印慧廣. 又有安僧梁僧等, 皆宗禪法也.	『北山錄』卷6

內　容	記　　　事	出　　　典
	○ 金弟子當寺召, 長松山馬, 逐州季, 通泉縣季, 皆嗣之.	『圓覺經大疏鈔』卷 3之下
	○ 沙門道一, 俗姓馬, 是金和上弟子.	同上
⑧頭陀行處	○ 遂居天谷山巖下, 草衣節食, 食盡喰土.	『歷代法寶記』無相章
	○ 如是入深溪谷巖下坐禪.	『宋高僧傳』卷19
	○ 遂入深溪谷巖下坐禪.	『神僧傳』卷7
	○ 入深谷巖下坐禪. 每入定多是五日爲度.	『蜀中廣記』卷82
	○ 因遁居溪谷間, 每燕坐輒五日.	『錦江禪燈』卷16
	○ 卓錫龕 ― 金和尙自稱新羅國人 ― 卓錫于此, 有石龕因以名焉.	『輿地紀勝』卷157
⑨入寂·世壽	○ (宝应元年)五月十九日····夜半子時, 儼然坐化. ····大師時年七十九.	『歷代法寶記』無相章
	○ 是夜授與摩納衣, 師遂入深溪巖谷.	『錦江禪燈』卷16
	○ 以至德元年建午月十九日無疾示滅. 春秋七十七.	『宋高僧傳』卷19
	○ 以至德元年卒. 壽七十七.	『神僧傳』卷7
	○ 至德元年建午月十九日, 無疾示滅. 春秋七十七.	『蜀中廣記』卷82
	○ 至德元年建五月十九日, 無疾而終. 春秋七十七.	『六學僧傳』卷30

　위의 기록에서 『六學僧傳』은 『新纂大日本續藏經』(77冊)에 의거하였고, 무상(無相)의 신통(神通)은 따로 절(節)을 두어 사례(事例)별로 다루었다.

　신통을 제외한 기록을 정리해서 보면 다음과 같다. ① 가계문제는 신라국왕의 셋째 아들이란 기록이 많다. 마치 부처님이 제3왕자인 것처럼 강조되고 있다. ② 입당 시기는 개원(開元) 16년(728)에

초점이 맞추어 지고 있다. ③ 심사(尋師)의 종착은 처적(處寂)을 참 알(參謁)하여 무상(無相)이란 법명도 받았다. 무상이 당토(唐土)에 도착한 개원 16년은 이미 지선(智詵) 선사가 입적한 지 27년이 지 났기 때문에 지선을 배알했다는 기록은 시간에 맞지 않다.[1] 성도로 내려가기 전 당(唐) 장안(長安)의 명소(名所)는 말할 것 없고, 선정 사에서 마주 바라보이는 종남산(終南山)만해도 신라왕자대(新羅王子 臺), 운제사(雲際寺), 화엄사(華嚴寺), 흥교사(興敎寺), 향적사(香積 寺), 풍덕사(豊德寺), 지상사(至相寺), 초당사(草堂寺) 등을 두루 편 력(遍歷)하면서 삼사년(三四年)을 보낸 후 한중(漢中)을 거쳐 촉(蜀) 으로 들어갔다고 본다. 한중의 건명사(乾明寺)나 다른 암자(庵子)에 머물렀던 기간이 길었다고 한다면 몇 년이 더 늘어날 것이다.

왜냐하면 입적한 세수(世壽) 79세부터 역산해서 개원 16년까지 도달해 보면 여유 있는 시간이 남기 때문이다. 확실한 기간은 성도 에서 20여 년을 제외하고 말이다.

위의 운제사, 화엄사, 지상사, 풍덕사, 흥교사, 향적사, 초당사는 당의 명찰(名刹)일 뿐만 아니라 신라 승려가 머문 곳이기 때문에 이곳의 고승으로부터 검남(劍南)에 주석(住錫)하고 있던 지선(智詵) 에 관한 이야기를 들었다고 본다. 지선 선사는 5조 홍인(弘忍)의 10대 제자이다. 때문에 종남산을 넘어 남으로 자중(資中)의 덕순사 (德純寺)에 닿는 발원(發願)이 곧 바로 덕순사(德純寺)에 직행하도 록 하였다.

『神僧傳』(卷7)에는 현종(玄宗)이 무상선사를 소견(召見)하고, 선 정사(禪定寺)에 소속시켰다. 이 '隷(屬)'는 현종이 신회(神會) 선사

---

1) ① 『宋高僧傳』 卷19 「後入蜀資中謁詵禪師.」
   ② 『宋高僧傳』 卷20 「如無相大師自新羅國將來謁智詵禪師.」
   ③ 『六學僧傳』 卷30 「後入蜀之資中, 謁智詵禪師.」

를 남양(南陽)의 용흥사(龍興寺)에 '勅配住' 한 것과 같은 경우로 볼 것이다.[2] 그런데 여기서 무상 선사가 황실사원(皇室寺院)과 다를 바 없는 선정사에 소속되는 배주(配住)를 마다하고 단신으로 위험을 무릅쓰고 도보로 진령(秦嶺)을 넘어 성도(成都)에 갔는지는 알 수 없으나, 결과를 두고 보면 그가 중국에 온 목적이 오로지 구법(求法)과 홍법(弘法)에 있었기 때문에 스승을 찾았다고 본다.

마치 현장(玄奘) 법사가 우수한 강백(講伯)을 찾아 성도(成都)를 찾았던 구법과 같았다. 태종(太宗) 때 성도의 분위기가 장안·낙양에서 찾을 수 없었던 강백이 많았다. 이것은 수말(隋末) 이후 혼란의 역사적 배경으로 보게 된다. 그럼에도 현종(玄宗)이 무상(無相)이란 법명을 내렸다는 말은 맞지가 않다. 의문이 가는 대목이다.

④ 무상 문하의 제자에 관한 문헌이 모두 중복되지 않는다는 점이다. 정중사 신회(神會), 보당사 무주(無住), 가섭(迦葉) 선사를 제외한 많은 제자들은 잘 알려지지 아니하여 개별적인 고찰은 할 길이 없다.

⑤ 무상 대사와 무주 선사의 만남에 대하여 『歷代法寶記』가 직접 얼굴을 맞대고 게송(偈頌)을 주고 받은 후 법계(法契)와 상대전의(上代傳衣)가 넘겨졌던 것이 아니고, 불러서 넘기는 부촉(付囑)의 형식이었다. 검남선종의 특이한 방식이었다. 무상 선사와 무주 선사가 두 번째 만났을 때가 수연(受緣)이 열렸던 바로 그 날이 였다. 이 때 3일(日) 동안이 가장 가까운 거리에서 함께 보냈다고 보아야 한다. 사자상승(師資相承)을 확신하는 기록은 삼구어(三句語)을 이었고, 또 짧은 기간이지만 두 차례 만난 것으로 파악된다. 첫 번째가 『歷代法寶記』에서는 하란산(賀蘭山)을 나와 곧장 성도로 와

---

2) 『宋高僧傳』 卷8 釋神會 「開元八年勅配住南陽龍興寺.」

서 무상 선사를 참알하였다고 하였다. 또 동선(董璿)을 보내 그해
처음으로 딴 새차(茶芽) 반근을 신표(信標)로 삼아 봉상(奉上)하였
다. 더욱 봉상(鳳翔)에서 행문(行文)을 받을 때 출행(出行)의 목적이
김화상(金和尙)을 만나기 위한 것이라고 대답하였다.

⑥ 『歷代法寶記』는 무상 선사가 현종(玄宗)으로부터 소견(召
見)을 받고, 또 다시 성도(成都)에서 만난 법연(法緣)은 현종이 전
란통에 마음의 불안(不安)을 위로 받은 대신 무상은 공례(供禮)를
받고 많은 사찰을 중창했으나 여기에 대해 확실한 언급이 없다.
무상 선사의 위대한 점은 불사행(佛事行)을 통해서 대중에게 베푼
무량수의 자비심에 있다.

⑦ 두타행을 정진(精進)한 곳이 ① 천곡산(天谷山), ② 심계곡
(深溪谷)으로 나누어지기 때문에 각기 다른 곳으로 알기 쉽지만
현장을 찾아가 보면 동일한 지점이다. 필자도 이곳을 답사하기 전
에는 관현(灌縣)의 천곡산을 수십 차례 다녔으나 덕순사(德純寺)
와 멀리 떨어진 점이 적합하지 않았다. 무상이 두타행(頭陀行)을
행한 산모(山貌)를 기록한 문헌(文獻)을 분석하면 암곡(巖谷)이란
말은 양쪽의 언덕이나 또는 양쪽의 언덕이 바위로 형성된 성곽(城
郭)모양을 두고 말한 것이다. 심곡은 이 같은 바위에서 형성된 깊
은 계곡을 말한 것이다.

그러므로 암곡과 심곡은 같은 뜻이 된다. 따라서 천곡산은 양쪽
이 바위산으로 둘러싸였고, 1면이 정상이고, 아래쪽이 타강(沱江)
에 면하였다. 직삼각형기기 때문에 한자(漢字)의 자형(字形)인 천
(天)자의 모양이다.

이와 같이 자중에서 13킬로 떨어진 천곡산(天谷山)은 말 그대로
천(天)자 모양의 지형을 가지고 있었다.

⑧ 『嘉慶一統志』(卷386)에는 무상 선사가 성도(成都)에서 사찰

을 모건(募建)한 시점을 중국에 들어온 개원(開元) 16년으로 보는 착오(錯誤)가 보인다. 즉 '一名萬福寺, 唐開元十六年, 新羅國僧無相募建, 有巨鐘重千鈞.'이다.

⑨ 무상의 입적은 『歷代法寶記』를 제외하고서는 모두 일치한다. 『歷代法寶記』, 『續僧傳』은 편년체(編年體)의 불교전적(佛敎典籍)이 아님에도 불구하고, 보응(宝応) 원년(762)으로 잡았다.

2. 無相의 神通事例

무상 선사의 신통은 여러 유형(類形), 내용, 장소에 따라 나타났다. 이 같은 전설(傳說)의 기록을 소개하는 이유는 사천 불교가 잡신앙적(雜信仰的)인 지역임을 강조하는 사람이 있기 때문이다.[3] 일본의 아베 죠이지(阿部肇一)는 일반적으로 당시 사대부(士大夫)사이에는 불승(佛僧)이라면 요술(妖術)을 부려 처리하는 것으로 성도(成都)가 다른 지역에 비해 강했다고 하였다. 그 예가 무상 선사와 현령(縣令) 사이에 보인 요혹(妖惑)을 들었다. [明]『神僧傳』(卷4)은 보리달마(菩提達磨)마저도 신승에 포함시켰다. 이 점에서 보면 신승(神僧)의 신통은 조화를 부려 남을 홀리는 요언(妖言)과 다르다. 무엇을 기준으로 성도(成都)가 잡신앙이 넘치는 지역으로 말했는지

---

3) ① 山崎宏, 『支那中世佛敎の展開』(淸水書店, 1942) p.441 참조.
   ② 阿部肇一, 「唐代蜀地の禪定」(『駒澤大學文學部紀要』46, 1988) pp.17 －24 참조.
   ③ 李玉珉, 「南詔佛敎考」(『印順尊師九秩華誕祝壽文集』臺北, 東大圖書公司, 1995) p.551 참조.
   ④ 阿部肇一・關世謙譯, 『中國禪宗史』(臺北, 東大圖書公司, 1999 4版; 原著, 增訂中國禪宗史の研究, 1986) P.474 참조.

알 수 없으나, 정중사만 해도 많은 고승(高僧)이 배출되었기 때문에 오히려 무당(巫堂)의 굿판을 순화(純化)시키는 역할을 했다고 본다. 『宋高僧傳』에는 정중사(淨衆寺), 성수사(聖壽寺), 소각사(昭覺寺)의 고승들을 입전(立傳)하였다.

일반적으로 신통은 육통(六通)의 유형이 있다.[4] 천안통(天眼通), 천이통(天耳通), 타심통(他心通), 숙명통(宿命通), 여의통(如意通), 누진통(漏盡通)이 그것이다.

위 신통은 법력(法力)이 높은 고승이 부리는 초인간적이고, 걸림(無碍)이 없는 자재(自在)의 작용이다. 즉, 눈 밝고, 귀 밝기가 초인간적이다. 중국문헌에는 「신통(神通)」, 「신이(神異)」, 「감통(感通)」, 「신승(神僧)」 등의 기록이 적지 않다.

『神僧傳』(卷5)에는 신라승 현광(玄光)이, 『同書』(卷8)에는 김지장(金地藏)과 무루(無漏)가 들어가 있다. 현광은 천태종(天台宗) 3조 혜사(惠思)에게 친히 의거[親依]하였던 제자이다. 그는 『南嶽影堂二十八人圖』에 모셔졌다. 또 천태산 국청사(國淸寺)의 조사당(祖師堂)에도 봉안(奉安)되었다.[5]

이 외 『神僧傳』에 못 들어간 고승에 자장(慈藏)이 있다. 그가 종남산(終南山) 운제사(雲際寺)에 머물고 있을 때, 하루 1,000명의 수계자(受戒者)가 모여든 것은 대부분 치병(治病)을 위한 신통의 「감응(感応)」 때문일 것이다.[6] 신통(神通)의 신(神)은 변화를 헤아

---

4) 全佛編輯部, 『佛敎的神通』(中國社會科學出版社, 2003) P.81 佛法의 神通은 修持에 의하여 얻어지는 하나의 證인 禪定智慧나 作用을 가르키는 것이다. 아울러 緣에 따른 外相이 마음 가운데서 조명되며, 혼잡하지 않고 장애를 받지 않는 現象이다. 말하자면 마음을 통제해서 초인간적인 능력을 부려서 證을 通해 나타낸다.

5) 『宋高僧傳』 卷18 新羅國玄光傳 「南嶽祖構影堂. 內圖二十八人, 光居一焉. 天台國淸寺祖堂亦然.」

리지 못할 정도의 변화막측(変化莫測)을 뜻하고, 통(通)은 하고자
하는 일에 장애를 받지 않는 무장애(無障礙)를 말한다.

　무상 선사는 처적(處寂) 선사와 함께 『宋高僧傳』(卷20 感通篇)에
도 보이지만 또 『神僧傳』(卷7)에도 수록되어 중국에서 가장 풍부
한 사례를 남겼다. 그러나 그 신통은 시대가 내려오면서 가미(加
味)되거나 보태어 지지 아니한 점이 다른 신승(神僧)과 비교된다.
이 같은 사례 중에는 시대적 요구를 말해주고 있는 것도 있다.

　<사례 1>의 내용해석─손가락을 태워 당(唐)화상에게 공양함.
무상은 여느 구법승의 심사방도(尋師訪道)보다 넓고 강열하였음을
찾게 된다. 무상 선사가 처적 선사의 병환을 위해 연지(燕指)로 공
양한 것은 정중종(淨衆宗)의 등사(燈史)를 밝히는 서광(瑞光)의 불
빛이기도 하였다. 연지공양을 받은 처적 선사 또한 내일 해동(海
東)으로 부터 외빈(外賓)이 찾아올 것을 천안통(天眼通)으로 감지
하고, 제자들에게 마당에 물 뿌리고 비로 깨끗이 쓸어 놓기를 당
부하고 기다렸다. 마치 지상사(至相寺)의 지엄(智儼)이 신라승 의상
(義湘)이 찾아올 것을 감지했던 것과 같다.

　「寂預誡衆曰, 外來之賓明日當見矣. 宜灑掃以待之. 明日果有海東
賓至也.」(『宋高僧傳』 卷20 感通篇)

　「寂曰, 外來之賓明當見矣. 汝曹宜洒掃以待. 間一日果至.」(『宋高僧
傳』 卷19)

　「乃到資州德純寺, 禮唐和上. 唐和上有疾, 遂不出見, 便然一指爲
燈, 供養唐和上. 唐和上知其非常人, 便留左右二年.」(『歷代法寶記』
無相章)

---

6) 『續高僧傳』 卷24 「 …… 從受戒者日在千計.」

무상 선사의 이 같은 기적의 연지공양(燃指供養)은 현수법장(賢首法藏)에게도 나타났다. 그는 일찍이 16살 때 지금의 법문사(法門寺) 법왕탑 앞에서 손가락을 불태워 공양을 한 바가 있다.[7] 또 다른 예는 고려승 의통(義通)의 신족(神足) 제자인 준식(遵式)도 행하였다.[8]

<사례 2>의 내용해석 ―猛獸로부터 호위를 받음.

깊은 천곡산 암하(巖下)의 동굴에서 좌선을 하며 풀옷으로 몸을 가리고 먹는 것은 절식하였다. 먹을거리가 다하면 흙을 먹었다.[9] 맹수가 보통 사람이 아닌 것을 알아차리고 호위하였다. 『宋高僧傳』(卷19)은 맹수의 동태가 상세하다. 즉 갑자기 눈이 많이 오는 날 두 마리 맹수가 나타나자 무상선사는 몸을 씻고 나체로 누운 채 잡아먹도록 몸을 맡겼다. 그러나 두 마리 맹수가 머리에서 발끝까지 냄새만 맡다가 아무 상처를 입히지 않고 살아졌다. 맹수가 호랑인지 또는 사자인지는 확실하지 않지만 행각승(行脚僧)이 몰고 다니는 호랑이가 있다.

<譯註> 『大正藏』 51卷의 『歷代法寶記』 P.184에는 드디어 곡산 석암 아래에 머물었다(遂居谷山石巖下)고 했지만 전후에 天谷山이 나오는 것으로 보아 천(天) 일자가 탈락된 채 곡산(谷山)이 되었다. 더욱 『中國佛敎叢書禪宗編(2)』 P.190에는 「遂居天谷山巖下」이다.

---

7) 『大正藏』 50卷 史傳部 2 p.2054 唐大薦福寺故主翻經大德法藏和上傳 「藏年十六, 煉一指於阿育王舍利塔前, 以申法供.」
8) 『佛祖歷代通載』 卷18 「(遵)式繼入國淸普賢像前, 燃一指誓傳天台之敎.」
9) ① 『歷代法寶記』 無相章 「遂居谷山石巖下, 草衣節食, 食盡喰土. 感猛獸衛護.」 ② 金地藏도 九華山 동굴에서 白土를 먹고 용맹정진할 때 뱀이 피하였다.

〈그림 8〉 Pelliot 絹繪行脚僧,
『美術研究』(238. 1965)에서 轉載

돈황 막고굴(莫高窟)에서 나온 귀중한 회화유품(繪畫遺品) 중에
는 「호랑이를 몰고 다니는 行脚僧」이 있다.10)

「遂居天谷山巖下, 草衣節食. 食盡喫土, 感猛獸衛護.」(『歷代法寶記
無相章)

「忽雪深有二猛獸來, 相自洗拭裸臥其前, 願以身施其食. 二獸從頭
至足嗅匝而去」(『宋高僧傳』 卷19 釋無相)

<사례 3> 내용해석─본국자객이 올 것을 미리 명지(冥知)함.

무상 선사가 성도에 이르렀을 때 홀연히 한 역사(力士)가 나타나

10) 秋山光和, 「敦煌畵‘虎をつれた行脚僧’をめぐる考察」(『美術硏究』238号,
1965) p.172에는 6점의 揷圖와 함께 서울國立博物館所藏(大谷探檢隊
將來)의 1점이 수록되었다.

힘쓰지 않고, 땔나무를 베어 주방 시자(侍子)에게 사용하도록 주었다. 무상 선사의 아우가 본국의 신왕(新王)이 되었다. 영민한 형이 돌아오면 그의 지위가 위태로울 것을 두려워한 나머지 자객을 보내 처치하도록 하였다. 신문왕(神文王)의 가계(家系)에서 보면 형이 아니고 동생일 가능성이 있다. 이 문장에 깔린 뜻은 신라왕실과의 단절에 있다. 자객이 온다는 것을 무상 선사가 이미 명지(冥知)하였다. 갑자기 전날에 땔나무 감을 제공하였던 현자(賢者)가 잠시 와서 말하기를 오늘밤 낯선 손님이 있어 빛이 밝은 모양이라고 했다. 명지(冥知)란 바로 천안통(天眼通)과 천이통(天耳通)에서 얻어진 신통력이다. 또 무상 선사는 항상 부도(浮圖) 앞에 있는 은행나무를 가르켜 말하기를 탑 높이가 되면 절이 훼멸되기 때문에 자르라고 했다. 과연 회창법난(會昌法難)때 와서 탑 높이와 나란히 같했다. 그의 신통은 이 뿐만 아니라 절 앞에 두 개의 작은 연못이 있었다. 오른쪽이 죽이 나고 왼쪽이 밥이 나왔다. 만약 재 지을 때 넉넉하지 못할 경우 쌀처럼 일면 곧 죽과 밥이 족해진다고 하였다. 과연 그 말을 믿게 되었다. 한국의 쌀바위와 유사한 전설이다. 이 같이 그의 예언은 한 시대를 대변할 말큼 놀라게 하였다. 이 문장에 깔린 뜻은 무상 선사가 속가(俗家)인 본국 왕실과 끊고 초발심으로 돌아가 정중종을 발전시키데 전념하는 의미가 있다. 시대적인 요구가 담겨졌다.

「相至成都也. 忽有一力士稱捨力伐柴供僧厨用, 相之弟本國新爲王矣. 懼其却廻其位殆將遣刺客來屠之. 相已冥知矣. 忽日供柴賢者暫來謂曰, 今夜有客曰灼然. 又曰, 莫傷佛子. 至夜薪者持刀挾席. 座禪坐之側, 逡巡覺壁上似有物下. 遂躍起以刀一揮, 巨胡身首分於地矣. 後門素有巨坵, 乃曳去瘞之, 復以土抖滅其跡而去. 質明相令召伐柴者謝

之. 己不見矣. 嘗指其浮圖前柏曰, 此樹與塔齊寺當毁矣. 至會昌廢毁. 樹正與塔等. 又言, 寺前二小池, 左羹右飯. 齋施時少則令淘浚之. 果來供設, 其神異多此類也.」(『宋高僧傳』卷19)

「…. 齋施若少, 則令淘浚自足, 果孚其言. 而神異多如此類也.」(『錦江禪燈』卷 16)

<사례 4> 내용해석—양익(楊翌)이 보낸 장정 20여 명이 무상 선사의 신변 가까이 가자 심신(心神)을 잃는 전율을 느끼자 굴복한 후 모건(募建)의 신실한 지원자가 되었다.

무상 선사가 내전에 맞아들여 공례를 받았다. 그때 성도 현령(成都縣令)이 요사스런 유혹인 줄 알고, 첩(帖)을 내려 장정 20여 명을 풀어 쫓았는데, 이들이 무상 선사의 신변에 닥아서자 모두 전율을 받아 심신을 잃었다. 그때 바람이 워낙 커서 마침내 사석(沙石)이 날라 정청(政廳)까지 들어왔다. 바람이 발과 장막을 나부꼈다. 양익이 엎드려 절하고 발을 동동 굴렀으나 감히 말을 못 하였다. 뉘우침이 끝나자 바람도 멎었다.

「迎相入內殿供禮之. 時成都縣令楊翌, 疑其妖惑, 乃帖追至. 命徒二十餘人曳之. 徒近相身一皆戰慄心神俱失. 頃之大風卒起沙石飛颺直入廳事, 飄簾卷幕. 楊翌叩頭拜伏踹而不敢語, 懺畢風止.」(『宋高僧傳』卷19)

<사례 5> 내용해석—정중사 거종(巨鐘)이 부하(府河)를 타고 다시 정중사로 옮겨올 때 진형소상(眞形塑像)에서 땀이 흘렀다.

무종(武宗)의 폐불 때 성도에는 오직 대자사(大慈寺)만 무사히 남았다. 정중사는 예외 없이 훼멸되었다. 정중사의 거종(巨鐘)이 대자사에 옮겨졌다가 선종(宣宗) 때 와서 불교의 중흥에 따라, 바

로 그 종이 정중사로 돌아왔다. 큰 강(府河)을 타고 이틀 만에 비로소 도착하였다. 다음날 새벽에 재(齋)를 올리고 나서 사시(巳時)에 이르렀다. 밀고 끄는 힘이 나는 듯 하였다. 모든 일이 너무나 빠르게 이루어져서 사람의 힘에 의한 것 같지가 않았다. 본래 무상의 사리(舍利)를 나누어 소상(塑像)한 진형(眞形)에서 땀이 흘렀다. 무상의 신력(神力)이 스스로 종(鐘)을 끌었다고 믿었다. 변이(變異)가 이와 같았다. 어찌 위대하지 않는가?

「先是武宗廢敎. 成都止留大慈一寺, 淨衆例從除毁. 其寺巨鐘乃移入大慈矣, 洎乎宣宗中興釋氏, 其鐘却還淨衆. 以其鐘大隔江, 計功兩日方到. 明日方欲爲齋辰, 去迎取巳時已至, 推挽之勢直若飛焉. 咸怪神速非人力之所致也. 原其相之舍利分塑眞形, 爾日而皆流汗. ⋯⋯ 乃知相之神力自曳鐘也. 變異如此. 一何偉哉.」(『宋高僧傳』卷19)

<사례 6> 내용해석 - 성도에는 김화상이 불가사의 고승으로 이름나 있었다.

「副元帥黃門侍郞杜相公, 初到成都府日, 聞金和上不可思議.」(『歷代法寶記』杜相公章)

<사례 7> 무상 선사가 비밀히 동선(董璿)을 무주(無住) 선사한테 급히 보내 의물(衣物)과 부탁의 말을 전하였다. 자신을 스스로 잘 보살피는데 노력하면서 3~5년 간만 산에서 나오지 말고 기다리면 스스로 귀인을 맞게 될 것이니 그 때 나오라고 했다. 실제로 이후 귀인은 두홍점(杜鴻漸)이였다.

「傳吾語, 善自保愛, 努力努力, 未是出山時, 更待三五年間, 自有貴人迎汝出. 便卽發遣董璿急去, 莫敎人見. 」(『歷代法寶記』無住章)

　<사례 8> 내용해석─성도 김화상(金和尙)의 신통이 티베트[吐蕃]까지 전해졌다. 상시(桑希) 등 사절이 귀로에 성도의 김화상을 만나 불교탄압을 시행한 독단의 대신(大臣)을 피해 어려움으로부터 피하는 해결책을 신통력으로 일러 주었다.

　「吐蕃使者五人在還回途中遇到的困難由金和尙發揮神通來解決.」(『拔協』藏文 p.7)

　「從靑浦巖洞中取出三部佛經, 按金和尙的預言, 向吐蕃國王首先宣講『十善經』, …」(『拔協』藏文 p.18)

　「"赤松德贊"在少年時曾同 "尙喜"(譯音)等一行四人派到內地去求佛法. 那時, 有一具有神通的和尙, 事先說西藏派來的使者中, 有一位是菩薩化身, …」(『布敦佛敎史』p.171)

　위 <사례 8>은 <사례 7>과 같은 예언이다.

　위의 <신통사례>는 연대별로 나누어 묶었다. <사례1~4>과 <사례 7>은 무상 선사가 생존하였을 때 나타난 신통의 전승 기록이다. 신승(神僧)은 요술(妖術)이나 기적(奇蹟)을 부렸던 것으로 보게 된다. <사례 5>는 입적 후에 나타난 기적이다. <사례 4>는 [明]『蜀中廣記』(卷 82), [明]『錦江禪燈』(卷 16)에도 동기(同記)하였다. 후반은 무상선사가 입적한 이후에 나타난 신이(神異)의 두 가지 사례이다. <사례 6>은 입적 후 두상공이 들었던 불가사의 소문이다. 그가 정중사에 왔던 목적은 상대가사(上代袈裟)의 접수 때문인 것으로 보게 된다. <사례 8>은 12~14세기 편찬된 고장문(古藏文)을 한역한 것인데, 『바세』는 민족문화궁도서관(民族出版社, 1982)이 소장한 필사본에 의거하였다. 위 장문(藏文)의 한역(漢譯)은 중국사회과학원 까장자(尕藏加)가 필자를 위해 초역(抄譯)해 준 페이지에 따른 것이다.

3. 無相의 前期 禪蹤

1) 中國求法의 初期 발자취①
　― 長安의 禪定寺에 配置

　무상 선사의 족적(足蹟)이 담겨진 행적들의 편린(片鱗)을 모와서
보면 중·후기의 자료가 많다. 때문에 전·중·후기의 시대구분을
부치는 명칭도 가능하다. 무상 선사가 남긴 발자취를 따라가면 3
개의 시기가 확연하게 구분된다.

　첫째, 초기의 발자취 ― 장안의 선정사. 둘째, 중기의 발자취 ― 자
중의 덕순사. 셋째, 후기의 발자취 ― 성도의 정중본원을 창건한 것
등이다.

　위 ①~③은 무상 선사가 세운 서원(誓願)을 찾아가는 과정이기
도 하다. 그것은 지선(智詵) 선사를 만날 것이라는 강한 동경의 이
끌림이 덕순사에 있었다. 당시 낙양·장안의 강백(講伯)들이 성도
에 모여들었음에도 불구하고 무상 선사는 성도를 택하지 않고 자
중에 갔던 것이다. 결국 스승인 처적(處寂)으로부터 선법을 배운
후 천곡산(天谷山), 탁석감(卓錫龕)에서 두타행(頭陀行)을 닦았다.

　이 기간 동안은 처적으로부터 전해 받은 전의(傳衣)마저도 암동
에 묻어 둔 채 수행에만 열중하였다. 때문에 무상 선사는 덕순사
의 주지는 맡지 않았고, 새롭게 정중본원을 세워 폭넓은 홍화(弘
化)를 해나갔다. 무상 선사의 행적은 다음 세 시기로 나누었다.

728년(開元16) 무상 선사가 장안에 도착하여 함원전(含元殿)에서 현종을 예견(禮見)하고, 배속(配屬)[11]받은 곳이 선정사(禪定寺)이다.

선정사의 위치는 『長安志』(卷10)에 의하면 영양방(永陽坊)의 서남쪽 모서리에 자리하였다. 영양방은 경성(京城)의 서남우(西南隅)에 해당한다. 지금 찾아가는 길은 서안의 서남쪽 7킬로 떨어진 목탑채촌(木塔寨村) 밖의 서안묘포연구소(西安苗圃研究所) 안이 절터이다.

이렇게 단정하는 이유는 여기서 우리 일행이 깨진 '重修莊嚴寺碑' 두 기(基)를 찾아 물로 씻어 확인했기 때문이다. 놀랍게도 선정사가 장엄사로도 불렸음을 알았다. 또 원래 있었던 것으로 보이는 토굴도 있었다.

〈사진 7〉重修莊嚴寺碑(A)　　　　〈사진 8〉重修莊嚴寺碑(B)

그러면 선정사가 어떠하였는지 필자가 소장한 『長安志』(卷20), 『類編長安志』(卷10), 『關中勝蹟圖志』(卷30)에 수록된 연혁(沿革), 규모, 목탑채(木塔寨), 불아(佛牙) 등의 불교문물(佛敎文物)과 또 사

---

11) 『宋高僧傳』卷19에는 「召見隸於禪定寺」라고 했다. '召見'은 황제로부터 接見을 받은 것이고, '禮見'은 외국사절이나 신하가 上者를 접견할 때 쓰이는 말이다. 이들이 入山이나 다른 地域에 갈 때는 반듯이 『續高僧傳』(卷24), 『法苑珠林』(卷64) 처럼 '啓敕' '奉勅'을 받아야만 했다.

찰이 지닌 특색을 알아보자.

필자가 90년 초만 해도 위 책들을 복사하는 데는 많은 돈을 지불해야만 했다. 왜냐하면 서북대학 고적선본실(古籍善本室)에는 복사가 불허되고 필기만이 허용되었기 때문이다.

① 연혁‥수나라 초 우문(宇文)의 별관(別舘)을 고쳤는데, 인수(仁壽) 3년(603) 문제(文帝)가 헌후(獻后)를 위해 선정사를 세웠다. 우문개(宇文愷)가 장안 서쪽에 곤명지(昆明池)가 있어서 지세(地勢)가 약해지는 것으로 생각하여 목부도(木浮圖)를 세울 것을 건의하여 높이 330척(尺), 주위가 120보(步)가 되었다. 무덕(武德) 원년(618)에 장엄사(莊嚴寺)로 고쳤다. 천하 사찰의 번창함이 이와 견줄 만한 것이 없었다. 이 사원(寺院) 안에는 불아(佛牙)가 모셔졌다. 길이가 3촌(寸)이나 되었다. 승 법헌(法獻)이 오종국(烏踵國)에서 가져온 것인데, 예장왕(豫章王)이 양주(揚州)에서 장안으로 올 때 가져왔다. 수나라 양제(煬帝) 때 성수사(聖壽寺)로 고쳤다(『長安志』卷10).

그러나 『關中勝蹟圖志』(卷7)는 '木浮圖'가 대업(大業) 7년(611)에 세워졌다고 보충하였다. 또 『長安志』(卷10),『類編長安志』(卷5)의 '地勢微下'를 '地勢卑下'로 표기하였다.

② 佛牙‥『長安志』(卷10)와 『類編長安志』(卷5)에 전한다. 사문(沙門) 법헌(法獻)은 송나라 때 스님이고 예장왕(豫章王)이 진(陳)나라인 것으로 보아 당나라 때는 아니다.

③ 木浮圖‥『長安志』(卷10)에는 높이 330척,『類編長安志』(卷5)는 320척이라 했다. 높이 10척의 차이가 있다. 이후 편찬된 [淸] 장총현(張聰賢)의 『長安縣志』(卷22)에는 자세한 숫자가 보인다. ⓘ 장엄사와 대장엄사(大莊嚴寺)를 구별하였다는 것, ⑪ 경성(京城)의 서남쪽 땅이 미하(微下)하여 목부도를 세웠다. 높이 300척,

주위가 120척이다. ⑪ 위치는 성(城) 서남쪽으로 12리(里)에 있다고
하였다.

위 세 가지 문헌 중 ①은 송나라 때, ②는 원나라 때, ③은 청
나라 때 편찬되면서 크게 보충된 부분은 없으나, 강조된 부분이
약간 다를 뿐이다.

당나라 때는 현장(玄奘) 법사도 친형 소(素)와 함께 성도로 갔다
가 인도로 가기 전에 잠시 장엄사(莊嚴寺)에 머물렀다.[12] 황실사원
은 아니지만 외국 승려가 많이 머문 사원으로 유명하였다. 그것은
사원의 규모에 있어서나 번창함이 장안에서 첫 째로 손꼽혔기 때
문이다. 618(武德1) 장엄사(莊嚴寺)란 이름으로 고쳐졌다. 『長安志』
(卷10)에는 「천하가람에서 장엄사보다 더 번창한 사찰이 없다.」고
하였다. 당시 불아(佛牙)를 보존하였던 사찰은 4곳 뿐이었다. 현재
불아는 아미산(峨眉山) 만년사(萬年寺)와 법문사(法門寺)에 불지골
(佛指骨)이 보장되었을 뿐이다. 846년(會昌6년)에 다시 성수사(聖
壽寺)로 고쳐졌다. 회창법난(會昌法難) 때 용케도 파괴를 모면하였
으나 당 말에 와서 폐사(廢寺)가 되었다. 무상 대사가 장안에 머물
었을 때는 사찰이 번창하였다. 다른 사원과 구별되는 것이 사찰의
번창함 뿐만 아니라 아주 큰 목탑을 세웠다. 이 목탑채는 그 아래
곤명지(昆明池)로 흐르는 지세(地勢)를 막기 위해서라고 했다.

절터 안에는 원나라 때 만든 토굴인지 혹은 가산(假山)인지 알
수 없는 유지(遺址)가 남아 있다. 답사(踏査)에서 얻은 큰 수확은
앞에서와 같이 깨진 중수비 2기를 찾아낸 것이다.

당나라 때의 장안이 지금의 7배나 컸기 때문에 목탑채촌의 서남
쪽이 지금은 서안의 교외가 되었다. 때문에 선정사의 위치에서 볼

---

12) 『續高僧傳』卷4 「兄素出家, 即長捷法師也. ⋯⋯ 乃與兄從安之, 行達長
安, 住莊嚴寺.」

때 정면이 종남산(終南山)이고, 오른쪽에 자리 잡은 종남산의 신라
왕자대(新羅王子臺)와 왼쪽에 자리한 지상사(至相寺)의 중간에 초당
사가 있다. 정면을 바라보는 가까운 곳에 또 고구려 유민이 집단적
으로 끌려와 살았던 마을인 고려곡(高麗曲)이 있었다. 이 같이 당시
보존된 유적들이 선정사와 가까운 거리에 자리하였기 때문에 무상
선사가 장안에서 3~4년은 편력(遍歷)과 심사(尋師)를 위해서 보냈
다고 본다.

그 결과가 자중(資中) 덕순사(德純寺) 지선(智詵) 선사를 찾아간
다는 서원(誓願)을 세웠을 것으로 보인다. 무상 대사가 찾아간 촉
지(蜀地)의 목적이 오로지 지선 선사를 만나기 위한 것으로 보는
이유는 검문관(劍門關)을 지나 성도로 가지 않고 곧 바로 자중(資
中)에 들어간 것으로 알 수 있기 때문이다.

지선은 실존 인물일 뿐만 아니라, 고구려승 양주(揚州) 지덕(智
德) 선사와는 오조(五祖) 홍인(弘忍) 아래서 함께 공부한 동학(同
學)인 사형(師兄) 간이다. 때문에 덕순사 지선 선사에 관한 이야기
를 일찍부터 듣고 찾아가는 서원을 세웠다고 본다. 때문에 덕순사
만이 오로지 무상 선사를 끌어당기는 유인체가 되었다. 그 이유는
크게는 정중선파의 중흥을 위한 원력을 세웠을 것이기 때문에 자
주(資州)로 직접 갔던 것이다. 자중에는 무상 선사가 용맹정진한
족적을 남긴 천곡산(天谷山), 탁석감(卓錫龕)이 남아 있다. 그러나
탁석감은 문헌에 있을 뿐이다. 지금껏 찾지 못하고 있다.

또 선정사에서 마주 바라다 보이는 진령(秦嶺)을 넘으면 명승(名
僧)이 모여드는 대도회(大都會)인 성도분지(成都盆地)가 있다는 것
도 함께 들었을 것이다.

성도는 수 말(隋末) 대란(大亂)으로 말미암아 전국의 명승(名僧)

이 모두 모여 있어서 현장(玄奘) 법사도 가형(家兄)인 소(素: 長捷
法師)와 함께 강백(講伯)을 찾아 다녔다.[13] 무상 대사가 촉(蜀)으
로 간 행로(行路)는 현장과 다르지만 현종(玄宗)의 입촉로정(入蜀
路程)과는 거의 같은 방향이다.[14] 그러나 엄격히 보면 무주(無住)
선사는 세곡수로(細谷水路)를 취한데서 다르다. 진령을 넘어 한중
(漢中)으로 가는 길은 상주(商州)를 거치는 먼 길을 제외하고 세
가지 로정(路程)이 있다. ①자오도(子午道), ②주지현(周至縣)에서
현종(玄宗)이 넘었던 길, ③보계현(寶溪縣)에서 서쪽으로 돌아 봉
현(鳳縣)에서 가는 길 등이다. 실제로 우리나라 사람으로 원나라
말 이재현(李齊賢)이 서안을 출발, 봉현 → 한중(漢中) → 광원잔도
(廣元棧道) → 성도(成都) → 아미산(蛾眉山)으로 들어가서 향화(香
火)를 올린 여정(旅程)은 위 ③이다.[15] 이 가운데 ②가 가까운 거

---

13) 隋末의 大亂으로 長安의 名僧·大德이 모두 成都로 모여들었음은 현
 장의 말에서 알 수 있다. 즉 法師乃啓兄曰 "此無法事, 不可虛度, 願
 遊蜀受業焉"(『大慈恩寺三藏法師傳』卷1)

14) 당나라 玄宗은 周至縣 → 漢中을 거쳐 蜀으로 들어갔고, 玄奘은 子
 午谷을 넘어 漢川(漢中)을 거쳐 蜀으로 갔다. 『歷代法寶記』에 의하
 면 無住는 太白山路(太白山) → 細谷水路 → 포수(褒水) → 梁州(漢中)
 를 거쳐 蜀에 갔다. 『關中勝蹟圖』(卷17)에 의하면 세천곡수(細川谷
 水)는 봉상부(鳳翔府)에 있다. 때문에 『歷代法寶記』에서 말한 '和尙
 (無住)이 점차 南行하여 鳳翔에 이르렀다. (和尙漸漸南行至鳳翔)'이란
 행정(行程)은 수로(水路)와 산로(山路)를 거치는 출발점으로 양주(梁
 州)로 나왔다는 말이다. 『嘉慶一統志』(卷237)에 의하면 양주(梁州)
 는 한중군(漢中郡)을 포함하여 오늘의 남정현(南鄭縣), 면양현(沔陽
 縣)을 다스렸다. 양주에서부터는 위 3방향이 모두 하나가 되어 촉
 (蜀)으로 들어 갔다.

15) ① 李齊賢, 『益齊亂藁』 卷1(亞細亞文化社, 1973) 참조.
 ② 池榮在, 『西征錄을 찾아서』(푸른역사, 2003) PP.105-106「蜀道」
   참조.
 ③ 필자가 일찍이 성도 북쪽에서 이재현과 관련된 듯한 高麗遺蹟碑

리이다. 무주 선사는 수로(水路)를 제외하고는 ②와 거의 같은 방
향으로 한중(漢中)에 도착하였을 것이다. 지금도 한중에서 서안 가
는 대포택시가 ②를 택하고 있다.

필자는 ①을 2번 넘은 경험이 있다. 정상(車道)에는 진령비(秦嶺
碑)가 있다. 신기한 점은 남쪽으로 흐르는 개울물이 한수(漢水)를
거쳐 양자강(揚子江)이 되고, 북쪽이 위수(渭水)를 거쳐 황하(黃河)
에 합류한다. 자오도는 영섬(寧陝)에서부터 진령 아래의 완만한 평
지가 안강(安康)·한중까지 펼쳐진다. 한중(漢中)에서 남쪽 방향은
잔도(棧道)가 이어지는 위험한 고촉도(古蜀道)를 지나야만 검문관(劍
門關)에 이른다. 무주 선사가 한중에 이른 로정(路程)은 태백산(太白
山) → 세곡수로(細谷水路) → 봉상(鳳翔) → 포수(褒水) → 양주(凉州)
이다. 봉상은 서쪽이기 때문에 무주 선사의 로정(路程)에서 볼 때
왜 그쪽부터 갔는지가 의문이다. 그의 속가(俗家)가 있는 고향이기 때
문일 것이다. 무주 선사는 봉상미헌인(鳳翔郿縣人)이다.『歷代法寶
記』의 저자가 잘못 기록한 것이 아닌가 생각된다. 때문에『歷代法
寶記』(無住章)의 태백산 ↔ 양주의 로정(路程)을 필자는 고향이기
때문에 봉상(鳳翔)을 거친 것으로 보았다. 그리고 양주는 지금의
한중(漢中)이다. 역사상 협의(狹義)의 촉도(蜀道)는 장안에서 성도
에 이르는 교통도로를 말한다. 이 교통도로에서 볼 때 한중은 꼭
거쳐가야 하는 중간 거점이다. 광의는 천전(川滇)을 잇는 서남 실
크로드(Silk Rood)까지 포함한다 전국(滇國)은 사마천의 사시(史
記)에서부터 나타난다.16)

무주 선사의 입촉로정(入蜀路程)은 현종의 피난길과 달랐고, 현

────────

를 본 적이 있는데 찾아지는 대로 기획하고 있는『唐에 간 신라
구법승』에서 보충할 생각이다.

16) 黃懿陸,『滇國社』(雲南人民出版社, 2004) pp. 1-2 참조.

장과도 달랐다. 이렇게 무주 선사가 입촉(入蜀)을 앞두고 서행(西行)으로 봉상(鳳翔)으로 갔다가 태백산로(太白山路)를 거쳐 태백산에 도착한 것은 그의 체력이 얼마나 경행(經行)을 이겨냈는가를 알수 있다. 이 때 봉상의 여러 대덕(大德)이 머물기를 바랐으나 그의 앞에는 무상 선사를 만나기 위한 입촉(入蜀) 밖에 없었다. 양주(涼州)에서도 그러하였다.

때문에 무주 선사는 현종이 주지현 → 한중, 그리고 현장이 자오곡 → 한중과는 다른 길을 택했던 것이다. 무주 선사는 태백산에서 한 여름을 보내면서 한중에 도착하는 길을 밝은 눈으로 찾았을 것이다. 오로지 도보(徒步)에 의지하는 고행(苦行)이다. 여기서 무주 선사의 입촉로정(入蜀路程)을 언급하게 된 이유는 진령(秦嶺)을 넘는 고도(古道)가 중요하기 때문이기도 하지만 무엇보다 『歷代法寶記』의 저자가 무상 선사와 무주 선사의 사자관계(師資關係)를 암시적으로 말했기 때문이다. 즉 그가 영주(靈州)를 떠날 때 행문(行文)을 발급받기 위해 풍녕군사처(豊寧軍使處)에 갔을 때 양함장(揚含璋)이 그곳에 머물기를 바랐으나 응하지 않자 선지식(善知識)이 누구냐고 묻자 김화상이라고 답하였다. 그러자 군사(軍使)가 정예(頂禮)를 가추고 행문(行文) 즉 공첩(公牒)을 내주어 남행(南行) 길에 올랐다.

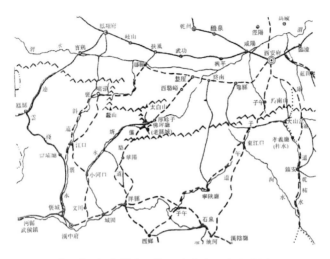

〈그림 9〉 秦嶺을 넘는 점선의 3가지 古道

　　태백산은 풍경이 수려할 뿐만 아니라, 진귀한 약초, 화초의 생물
자원이 풍부할 뿐만 아니라 6월까지 눈 덮인 정상을 보게 된다.[18]
때문에 태백산(太白山)이라고 부른다. 태백산은 진령산맥(秦嶺山脈)
의 주봉으로 해발 3,767미터이다. 위치는 서안에서 약 100킬로 떨
어진 미현(郿縣), 태백현(太白縣), 주지현(周至縣)에 걸쳐 자리 잡
았다. 태백산에 오르는 길은 지금도 두 코스가 있다. 하나는 북측
에서 태백산 정상으로 오르는 길이고, 다른 하나는 남측에서 주봉으
로 오른다.[19] 이 두 길은 모두 '官商行旅通行之路'가 아닌 험난한

---

17) 『歷代法寶記』無住章「 ···· 軍使又問和上, 善知識是誰, 和上答, 是無相
　　和上, 俗姓金. ···· 軍使頂禮, 便出行文, 和上漸漸南 行至鳳翔」.

18) [淸]『南山谷口考校注』(三秦出版社, 2006) p.122「其高處四時積雪, 故
　　名太白.」

19) 위의 책, p.124「從遠門口逆遠門水河谷南上, 爲從北側攀登太白山主峯,
　　峯頂之路, 越嶺南下, 可達藍屋縣厚畛子, 爲從南側攀登太白山主峯之路.
　　二者均非官商行旅通行之路.」

길이다. 이 말은 관리, 상인들이라도 도보로만 가능하다는 뜻이다.

전자는 선유사(仙游寺)가 위치한 주지현(周至縣)의 후진자향(厚畛子鄕)에서 출발한다. 후자는 미현(眉縣) 영두(營頭)에서 오른다. 조사보고에 의하면 지세가 높은 북쪽 언덕인 북파(北坡)에서 남파(南坡)에 이르는 길이 다소 쉽다. 파는 언덕을 말한다. 『歷代法寶記』에는 이 길을 태백산로(太白山路)라고 했다.

태백산 정상으로 오르는 길가에는 거의 20－30리(里)에 사원(寺院)·묘우(廟宇)의 절터가 하나씩 있다고 하였다. 확인된 사찰만 해도 호평사(蒿坪寺), 중산사(中山寺), 대전(大殿), 평안사(平安寺), 명성사(明星寺), 방양사(放羊寺) 등이다.[20] 무주 선사는 정상 아래의 사원(寺院)에서 한여름을 보냈을 것이다. 이 외 가장 높은 발선대(拔仙臺)와 삼해(三海)도 찾았을 것이다.

2) 禪定寺에서 漢中까지의 路程

당나라 때 신라승, 신라상인, 그리고 이재현이 서해(西海)를 건너 산동(山東)이나 강소(江蘇)의 연해안에 도착한 후 양자강(揚子江)을 거슬러 내륙까지 깊이 들어갔다. 그 중요한 간선(幹線)의 하나가 한수(漢水)이다. 이재현은 육로를 통해 북경에 가서 서향(西向)으로 서안에 와 진령산을 넘어 아미산에 갔다.

한수는 무한(武漢)에서 시작하여 한중까지 올라가는 데는 많은 소도회(小都會)를 거쳤다. 안강(安康)에는 신라사(新羅寺)가 자리하여 교역의 중심이 되었다. 신라사가 자리한 언덕 아래는 지금도 이름 모를 포구(浦口)가 있다. 필자는 이를 잠정적으로 신라사포구

---

20) 陝西省地質礦産局, 『太白山』(陝西人民出版社) 前言 참조.

라고 지칭한 바가 있다. 안강에서 한중까지의 수로(水路)가 몇 킬
로 인지 알 수 없으나 승용차로 산길을 5시간이 걸렸으니 대충
200k는 될 것이다.

한중은 사통팔달(四通八達)의 교통 중심지이다. 이곳을 지나간
신라구법승이 누구인지는 기록이 없으나, 필자는 한수를 말할 때
는 으레 신라승려가 이곳까지 왔으리라는 추측을 놓치지 않고 말
해 왔다. 그런데 최근에 와서야 이를 입증(立證)할 수 있는 문헌을
찾아낸 것이다. ① 신라승 무상(無相), ② 신라승 혜륜(慧輪)을 통
한 행각(行脚)이다.

특히 ②는 한중을 거쳐 간 유일한 법명을 남긴 확실한 기록일
뿐만 아니라, 신라선(新羅船)이 당도한 최남단이 천주(泉州)에 끝난
종래설에서 볼 때 뢰주(雷州)까지 확대 연장된다는 데 큰 의미를
갖는다.

①의 문헌은『歷代法寶記』(無相章), ②는『大唐西域求法高僧傳』
(卷上)이다. 사실 불교를 가지고 역사를 설명하기가 어렵지만, 역
사는 종교를 설명할 수 있다. 그러나 불교사란 분류사(分類史)는
역사지리까지 접근시킬 때 많은 사료(史料)를 얻게 된다.

이 경우는 위 ②의 행각승(行脚僧)이다. 한중의 건명사(乾明寺)
에 머문 신라승이 많았지만[21] 성도에 내려간 신라승려는 혜륜(慧
輪), 무상(無相), 행적(行寂), 그리고 거사(居士) 이재현(李齊賢) 등
이 기록을 남겼다.

ⅰ) 無相의 漢中行脚

한중이 자리한 위치 때문에 건명사(乾明寺)를 찾는 유승(游僧)이

---

21) 卞麟錫,『당장안의 신라사적』(한국학술정보, 2008) p.308 참조.

한 해에 10여 만 명이라고 했다.[22] 건명사의 창건이 신라승에 의하여 창건되었지만 시기는 무상 선사가 통과했을 때보다 약간 늦다. 그러나 그 앞에 간단한 암자가 있었다고 고려한다면 전혀 관계가 없다고는 할 수 없다.

무상 선사가 장안의 선정사(禪定寺)를 뒤로 하고 촉(蜀)으로 향해 내려갔을 때 한중이 중간 휴식처이다. 그 이유는 필자의 경험에서도 그러하였지만 첫째, 그 위치가 장안에서 볼 때 100킬로 떨어진 가장 서쪽의 주지현(周至縣), 미현(郿縣)에서 출발하여 험난한 진령(秦嶺)을 넘었기 때문에 휴식이 필요했다는 것, 둘째, 장안의 도성(都城)과 남쪽의 종남산(終南山)에는 헤아릴 수 없는 당대(當代)의 명승(名僧), 명찰(名刹), 불아(佛牙), 불적(佛蹟), 고적(古蹟), 역장(譯場), 명승(名勝) 등이 널려 있기 때문에 편역(遍歷)의 고달픔에서 한중은 쉬어가야 하는 곳이 되었다. 또 촉도(蜀道)로 내려가려면 더욱 휴식으로 체력을 비축해야만 하였다. 유승이 1년에 10여만이라고 말한 것은 이를 두고 말한다. 한중은 행정적으로 섬서성에 속하지만 사회·문화·종교는 사천과 깊은 관계를 갖는다. 지금도 한중사람은 사천(四川)말을 알아 듣고 대화를 나눈다고 한다. 한중은 촉(蜀)으로 내려갈 때 길목인 행각(行脚)의 거점이였기 때문이다. 즉, 교류가 많았다는 뜻이다.

이러한 행각의 목적에서 본다면 장안에서는 적어도 3~4년은 소요(所要)되었다고 본다. 이때는 아직도 안사난(安史亂)이 일어나기 전이기 때문에 현종을 예견(禮見)한 후 무상 선사가 담당 관원(官員)을 통하여 성도에 가겠다는 희망을 허락받았을 것이다. 왜냐하면 자장(慈藏)이 종남산 운제사(雲際寺)에 자리를 옮기고자 하였

---

22) 卞麟錫, 위의 책, p.306「乾明寺記碑」참조.

을 때 계측(啓敕)을 받았고, 또 귀국도 동의를 받았다.[23]『歷代法寶記』(無相章)는 무주 선사가 무상 선사의 삼구어(三句語)를 듣고, 관심을 가져 영하(寧夏)의 영주(靈州)에서 먼 성도(成都)의 무상 선사를 찾았다. 즉 ① 무주 선사가 무상 선사를 만난다고 하자 군사(軍使)로부터 큰 예를 받고, 출행(出行)의 공첩(公牒)이 나와 곧 출발하였다(軍使頂禮, 便出行). ② 무주 선사가 세곡수로(細谷水路)를 이용하여, 양주에 나아갔다(取細谷水路, 出至梁州).

『歷代法寶記』에 보이는 세곡수로는 어떤『地理書』에도 보이지 않는다. 그렇다면 보통명사(普通名辭)로 쓰인 것이 아닐까? 무주 선사가 태백산에서 출발했다고 한다면『關中勝蹟圖志』(卷21)에 따라 다음과 같은 방향으로 나아갔다고 보게 된다. 즉 태백산에서 출원(出源)하는 자금수(紫金水)를 따라 봉현 무휴관(鳳縣武休關)으로 나와 한중(漢中)으로 들어가는 산하언(山河堰)을 따라 나아갔다고 본다. 이곳이 우리에게 잘 알려진 한중(漢中)과 가까운 포수(褒水)이다. 결국 자금수 → 봉현 → 한중으로 나아갔다고 본다.[24] 만약에 수로와 육로를 함께 취(取)하였다고 본다면 봉주(鳳州) 동쪽의 무휴(武休)에 있는 포사곡(褒斜谷)에는 당나라 때 역로(驛路)가 있었기 때문에 번갈아 이용했을 것이다.[25] 이 길은 한중과 파현(巴縣)으로 통하였다. 봉주는 시대에 따라 하지군(河池郡)이 되기도 하였다. 현종이 성도에 피난 갈 때 이 역로를 통하였다.

---

23) ①『續高僧傳』卷24 釋慈藏「啓敕入山. 於終南山雲際寺. ……」
　　②『法苑珠林』卷64 大僧統釋慈藏「奉敕雲際寺安居三夏.」
24) ①『方輿勝覽』卷69 事要「紫金水, 在河池縣北一里. 沿流自武休關入漢中爲山河堰, 即褒水也. 源出太白山.」
　　②『關中勝蹟圖志』卷21「紫金水在河池縣一里, 源出太白山, 沿流至鳳縣武休關, 入漢中爲山河堰, 即褒水也.」
25)『方輿勝覽』卷69「…… 南曰褒, 北曰斜在唐爲驛路, 所以通巴漢.」

①②는 무주 선사가 태백산에 들어가 한 여름을 채우고, 서북쪽의 진령(秦嶺)을 넘어 세곡수로(細谷水路)로 나아간 행로(行路)를 따랐다.

〈그림 10〉 陝西省疆域總圖

ⅱ) 新羅僧 慧輪의 漢中行脚

범명(梵名)이 반야발마(般若跋摩)이다. 당나라에서는 혜갑(惠甲)이라 불렀다. 신라에서 출가(出家)하여 성적(聖迹)을 순례할 생각을 항상 마음먹고 있었다. 문성공주(文成公主)가 티베트[吐蕃]에 시집 갈 때 태종(太宗)의 명을 받들어 현조(玄照)의 시자(侍子)가 되어 동행하였다. 이때 또 다른 신라승 현각(玄恪)이 수행하였다. 시기적으로 자장 법사와 거의 같은 때 장안에 왔다고 보면 된다.

석(釋) 현륜이 한중(漢中)을 행각한 인연은 본래 신라에서 배를

타고 오늘의 광동서쪽인 민월(閩越)에 당도하여 물을 건너고 땅을
걸어서(涉步) 중경(重慶)이나 성도를 거쳐 장안에 당도하였기 때문
이다. 이때가 당말ㆍ오대시대가 아니기 때문에 흔히 말하는 절동
(浙東)과 복건(福建)의 민월(閩越)을 가르킨 것으로는 보지 않는다.
때문에 혜륜은 촉도(蜀道)를 빠져나와 당도한 곳이 한중(漢中)일
것이다. 왜냐하면 광동 → 낙양 → 장안에 왔다면 낙양 → 장안으로
언급되었을 것이다. 즉 장안에 당도하기까지 경유한 어떤 지명도
없기 때문에 확실하게 말하기는 어렵다.

이들 이외 또 이름을 알 수 없는 신라승 두 분이 장안을 떠나
먼 남해(南海)까지 내려가서 배를 타고 실리불서국(室利佛逝國), 서
파로사국(西婆魯師國)에 갔으나 질병에 걸려 사망하였다.[26] 장안에
서 남해(南海)까지 가서 동남아, 인도로 갔다면 장안 → 한중 → 성
도 → 뢰주반도(雷州半島)의 해상 실크로드를 이용했을 것이다. 주
강(珠江)과 뢰주반도는 해로에서 직선으로 이어지지만 이 두지역은
육로에서도 이어지는 고도(古道)가 있었다. 민월이 복건과 절동을
지칭한 것이 아니라면 주강에서 뢰주반도까지도 결국은 성도를 거
치게 된다. 즉 주강→ 광주→ 유주(柳州)→ 귀양(貴陽)→ 성도이고,
또 광주에서 서행(西行)으로 오주(梧州)에 나아가는 고도(古道)가
있었다.

무상 선사는 장안 → 한중 → 성도에 당도하였다. 이와 반대로 혜
륜(慧輪)은 민월(閩越) → 성도 → 촉도 → 한중 → 진령 → 장안에 도
착하였다. 그가 태종에게 추천된 것은 장안에서 이미 널리 알려진
풍부하고 밝은 행각의 지리지식을 가지고 있었기 때문일 것이다.
현조를 따라 암마라발국(菴摩羅跋國)의 신자사(信子寺)에서 10여

---

26) 『大唐西域求法高僧傳』卷上「復有新羅僧二人, 莫知其諱. 發自長安遠
之南海. 汎舶至室利佛逝國西婆魯師國. 遇疾俱亡.」

년간 머물렀다. 또 도화라국(覩貨羅國) 건타라산(健陀羅山)에 머물기도 했는데, 이때 이미 범어(梵語)가 뛰어났다. 이때 세수가 40에 들어가 있었다. 이후 어디서 생을 마쳤는지 알 수가 없다.

3) 劍門關에서 菩提道場 德純寺로 直行

무상 선사가 광원(廣元)의 험난한 촉도(蜀道)를 넘어 검문관에 이르자 그 길로 쭉 내려가는 성도행을 선택하지 않고, 중경(重慶) 가는 동쪽 방향의 자주(資州) 덕순사(德純寺)로 직행한 것은 오로지 지선(智詵) 선사를 만나기 위한 초심의 행각(行脚)이 그대로 나타난 것이라고 보아야 한다.

당(唐)나라 때 선종사(禪宗史)의 중요한 위치에 있었던 덕순사(德純寺)는 중용산(重龍山)을 내려오면서 왼쪽으로 방향을 틀면서 오른쪽 방향, 즉 동쪽에 서신산(棲神山)을 바라본다. 비포장도로를 4킬로 정도 따라가면 북쪽에 중용진(重龍鎭) 곡전향(谷田鄉) 덕순사를 만난다. 평지보다 약간 경사진 한 단 위의 산문으로 들어서면 명나라 때 중창하였던 목조건물인 본전(本殿)이 나온다. 상량에 명천순(明天順) 7년(1463)이라고 기록된 붓글씨가 보였다. 청나라 때 호랑(胡琅)이 지은 「重修寧國寺諸天寶序」와 일치하였다.[27] 지금 충창된 덕순사는 다음의 제<Ⅴ편-3>에서 다시 다루기로 한다.

1973년에 공포된 영국사란 돌에 새긴 표지(標識)가 복원을 기다리는 듯이 쓸쓸히 서 있었다. 지금은 사찰 경내가 대부분 밭으로 변해버렸으나 영국사의 규모는 대단히 넓었던 것으로 보인다.

---

27) ① 龍顯昭,『巴蜀佛教碑文集成』(巴蜀書社, 2004) p.885 참조.
  ②『資中縣續修資州志』 卷2 建置志 寧國寺「明天順七年重修」.

자중의 지방사학자들이 베푼 오찬에서는 필자를 소개하면서 처
음으로 자중을 방문한 한국 사람임을 높이 내세웠다. 왜냐하면 무
상의 행적을 처음으로 조사한 고 민영규(閔泳圭) 교수께서 자중만
왔으면 해결이 다 되었을 터인데 도서관에서만, 특히 성도시에서
40여 개의 사찰을 조사했을 때 영국사(寧國寺)란 이름을 주목하지
못했다는 것이다. 또 전 동경대학 가마다 시게오(鎌田茂雄) 교수도
중용산 마애조상까지 왔음에도 덕순사지(德純寺址)는 보지 못하여
오늘의 의미가 크다고 말해 주었다.[28]

만약 중국불교사를 전공하는 일본인 학자에 의하여 절터가 모두
밝혀졌다면 한국인 학자들이 설 땅이 없게 된다. 그렇게 안 되는 이
유가 일본인 학자에게 있었다. 그들은 일찍부터 일본에 유학 왔던
중국인 출신을 언제나 안내자로 삼았기 때문에 한계가 있었다. 다행
히 한국인은 지방사학자를 만나기 때문에 정보의 핵심에 접근하게
된다. 당나라 때의 덕순사도 바로 이러한 결과에서 얻어진 것이다.
가마다가 가져온 지도는 아마도 『禪學大辭典』(付錄)에 실린 잘 못된
<中國①四川省>이라고 본다. 이 지도는 지명만 표시되었을 뿐 산명
이 없기 때문에 유적(遺跡) 찾기에 적합치가 않다. 많은 오류가 발견
되는 지도이다. 산서(山西)의 마곡산(麻谷山)도 그러하였다. 모든 사
람이 당나라 때의 덕순사(德純寺)를 찾기 때문에 용이하지가 않다.

철파락(鐵波樂) 전 사지주임(資中縣)이 귀중하게 보관해 오던 사
천문관회(四川文管會)에 소장된 「자동도(刺桐圖)」를 복사하여 건네
주었다. 즉 송(宋)나라 때의 영국사 배치도인 것이다. 그림을 모사
한 화가는 장대천(張大千)의 스승인 양춘제(楊春梯)이다. 상단의 여
백에는 함께 간 "군묵형(君黙兄)과 자중영국사(資中寧國寺)에 와서

---

28) 鐵波樂, 『資州攬勝』(內江市文聯, 2001) p.132「日·韓學者到過資陽
　　嗎?」참조.

송인 벽화를…… (그렸다)"라는 장대천(張大千)의 화제인 제관(題
款)을 써 넣었다.

또 영국사가 당나라 때의 덕순사임을 말해 주는 것이, 곡전향(谷
田鄕)에는 김화상에 관한 전설이 내려오고 있다. 영국사 바로 옆에
붙어 있는 곡전향에는 채금전(采金田)의 전설이 내려오고 있는 것
이다. 이곳을 제외하고는 모두가 다 밭이다.

내용인즉 어느 날 무상 대사가 이곳을 지나다가 경전(經典)을
논에 빠뜨렸다. 그런데 경전이 금으로 변하였던 것이다. 이를 본
사람들이 논에 들어가 서로 다투어 찾았으나 손에 잡히는 것은 아
무것도 없었다. 금빛이 보이지만 찾을 수 없었던 것이다. 더욱 웅
덩이에 비쳐진 금이 달과 같이 빛났으나 찾을 길이 없었다. 그러
나 이 논은 풍수상 물길이 좋아 매년 산출량이 그 이전의 배가 넘
었다. 필자가 보기에는 8,000평 정도가 되는 논물이 가추어졌는데,
가는 날도 물이 가득하였다. 논길도 아슬아슬하게 좁아 경전을 빠
뜨릴 수가 있었을 것이고, 또 지금도 채금전의 위치가 곡전향에서
영국사 중간 지점에 있는 설경대(說經台) 서쪽 아래이다. 즉 설경
대는 곡전향과 덕순사 가는 중간의 높은 지점에 자리하였다. 이에
관해서는 다시 말하기로 한다.

공교롭게도 전설에 나오는 지형이 모두 지금의 현장과 일치하였
다. 물 깊이도 그렇게 깊지 않는 듯하였다. 이 같이 무상 선사에
관해 현지에 전해오는 전설의 현장, 목면가사(木棉袈裟)의 전의(傳
衣), 덕순사의 위치 비정(比定) 등에 큰 업적을 세운 철파락(鐵波
樂‥資中縣史志辦主任)은 무상 선사가 당나라 장안에 도착한 개원
16(728)에서부터 입적한 보응1년(寶応元年‥762)까지의 34년을 사
천(四川)에서 보낸 것으로 셈하였다. 그래서 이를 나누어 성도에서

20년, 자주(資州)에서 14년을 보냈다고 끼여 맞추었다.[29]

　이 34년의 기간 안에는 응당히 다음의 기간이 포함되어야 한다. ① 장안선정사(禪定寺)에 배속(配屬)된 기간, ② 편력기간(遍歷期間), ③ 덕순사까지 직행한 여정 등이 고려되어야 할 것이다.

　무상 선사가 장안에 도착했을 때의 세수(世壽)가 몇 이였을까? 이 문제는 무상 선사를 이해하는데 중요하다. 이를 풀어내는 데 움직일 수 없는 기준은 ① 정중사에서 중생을 화도(化導)한 20여 년의 기간 (『歷代法寶記』無相章) ② 처적 선사의 좌우에서 머문 2년 (『歷代法寶記』無相章) ③ 개원(開元) 16년(728) 장안에 도착한 것 ④ 무상 선사의 입적에서 역산(逆算)하는 방법 등이다. 이것들은 또 무상 선사의 가족(家族)관계를 푸는데도 관련되는 문제이기 때문에 중요하다.

〈사진 9〉 古寧國寺 正殿

---

29) 鐵波樂,「無相禪師在資州」(『無相祖師行迹中韓學術會』(成都大慈寺, 2004) p.2 참조.

〈사진 10〉正殿上樑에 '明天順七年重修'란
글씨가 보였다. 지금은 중창으로 없어졌다.

〈사진 11〉寧國寺에서 바라본 棲神山

〈사진 12〉李學東教授와 함께 마을을 뒤져
수습한 石刻造像三尊中의 하나

第Ⅴ篇

無相大師와 馬祖道一禪師의

師資關係

1. 無相大師와 馬祖道一 선사의 師資關係

1) 無相大師와 馬禪師의 師資關係

한국의 구산선문(九山禪門)을 연 배경에는 무상 대사(無相大師)와 마조 선사(馬祖禪師)가 사자관계(師資關係)에 있었다는 친근한 조건이 자리 잡게 된다.

이 조건에서 하나 더 보탠다면 마조의 스승인 회양(懷讓) 선사 아래의 9인 사법 가운데 신라구법승 본여(本如)가 있다. 신라 구법승 본여(本如)와 마조도일(馬祖道一) 선사는 동학(同學)이 되는 셈이다. 5조 홍인(弘忍) 아래의 10대제자(大弟子) 중에도 양주 고려 지덕(揚州高麗智德) 선사가 있다. 신수(神秀), 혜능(慧能) 선사와는 역시 동학이다. 비록 남종(南宗)의 계보가 변조되었다 할지라도 회양 선사와 본여 선사와의 만남이 안강 신라사(新羅寺)에서 이루어 질 수가 있었다. 그렇게 보는 이유는 강서(江西)와 섬남(陝南)이 멀리 떨어졌으나 장강(長江)을 통해서 보면 아주 가깝게 연결되기 때문이다.

뿐만 아니라 장강(長江)과 민강(岷江)은 동서만이 아니라 민강을 따라 남조(南詔)를 경유하면 해상 남실크로와 통하게 된다.

사실 혜능 사법(嗣法)의 변조는 하택 신회(神會) 이후 다른 종파를 멸시하고 구분하는 데서 격렬하였다. 그 이전은 한 스승 아래의 사형지간의 우정이 돈독하였다. 본여 선사가 섬남(陝南) 안강(安康)의 신라사(新羅寺)에 거지(居止)하였다. 이때 남악(南岳) 회양(懷讓) 선사를 사부(師父)로 모셨을 것이다. 이와 유사한 문제를 진전시킨 핵심과제(核心課題)가 바로 김화상(金和尙)과 마조도일 선사의 만남이 어디서 이루어졌을까? 또 그 관계는 사자(師資)인가 또는 동문(同門)의 사형(師兄) 간인가는 일찍부터 다른 견해가 있어 왔다. 종밀(宗密)은 일관되게 사자상승(師資相承)의 관계를 견지하였다.

이러한 점에서 볼 때 성도(成都)와 자중(資中)에서 뒷받침되는 어떤 증거를 찾을 수 없을까? 그 목적은 마조도일 선사가 무상 선사의 제자라는 확실한 근거를 제시하려는 데 있다. 또 그 같은 기록을 뒷받침하는 고찰(古刹)이 자중(長松寺 포함)과 성도에 없을까?

성도(成都)에는 신라왕자 김화상이 창건한 고찰이 많다. 이 가운데 오직 대자사(大慈寺)만이 무종(武宗)의 폐불(廢佛) 때, 피해 없이 남아 있다가 이후 여러 차례 병화(兵火)로 인하여 훼멸되었다. 지금의 건물은 청나라 때 중창된 것이다. 2004년에 크게 중창된 지금의 대자사는 오직 차원(茶園)만이 청나라 때 지은 건물이다. 무상 대사가 중창한 나머지 사찰은 아직도 폐사지로 머물고 있다든지 아니면 보리사(菩提寺), 영국사(寧國寺)처럼 위치조차 알 수 없는 것도 있다.

무상 선사는 김선사(金禪師), 김화상(金和尙), 익주김(益州金), 익주 김선사(益州金禪師) 또는 전(全) 화상이라고도 불렸다. 무상 대사는 장안을 거쳐 성도에 왔지만, 처적 선사(處寂禪師)를 만나는 순간부터 그가 지닌 신이적인 도력(道力)을 보여주었다.

이 같은 신통력은 이후 언제나 무상 대사 곁에서 영묘한 도력(道

力)으로 나타났다. 어떤 일본학자는 근거 없이 희극적인 신통력으로 말한 것으로 필자는 기억하고 있다. 그러나 그에 대한 평가는 '寂照塔碑銘'처럼 홍척(洪陟) 이래, (즉 以降) 중국에 간 신라 구법승 가운데 으뜸의 거벽자(巨擘者)는 오직 무상 뿐이라고 하였다.[1] '寂照塔碑銘'은 최치원(崔致遠)이 교찬(敎撰)하였다. 다음의 ① 寂照之塔碑銘并序」(『朝鮮金石總覽』上), ②『朝鮮佛敎通史』(上篇)을 참조할 수 있다.[2] 또 중국 사람들에게는 고수(苦修)의 두타행으로 관심을 모았다. 때문에 성도는 그와 떼려야 뗄 수 없는 행적(行蹟)의 중심자리에 놓이게 된다.

또 촉(蜀)으로 피난 온 현종을 다시 만난 곳 또한 성도이다. 이 때부터 모화(募化)에 힘써 사찰을 중창하였는데 대자사(大慈寺), 정중사(淨衆寺), 초당사(草堂寺), 보리사(菩提寺), 영국사(寧國寺) 등이다. 각 현(各縣)에는 소규모 사원, 종루(鐘樓), 종탑(鐘塔)을 수없이 세웠다. 이처럼 성도에 많은 사찰을 세운 것은 어느 고승도 하지 못한 불사(佛事)이였다. 다만 강서(江西)의 마조도일(馬祖道一) 선사가 세운 사찰과 비교된다.

이 가운데 대자사(大慈寺)의 이름이 그로부터 연유된 것이라고 말해진다. 왜냐하면 성도사람들은 아직도 태자(太子)인 그를 생각해서 사액(寺額)이 내려진 것이라고 믿고 있기 때문이다.

---

1) 朴永善, 「朝鮮禪敎考」(『續藏經』 841冊) p.44 참조. '홍척 이강'이 아니고 가장 앞선 개벽자로 으뜸이라고 말해서야만 했다. 왜냐하면 무상이 마조의 스승이기 때문에 편년상 앞서기 때문에 그렇게 말하는 것은 맞지가 않다. 李智冠 『校勘歷代高僧碑文(新羅篇)』(伽山文庫, 1994)에서는 '큰 스님이 된 분을 손가락으로 꼽을 만하였다'라고 번역하였다.

2) ① 崔致遠, 「大唐新羅國故鳳巖山寺敎諡智證大師寂照之塔碑銘并序」(『朝鮮金石總覽』上) p.88 참조.

   ② 李能和, 『朝鮮佛敎通史』上篇 p.126 참조.

앞에서와 같이 무상 대사와 도일 선사가 사자관계에 놓인다면 이들이 만났던 장소가 어디였을가의 역사적 배경을 추정해 보고자 한다.

그 방법은 전적으로 『경덕전등록』(卷4)의 본문연구만이 아니고, 직접 뛰는 답사에도 의거하여 그때의 상황을 추정해 보았다. 아다시피 『경덕전등록』은 북송의 선승인 도원(道元)이 편찬한 선사전적(禪史典籍)이다. 도원은 법안종(法眼宗)의 개조인 문익(文益)의 법손이다. 책이 완성된 해의 연호를 따서 경덕이라 붙였다. 전등록은 능력이 빼어나서, 어두움을 밝힌다는 뜻이다. 내용은 천축(天竺) 불조에서부터 중국 법안종의 문익 선사에 이르기까지 52세의 전법세계(傳法世系)와 그 안에 드는 1,701인을 택하여 서술하였다.

사천강단(四川講壇)이란 말은 우리에게 낯설지만은 않다. 고 서여 민영규(西餘閔泳圭) 교수가 처음으로 사용하였다. 그 뜻은 무상 대사(無相大師)의 행적을 찾고, 당시 큰 세력을 가지고 등장한 무상 대사의 선지(禪旨)와 사상(思想)을 발굴하기 위한 지속적인 연구 과제가 담겨진 말이다.

무상 대사는 신라왕자로서 중국에 와서 선(禪)을 배워 중국 인민을 위해 평생 동안 자비행(慈悲行)과 보살도(菩薩道)를 교화하였다. 때문에 무상 대사는 중국 변방에서가 아니고, 검남(劍南)불교의 중심에서 활약하였다.

무상 대사가 500나한 반열에 들어간 것도 바로 중국 인민을 위한 교화 때문이라고 생각된다. 이 점에서 보면 무상 대사를 축으로 하는 중국서남국, 즉 티베트, 남조국(南詔國)까지 물 흐르듯 불교교류를 생성시켰다.

이들의 공통점은 국가를 대표하는 사신(使臣)이 직접 김화상(金和尙)을 만난 것이다. 무상 대사의 영향이 그만큼 외연적으로 확대되어

서남국까지 확대되어 나간 동인(動因)을 말한다면 그렇게 복잡하지가 않다. 필자가 보기에는 무상 대사가 가진 천안(天眼)의 신통력 때문에 그들 스스로가 추앙하는 존경의 대상이 되었다. 일찍이 직접 성도(成都)를 찾아온 서여(西餘) 선생의 열정을 보고 이곳의 많은 중국인 학자들은 큰 감명을 받았다.

호적 박사가 초기 중국의 선종사에 등장한 걸출한 신회(神會)의 학문적 역할에 대한 평가를 돈황당사본(唐寫本)의 교정(校正)을 통해 새롭게 하였고, 서여 선생은 호적 박사의 신회화상(神會和尙) 연구에 감명을 받아 돈황유서(敦煌遺書)에서 무상 대사의 업적을 찾고자 하였다. 무엇보다 한·일 불교학자들이 그렇게 찾고자 했던 덕순사(德純寺)를 자양시(資陽市)의 연태사지(蓮台寺址)에서 성급하게 비정(比定)하였다.3) 연태사의 연지(蓮池)를 지선(智詵) 선사가 팠다는 이유만으로 덕순사로 속단한 것은 큰 잘못이다. 『資陽史話』에 의하면 당나라 고종(高宗) 때 지선에 의해 백련(白蓮)을 심었는데, 보통 때는 피어나지 않다가 과거(科擧)가 있는 해만 피어났기 때문에 몇 명이 합격할 것인지를 예측했다고 한다.4)

필자는 지선(智詵) 선사가 주석(住錫)하였던 덕순사를 『民國資中縣續修資州志』에서보다 거의 1000년 앞서는 남송 때 왕상지(王象之)가 찬(撰)한 『輿地紀勝』(卷157)에서 찾아냈음을 밝혀 둔다. 자중(資中)의 지방불교사학자들이 매달리는 민국시대 『資州志』는 사료가치(史料價値)가 떨어지기 때문에 앞으로는 『輿地紀勝』을 인용하면 좋을 것이다. 앞으로 지선 선사가 영국사에 주석하였다는 결정적인 사료바탕에는 『輿地紀勝』을 내세워야 한다. 같은 사료일 경우

---

3) 趙興允, 『蜀道長征』(民族社, 1998) p.81 참조.
4) 王洪材, 『資陽史話』(巴蜀書社, 1993) p.109 참조.

에는 편찬시기가 앞서는 것이 사료가치가 높다. 자양시(資陽市)에
서 무상 선사의 선적(禪蹟)을 찾는데 요청하고픈 말은 자중의 덕순
사에 매달리지말고 『輿地紀勝』(卷157)에 탁석삼(卓錫龕)이 반석현
(盤石縣)의 북쪽 110리에 있다고 했으니 이를 찾는다면 두 현(縣)
에서 모두 큰 성과를 나누어 가질수 있을 것이다. 재작년에는 덕순
사가 중창되기 시작하였다. 이 소식을 함께 묶어 성도주변에 무상
대사와 관련된 유적을 종합적으로 설명하려 한다.

2) 종래 師資承記의 검토

호적(胡適)에 의하면 사자(師資)란 용어는 본래 『老子』(27章)에
서 나온 말인데, 그 뜻은 사(師)와 제자(弟子)를 함께 부르는 말이
라고 하였다.5) 아울러 정중·보당선파(淨衆·保唐禪派)의 개산조
사(開山祖師)인 지선(智詵) 선사가 마조 선사의 먼 원조(遠祖)라고
말했다.6) 그러나 시간적으로 볼 때 처적·무상 선사가 가깝다.

무상 대사와 도일 선사의 관계는 일찍이 종밀(宗密)이 저술한
『중화전심지선문사자승습도(中華傳心地禪門師資承襲圖)』『원각경
대소초(圓覺經大疏鈔)』 등에서 사자상승(師資相承)의 법계(法系)를
분명히 밝혔다.7) 정중·보당선파(淨衆·保唐禪派)의 법계(法系)를

---

5) 胡適,『胡適論學近著』(山東人民出版社, 1998) p.193 참조.

6) 胡適,『上同書』p.193「智詵是淨衆寺和保唐寺兩大派的開山祖師, 又是
馬祖的遠祖.」

7) ① 任繼愈,『中國佛教叢書』禪宗編1, (江蘇古籍出版社, 1993) pp. 285
−287 및『續藏經』110冊 p.866에 수록되었다.

② 「圓覺經大疏鈔」卷3之下(『續藏經』14冊) p.556「金弟子, 當寺召·
長松山馬·逐州季·通泉縣季, 皆嗣之.」, 그리고 p.557에도「因有劍
南沙門道一, 俗姓馬. 是金和上弟子.」

보면 5조 홍인(弘忍) 아래서 분화(分化)된 지선(智詵) → 처적(處寂) → 무상(無相) → 무주(無住)로 잇는 조사명록(祖師名錄)을 달았다.

이와 달리 『경덕전등록(景德傳燈錄)』(卷4), 『오등전서(五燈全書)』(卷4), 『금강선등목록(錦江禪燈目錄)』(卷1)에는 처적(處寂) 아래 무상대사와 마조도일 선사 등 4인을 동학(同學)으로 달았다. 이들 문헌은 언뜻 보기에 각기 다른 출처로 보기 쉽지만 사실은 종밀(宗密)의 계속된 논단을 변조하려는 데 있다.

이들 선계(禪系)의 특색은 남북선 어느 쪽에도 치우치지 아니하는 그러한 틀로 재단해서는 안 된다.[8] 그렇다고 균형감각이 없는 것도 아니다. 무상 선사의 선요(禪要)를 들여다보면 혜능의 남종선(南宗禪)에 가까울 뿐 신수(神秀)의 북종선(北宗禪)과는 다르다는 것이 일반적인 해석이다.[9] 그러나 무상선법은 형식에 있어서는 오히려 신수계(神秀系)의 좌선(坐禪)과 궤를 같이하고, 의식(儀式)에 있어서는 엄숙함을 중시하였다.[10]

이 같은 점에서 종밀이 말한 '非南北'은 뒤집어 보면 남북선을 모두 겸비하였다는 뜻이 되기도 한다. 즉 종래 '非南北'이란 정중·보당선파의 주장이 혜능의 남종(南宗)과 달랐고, 또 신수의 북종(北宗)과도 달랐다는 의미에 머물 것이 아니라 상대를 밀어내지 않고, 손을 내미는 겸비·융합으로 보게 된다.

---

3) 「中華傳心地禪門師資承襲圖」(『續藏經』 110冊 p.867 「洪州宗者, 先即六祖下傍出. 謂有禪師姓馬名道一, 先是劍南金和尙弟子也.」

8) 宗密, 「禪門師資承襲圖」에 '金之宗源卽智詵에서 나왔고 非南北'이라 했다.

9) ① 『歷代法寶記』 無住章에는 '頓教法'이라고 말했다.
   ② 洪修平, 「略論禪宗的分化與四川禪系的禪法特點」(『峨嵋山與巴蜀佛教』, 宗教文化出版社, 2004) p.342 참조.

10) 洪修平, 『禪宗思想的形成與發展』(江蘇古籍出版社, 2000) p.181 참조.

이 점에서 신수(神秀)의 중심 사상은 마음을 닦는 '修心'에 있었다. 그 마음이 만법의 근원(心存萬法之源)이라는 것이다. 하지만 당시 사람들은 무상의 선법을 '頓敎法'이라고 불렀다.[11]

돈교법, 돈교법문(頓敎法門)은 남종돈교최상대승마가반파파라밀경(南宗頓敎最上大乘摩訶般若波羅密經)에서 따온 말일 것이다. 이것은 혜능선법의 이론 중에 중요한 반야학설을 『단경(壇經)』에서 말하였다.

무상과 마조 선사의 사승관계는 종종 국제회의에서 한국 측과 중국 측의 입장이 나누어지게 된다. 다시 말하면 한국 측은 마조의 선법이 무상 대사의 설법에서 나온 것임을 말하고, 무상의 두타행(頭陀行)도 마조에 계승되었다고 강조한다. 곧 무상의 견성성불(見性成佛)이 선종정신의 하나가 되었다는 것이다. 그리하여 무상의 정신을 계승한 마조의 기본 정신이 평상심으로 나타났다. 무상이 행한 두타행과 마조의 평상심이 선종사상의 골격이 되었다는 것이다.

이에 대하여 중국학자들은 오히려 마조 선학사상(禪學思想)의 주류적인 사상 이른바 '남돈법문(南頓法門)'을 계승하였다고 말한다.

중국의 홍수평(洪修平)에 의하면 혜능의 무념심(無念心)이 진일보 발전하여 평상심(平常心)이 되었다는 것이다.[12] 예컨대 직심직불(卽心卽佛), 비심비불(非心非佛), 평상심시도(平常心是道) 등이 그것이다.[13] 즉 깨달음이 부처님이고, 깨달음이 없으면 부처님이 될

---

11) 『歷代法寶記』杜相公章「先在何處. 今來遠投金和上, 說何敎法. 無住答 ····· 聞金和上說頓敎法.」

12) 洪修平, 「略論南岳懷讓－馬祖禪法的主要特色」『禪宗與中國佛教文化』, (中國社會科學出版社, 2004) p.3 참조.

13) ① 黃夏年 「馬祖及其洪州宗國際學術研討會綜述」(『江西社會科學』2002 －3) p.232 참조.

② 楊曾文, 『唐五代禪宗史』(中國社會科學出版社, 1999) p.309 참조.

수 없다는 것이다. 이와 같이 도일 선사의 선법을 핵심적으로 말한 것은 『景德傳燈錄』(卷28)에 수록되어 있다.[14]

이와 달리 확실한 사자관계의 문헌은 종밀의 『圓覺經大疏鈔』(卷3之下)에서 '마조도일 선사가 무상 대사의 제자'라고 못 박았다. 현재의 불교사학자 중에는 두계문(杜繼文), 위도유(魏道儒)만이 종밀의 주장을 따를 뿐이다. 그는 종밀의 『圓覺經大疏鈔』(卷3之下)에 근거하여 김화상 무상 선사로부터 사사받은 것을 빠뜨리지 아니하였다.[15]

그러면 『경덕전등록』이 어째서 '익주장송산(益州長松山) 마선사(馬禪師)'와 '강서(江西) 도일 선사'를 둘로 나누어 입전(立傳)하였을까? 필자가 장송산을 중시하여 찾은 이유가 여기에 있었다.

아래의 유명한 고찰(古刹)들은 무상 대사와 도일 선사가 서로 만나 선법을 전수하고 익힌 장소가 아닐까를 살피는 데 중요한 대상이 된다. 이들 가운데 성도의 정중사와 자중의 덕순사(德純寺)가 가능성이 높다. 왜냐하면 『北山錄』(卷6)에서 무상이 덕순사의 선공(詵公)을 찾아 배알(拜謁)했다고 말했기 때문이다. 사실 배알은 처적(處寂) 선사일 것이다. 뿐만 아니라 보수(宝修) 선사도 순덕사(純德寺)를 찾아 현리(玄理)를 구하였다고 했다.[16] 이것 또한 덕순사의 오기(誤記)일 것이다.

『歷代法寶記』에는 보수(寶修) 선사가 처적(處寂) 선사의 스승으

---

③ 鄭曉江, 『禪宗大師馬祖道一』(宗敎文化出版社, 2006) p.79에 卽心卽佛의 뜻과 馬祖門下의 주요한 宗旨를 말하고 있다.

14) 『景德傳燈錄』卷28 「平常心是道. 謂平常心無造作, 無是非, 無取舍, 無斷常, 無凡無聖.」

15) 杜繼文·魏道儒, 『中國禪宗通史』(江蘇古籍出版社, 1993) p.229 「初削髮于資州唐和尙處寂, 再受具于渝州圓律師, 師事過金和尙無相, 後入衡岳懷讓的 '頓門'.」

16) 『宋高僧傳』卷10 唐羅浮山 釋宝修 참조.

로 가르쳤다고 되어 있다. 이렇게 자중의 덕순사는 고승들이 와서 지류(止留)하는 당시 선종사(禪宗史)에서 중요한 명찰(名刹)이었음을 알 수 있다.

무상 대사와 도일 선사가 마주한 시기, 장소는 다음을 주목할 수 있다. ① 도일 선사가 검남(劍南)에 있었던 시기, ② 도일 선사가 남행(南行)하기 이전의 시기, ③ 무상 대사가 처적 선사 아래서 시봉하였던 시기 등으로 나누어 볼 수 있다.

그러나 문헌에 따라서는 연속되는 편년(編年)에 묶여지지 않는 경우도 있다. 때문에 아래 <그림 11>에서와 같이 겹쳐지는 편년을 중시하게 된다. 겹쳐지는 접점들은 다른 견해를 중간에서 맞추기 위한 표시로 만들 수가 있기 때문이다. 무상 대사가 마조도일 선사를 만났던 시기도 편년상 아래 ③의 시기로 보게 된다.

특히 ①②③의 조건들이 도일 선사와 무상 대사가 거의 동일 시간을 두고 만났을 공통의 시간대가 겹쳐지는 접점(接点)을 이루어야 하기 때문이다. 즉 공통의 시간대를 가지고 서로 접목시키면 아래 그림 한가운데가 겹쳐지는 접점의 공간이 생게 난다. 이 경우 개원(開元) 이후란 표명이 고려된다. 아울러 마조도일 선사가 남행을 결심한 시점 또한 위 ③ 이후 처적의 입적과 무관하지 않았을 것이다. 마조도일 선사가 어렸을 때 락발(落髮)한 곳이 처적 선사 아래서 이루어진 바가 있기 때문이다. 특히 ③의 시기는 남행(南行)을 포함하여 법을 구하고 스승을 찾는 구법심사(求法尋師) 이였을 때임을 잊어서는 안 된다. ③은 처적 선사가 입적하고 무상 선사가 정중사의 주지를 맡았던 시기와 멀지 않다. 이를 구체적으로 살펴보면 장구대부(章仇大夫)가 무상 대사를 만나 선법(禪法)을 열어줄 것을 요청한 시점이 그가 절도사에 부임한 시기(740 - 746)에 해당되므로 여기서 처적(處寂)의 입적(入寂)을 **빼면** 최대한의 연대 (730－740)가 된다.

이 시점은 무상 선사가 자주(資州)의 덕순사(德純寺)를 떠난 지 약 8년 후가 된다. 이때보다 앞선 시점에서 마조도일 선사가 정중 사를 찾았을 가능성이 있다. 장구 대부는 사천(四川) 사람이 아닐 것이다. 다행히『類編長安志』(卷4)는 '戶部尙書兼殿中監章仇兼瓊宅' 을 명시하였다. 여기서 [元]락천양(駱天驤)이 편찬한『類編長安志』 의 제목대로 [宋] 송민구(宋敏求)가 편찬한『長安志』를 보완하였다. ②는 당사석(當寺石)이 정중사에 자리 잡고 있을 때이다. 그러나 시기적으로 늦기 때문에 맞지가 않다. 실제로 무상이 정중·보당선 파의 조사(祖師)임에도 덕순사의 주지를 맡은 적이 없다. 마치 무주 (無住) 선사가 무상 대사의 제자임에도 불구하고 정중사의 주지를 맡지 않았고, 따로 대력 보당사(大曆保唐寺)를 열었던 것과 같다.

위에서와 같이 두 선사가 만났을 최대한의 연대(730－740)를 좁 혀 보면 ① 무상이 개원 16년(728) 장안에 도착하여 3－4여 년을 이곳저곳 편력(遍歷)하다가 양주(梁州)로 나와 촉(蜀)에 당도하였다. ② 마조(馬祖) 선사도 처적(處寂) 선사가 남긴 유촉(遺囑)에 따라 유주(渝州) 원율(圓律) 선사가 있는 곳에 가서 구족계(具足戒)를 받 고, 사천(四川)으로 돌아왔다고 한다면 거의 엇비슷한 시간이 흘러 간 시점이기 때문에 서로 만났을 가능성이 생겨난다.

이 외 또 마조 선사가 사천으로 다시 돌아온 시기는 회양(懷讓) 선사로부터 인가(印可)를 받은 후에 다시 고향인 십방(什邡) 나한 사(羅漢寺)에 와서 법당(法堂) 아래 설법대(說法臺)를 설치하고 중 인들에게 설법하였다.[17] 이 자리에 있었던 나무는 문혁 전까지만

---

17) [明] 曹楷,『什邡紹宗』참조. 필자는 2005년 4월 시방시의 黨書記로부 터 초청을 받아 다시 馬祖寺와 주변의 마조 生家, 빨래터인 전설의

해도 있었다고 한다.

이후 중요한 변화는 정중·보당선계(淨衆·保唐禪系)의 뿌리가, 덕순사(德純寺)에서부터 성도의 정중사(淨衆寺) 본원(本院)으로 옮겨졌다는 것이다. 이것을 두고 『송고승전(宋高僧傳)』(卷19)에서는 정중사를 '정중본원(淨衆本院)'이라 하였다. 이 말은 대중의 교화(敎化)를 위주로 하는 본찰(本刹)의 뜻을 말한다. 이곳이 무상이 삼구어 설법을 편 수연(受緣)의 홍양사원(弘揚寺院)의 역할을 했을 것이다.

이와 거의 같은 시기에 도일 선사가 사천을 떠난 것도 앞에서와 같이 처적 선사의 입적 때문일 것이다. 또 다른 이유는 남북선종이 활태(滑台)의 변론(辯論)에서 신회(神會)의 격렬한 주장이 정론(正論)으로 채택됨으로써 남종선(南宗禪)이 전국에 확대되는 배경을 깔고 있다. 그러나 중국 서쪽의 사천(四川) 지방이 분지의 폐쇄성 때문이기도 하지만 이 기간에도 사천(四川) 지방에는 정중·보당선파가 중심을 잡고, 발전하였기 때문에 종교, 문화에서는 남부 수도의 역할을 튼튼히 다하였다. 즉 남종이 전국을 지배하는 북벌(北伐)의 영향권 밖에서 독자적인 정중종을 형성 발전시키고 있었다.

마선사가 남악에 가기 전 형남(荊南)의 명월산(明月山)에 오래 있었다. 그 후 성적(聖跡)을 순례하고 마침내 남악에 이르렀다.[18]

아래 그림에서는 공간의 핵심이 생겨나는 ③이 중시된다. 이 때가 바로 마조 선사가 장송사(長松寺)를 창건 하였기 때문에 가까운 덕순사에서 처적 선사를 시봉할 때가 아니면 이후 천곡산에서 투타행을 행하고 있을 때일 것이다. 또 이보다 늦게 잡는 다면 정중

遺蹟, 그리고 출가사찰인 羅漢寺를 자세히 관찰한 바가 있다.

18) 「圓覺經大疎鈔」 卷3之下(『續藏經』 14冊) p.556 참조.

166

사의 수연(受緣) 때 만났을 것으로 본다. 이 같은 점에서 보면 마조도일 선사가 사천을 떠나 남악에서 회양(懷讓) 선사와 짧은 동안이지만 사법(嗣法)제자의 인연을 가졌기 때문에 통칭하여 혜능(慧能)의 '재전법자(再傳法子)'라고 부르게 되었다. 이 말은 이후의 선종사가 모두 마조도일을 중심으로 하는 남종돈문(南宗頓門)으로 옮겨 놓았지만, 또 한편으로는 서로 얽혀져서 꼬이는 이중구조(二重構造)가 된다. 즉 6조(祖) 혜능(慧能)을 선종의 정통(正統)으로 삼고, 지선(智詵)을 5조 홍인에서 갈라져 나간 방계(旁系)로 삼았기 때문이다. 혜능 아래 신회(神會)라는 걸출한 대사(大師)가 있었지만 그의 문하에는 별다른 인물이 나오지 않았다. 아다시피 신회(神會) 화상은 남종의 거장(巨匠)으로 일생 동안 북종(北宗)을 타도하는 데 온 정력을 쏟아 남종(南宗)을 선문(禪門)의 정통으로 만들었다.

따라서 이후의 선종은 회양(懷讓)과 행사(行思)의 문하로 옮겨 뛰어난 고승이 대체되었다. 이 같은 종파(宗派) 간에는 다른 종파를 경시하는 분위기가 생겨났다. 종파의 차이는 경전(經典)과 수행의 방법에서 약간 달라 나누어졌을 뿐이다. 그러자 점차 종파(宗派) 간의 종원의식(宗源意識)과 편견(偏見), 그리고 왜곡 변조 때문에 얽혀진 흔적이 얼마든지 찾게 된다. 예컨대『江西馬祖道一禪師語錄』을 보면 '幼歲' 다음은 후에 신중히 고려한 듯한 '開元中'에 형악(衡嶽)에서 습정(習定)하였다고 한 데서 찾게 된다.[19] 연대(年代)를 말하는 개원중(開元中)이란 표현은 광범위한 28년(713-741)을 편년(編年)으로 묶어서 나타낼 경우 중국전적(中國典籍)이 흔히 택하는 방식이다. 우리는 진실의 잣대가 사실 여부를 가리는 것으로 삼아야 한다. 왜냐하면 모순이 드러나는 헷갈림 속에서 쉽게 노출되

19)「江西馬祖道一禪師語錄」(『續藏經』119冊) p.810 참조.

기 때문이다.

마조도일 선사의 사자관계를 두고 『景德傳燈錄』은 두 가지 다른 태도를 취하였다. 하나는 '강서 도일선사'와 '장송산 마선사'의 두 시기를 엄연히 나누어 설정한 것이고, 다른 하나는 처적(處寂) 선사 아래 ① 무상 대사, ② 마 선사(馬禪師), ③ 초(超) 선사, ④ 효료(曉了) 선사 등 4인이 나온 것으로 말하였다. 가장 혼란을 주는 것은 남종(南宗) 6조 혜능의 재전제자에서 볼 때 도일 선사는 종밀이 말했듯이 처음은 비남종(非南宗)의 김화상 제자라는 것이다. 이같은 이중적(二重的) 잣대는 이후 혜능(慧能) → 회양(懷讓) → 마조(馬祖)로 이어지는 법통이 중시되어 엄폐·변조에 쓰인 것으로 볼 것이다. 위의 조건들을 알기 쉽게 모아서 그림으로 나타내면 다음과 같다.

끝으로 강조하고 싶은 것은 위에서와 같이 무상 선사의 제자가

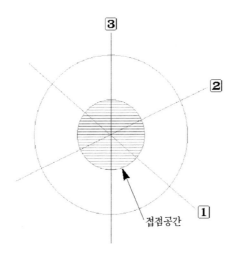

〈그림 11〉 3가지 조건아래서의 핵심접점

많이 배출된 것은 정중종의 지위가 우세하였을 뿐만 아니라. 이들 또한 당시 불교계(禪宗)에서 상당한 세력이 컸음을 알게 하는 증거이다. 정중사에서 출토된 잔불상(殘佛像) 또한 전국 사찰의 예술계를 대표하였다.

『중국불교사』에서는 아직도 사천(四川)의 정중선계(淨衆禪系)에 관해서는 공백으로 남겨 놓고 있다. 그렇지 않으면 미흡(未洽)한 설명을 붙이는 편이다. 어떻게 보면 인색한 편이라고 할 것이다. 그 대표가 ① 장회승(張懷承),『中國學術通史(隋唐卷)』(人民出版社, 2004, p.109 p.10), ② 안상문(顔尙文),『隋唐佛敎宗派硏究』(臺灣, 新文豊出版公司, 1998)「宗派分類之標準」, ③『中國佛敎叢論』「佛敎史略與宗派」(臺灣, 木鐸出版社, 1988) 등이다.

①은 선종사를 조사(祖師)의 전승(傳承)만으로 끝냈다. 그 이유는 선종의 주류가 종래 혜능(彗能) → 회양(懷讓) → 마조(馬祖)로 잇기 위한데 서일 것이다. ②③은 종파(宗派)의 연구임에도 불구하고 정중·보당선파는 생략되었다. 그 이유는 종밀(宗密)이 파악하였던 당시 선종의 유파(流派)는 ①『圓覺經大疏鈔』, ②『禪源諸詮集都序』를 근거로 하여 10실(室), 3종(宗), 7가(家)로 분류하였기 때문이다. 호적은 제4가의 마조도일 선사를 정중사 김화상의 제자고 했는데, 후에 회양(懷讓)선사에 귀의(歸依)하여 수행하였다고 해석하였다.[20] 임계유(任繼愈)는 위 ②③을 합해서 관찰한 데 반하여 ①의 장회승(張懷承), ②의 안상문(顔尙文)은 주목하지 않았다. 그들이 살펴본 관점은 오직 홍인(弘忍)의 10대 제자에 지선(智詵)이 들어가느냐에 관한 논급을 했을 뿐이다. 때문에 중국학계의 동향

---

20) ①『胡適文存』(黃山書社, 1996) p.234 '馬祖, 道一也. 出于金和尙門下'
　　②『胡適手稿』7集 卷2 p.342「第四家, 即洪州道一, 俗姓馬. 元是淨衆寺金和尙無相弟子, 後依讓和尙修行.」

이 정중선파(淨衆禪派)에 대해서 어떤 시각을 가졌는가를 저자(著者)중심으로 살펴 볼 필요가 있다. 그 이유는 하나의 문제를 두고 그 시대의 연구경향을 찾는 시각을 알아볼 수 있기 때문이다.

이 같은 분위기 가운데서도 정중종을 빼놓지 않고, 착실한 평가의 태도를 나타낸 것으로는 비록 짧은 한두마디이지만 다음이 있다.

① 두계문(杜繼文). 魏道儒,『中國禪宗通史』(江蘇古籍出版社, 1993) p.123.

② 양증문(楊曾文),『唐五代禪宗史』(中國社會科學出版社, 1999) p.263.

③ 인순(印順),『中國禪宗史』(江西人民出版社, 1999) pp.259.

④ 주숙가(周叔迦),『佛學論著集』上(中華書局, 1991) p.383.

⑤ 홍수평(洪修平),『中國禪學思想史綱』(南京大學出版社, 1996) pp.97 -99.

⑥ 반계명(潘桂明),『中國佛敎百科全書』宗敎 卷 2(上海古籍出版社, 2000) p.269.

⑦ 뢰영해(賴永海),『中國佛敎百科全書』宗敎卷(上海古籍出版社, 2000) p.272.

⑧ 서문명(徐文明),『中土前期禪學思想史』(北京師範大學出版社, 2004) p.238.

⑨ 정효강(鄭曉江),『禪宗大師馬祖道一』(宗敎文化出版社, 2006) p.3.

⑩ 마천상(麻天祥),『中國禪宗思想史略』(中國人民大學出版社, 2007) p.38.

⑪ 임도빈(任道斌),『佛敎文化辭典』(浙江古籍出版社, 1991) p.105.

⑫ 『佛敎文化百科』(天津人民出版社, 2005) p.89.

위 ①~⑫보다 앞선 사람으로는 호적(胡適)이 있다. 호적은 종밀의 종파(宗派) 분류를 받아들였다. 특히 제4가(家)의 홍주도일(洪

州道一)을 간략하게 설명하기를 '俗姓馬, 元是淨衆寺金和尙無相弟子, 後依讓和尙修行'이라고 분명히 말하였다.[21] 이 말이 가장 문난하게 표현된 것으로 볼 것이다.

①②⑧⑨는 도일(道一) 선사를 무상(無相) 대사의 제자라고 명확히 못 박았다. ④는 당(唐)화상에게 출가(出家)하였다가 후에 회양(懷讓) 선사로부터 선법(禪法)을 배웠다. 무상 선사와는 동학관계이다. ⑪은 일찍 출간된 사전이다. 명확히 김대사(金大師)의 법도(法徒)에 ① 무주(無住), ② 신회(神會), ③ 신청(神淸), ④ 도일(道一) 등이라고 하였다. ⑫는 재작년에 출판된 사전임에도 불구하고 무상 대사의 제자에 ① 신회(神會), ② 무주(無住), ③ 도일(道一) 등이라고 말하였다. 초기 도일 선사의 스승이 무상 대사였다는 엄연한 사실이 받아들여지고 있다. 그럼에도 불구하고 무상 선사가 부각되지 안했던 중요한 이유는 도일 선사를 중심으로 하는 오종칠가(五宗七家)가 강조되었기 때문이다.

일찍이 호적(胡適)은 지선(智詵)을 우회적으로 말하여 마조(馬祖)의 먼 원조(遠祖)라고 긍정적으로 보았다.[22] 대만의 엄경망(嚴耕望)도 강서마조(江西馬祖)가 무상에서부터 나왔다고 하였다.[23] 아울러 대만의 홍문관출판사(弘文館出版社)편집부에서 펴낸『中國佛敎思想資料選集』2卷(1986)p.461에서도「姓馬, 名道一. 先是劍南金和尙弟子也.」라고 했다. 위에서와 같이 무상 대사와 마조 선사의 사자관계는 이제 점차 정설로 다가가고 있다. 다만 시간문제일 뿐이다.

---

21)『胡適手稿』(胡適紀念館, 1970) 7集 卷2 p.342 참조.
22) 姜義華,『胡適學術文集(中國佛敎史)』(中華書局, 1997) p.59 참조.
23) 嚴耕望,「唐五代時期之成都」(『中國文化硏究所學報』12, 香港中文大學, 1981) p.50 참조.

논문으로는 두두성(杜斗城)의 「돈황본『歷代法寶記』與蜀地禪宗」
이 있다. 그는 정중선계(淨衆禪系)의 전승(傳承)·계보(系譜) 등은
다루지 않고, 5조(祖) 홍인(弘忍)의 10대 제자인 지선(智詵)만을 간
략히 다루었다. 지선에 관해서는『승전(僧傳)』, 즉『宋高僧傳』에
실리지 않았기 때문에 역사적 인물이 아닌 허구적(虛構的) 인물(人
物)로 단정하였다.[24]

지선(智詵)에 관한 자료는 광범위하다.『楞伽師資記』(淨覺),『歷
代法寶記』,『圓覺經大疏鈔』(宗密),『南岳彌陀寺承遠和尙碑』(呂溫) 등
이 있다. 반론으로는 서문명(徐文明)의 글이 있다.[25] 그러나 그의
반론이 구체적이지 못하여 필자의 의견을 약간 보태고자 한다.

위에서『楞伽師資記』는 지선(智詵)에 관한 서술이 가장 뚜렷하
다. 즉『楞伽師資記』(淨覺)는 그의 스승 현이(玄頤)가 쌍봉산(雙峯
山)에서 5년간 거지(居止)한 신변(身邊)의 이야기를 기초로 하여
저술했는데 첫째, 그의 스승이 지은『楞伽人法志』를 3번이나 인용
하였다. 즉 '撰楞伽人法志云', '大法師之楞伽經云', '撰楞伽佛人法志
云'[26] 등이다. '楞伽人法志'(玄頤)가 돈황유서목록(敦煌遺書目錄)에
나오는가 하고 찾아보았으나 없었다.[27] 핵심 과제는『楞伽師資記』
(第6)의 「資州智詵, 白松山劉主簿, 兼有文性.…… 嵩山老安, 深有道

---

24) 杜斗城,「敦煌本『歷代法寶記』與蜀地禪宗」(『敦煌學輯刊』1993-1) p.55
　　참조. 이후『峨嵋山與巴蜀佛教』(宗教文化出版社, 2004) pp.326-337에
　　再收錄.

25) 徐文明,「智詵與淨衆禪系」(『敦煌輯刊』) 2000-1 참조.

26) 『大正藏』卷83, pp.1284-129 및『中國佛教叢書 禪宗編(Ⅱ)』p.260
　　참조.

27) 黃永武,『敦煌遺書最新目錄』(台湾, 新文豊出版公司, 1986) 참조. 돈황
　　유서가 발견된 후 목록이 작성되었으나 본래 여러 나라에 흩어졌기 때
　　문에 앞으로 나올 가능성을 전혀 배제할 수 없지만 현재까지 더 이상
　　찾아지지 안했다.

行, 潞州法如, 韶州慧能, 揚州高麗僧智德, 此並堪爲人師'. 그리고『中華傳心地 禪門師資承襲圖』에도『謂有禪師姓馬名道一, 先是劍南金和尙弟子也.』이라 했다. 검남(劍南)에서의 뿌리가 나타나고 있다. 뿐만 아니라 '資州侁'에서도 실존인물임을 파악할 수 있다.『歷代法寶記』는 앞에서와 같이 '혜능을 제외하고 10인이 있다[除慧能餘有十爾]'고 했다. 이 10인(人)이 인류의 큰 스승이 되었다[堪爲人師]는 말을 두고 아무런 내외적 비판 없이 함부로 지선(智詵)이 실존이 아닌 허구적인 인물(人物)이라고 말할 수는 없다. 또『景德傳燈錄』(卷4)에는 '前資州智侁'이라고 하였다. 만약 지선 선사가 실존인물이 아니라면 어째서 남송(南宋)의 태종이 지선 선사에게 내린 '芝草'란 어서(御書)를 내릴 수 있었을까? 그리고 위의『南岳弥陀寺承遠和尙碑』(呂溫)『南嶽彌陀和尙碑』(柳宗元)에 쓰인 미타화상이 '資州詵公'으로부터 선법을 배웠다는 기록28)을 어떻게 부정(否定)할 것인가? 승원(承遠)은 처적(處寂)의 제자이다. 때문에 무상선사와는 동학(同學)이 된다. 승원의 생애와 사상에 관해서는 최근에 중국의 성개(聖凱)에 의한 논문이 있다.29) 즉 ① 呂溫,『南岳弥陀寺承遠和尙碑』② 柳宗元,『南嶽彌陀和尙碑』③『新修往生傳』④『佛祖統紀』(卷26) 등의 기록을 열거하였다.

여온은 정원(貞元) 18년(802) 미타사에서 91세로 생을 마쳤기 때문에 직접 승원을 만난 적은 없으나 승원의 제자들이 제공한 자료에 의거하여 비문을 지었을 것이다. 그는 불교에 관한 지식이 높았고, 승원을 높이 존경하였다.

뿐만 아니라 유종원(柳宗元)도 영정(永貞) 원년(805) 호남(湖南)

---

28)『輿地紀勝』卷157 潼川府路 資州仙釋條 참조.

29) 聖凱,「承遠與南岳佛教」(『禪宗與中國佛教文化』, 中國社會科學出版社, 2004) pp.322-350.

에서 유배생활을 시작하면서 고승(高僧)들과 교유(交遊)하여 많은
비문을 지었다.

또 홍인(弘忍)이 스스로 후에 나의 도(道)를 전할 사람은 오직
10인(人)뿐[傳吾道者, 只可十耳]이라고 했다.

일본의 야나기다 세이잔(柳田聖山)은 그의 저술에 담겨진 능가
사자기(楞伽師資記)의 고찰에서 한 번도 지선(智詵)에 관한 의문을
제기하지 않았다.[30] 또 『歷代法寶記』에서는 앞에서와 같이 혜능
(慧能) 말고도 10여 명이 있다[除慧能餘有十爾].

뿐만 아니라 지선(智詵)이 저술한 것으로 알려진 『虛融觀』(3卷)
『緣起』(1卷) 『般若心經疏』(1卷) 등은[31] 전해 오지 않지만 그의 실
존과 연결할 때 부정할 수는 없을 것이다.

위에서와 같이 지선에 관해 편찬된 기록들을 시간에 구애받지
않고 아무런 이유 없이 부정하고 배제하는 것은 불교사를 연구하
는 사람으로서 옳지 않은 태도이다. 다시 말하면 부정을 하려면
종래의 문헌 속에 있는 근거(根據)부터 찾아내야 할 것이다.

일반적으로 많은 불교사서(佛敎史書)는 무상과 지선을 연계시켜
수록하였다.[32] 이러한 사료를 근거해서 볼 때 무상 대사가 도일
(道一) 선사를 만났던 곳이 덕순사일 가능성이 높다. 왜냐하면 덕
순사와 정중사가 모두 검남선종(劍南禪宗)의 중심자리에 있었기 때
문이다. 더욱 장송사(長松寺)는 덕순사와 가까운 거리에 있다.

위에서와 같이 정중사가 화려하게 부활하는 데는 순전히 무상
대사 개인의 원력 때문이다. 이 원력의 밑바닥에는 초심(初心)을

---

30) 柳田聖山, 『初期禪宗史書の硏究』(禪文化硏究所, 1967) pp.58 – 100 참조.
31) 『歷代法寶記』 智詵章 참조.
32) ① 『宋高僧傳』 卷19 – 20 참조.
　　② 본 <Ⅳ篇 – 1> 『異說의 文獻』 참조.

버리지 않고 오로지 부처님 세계로 돌아가 천곡산에서 깨달음을 얻은 후 따뜻한 자비심으로 중생들에게 닥아가 깨달음을 나누어 주기 위해 본원(本院)을 세운 불사(佛寺)를 이룩하였다. 이 점에서 볼 때 무상 대사는 불사(佛事)와 수행(修行)을 둘로 보지 않고, 하나로 보고 이의 경례를 넘나들며 몸소 실천하였다. 그에 대한 성가(聲價)는 불사 뿐만 아니고 스케일 큰 현실긍정의 태도로 자비행(慈悲行)을 몸소 교화하였다.

무상 대사의 현실 긍정적 태도는 『歷代法寶記』에서 찾을 수 있다. 즉 무주 선사가 입산(入山)한 것을 두고 현실적으로 무슨 이익이 있느냐의 물음이다. 그의 세심한 교화(敎化)는 앞에서 말한 바와 같이 무량수(無量數)의 자비심을 바탕으로 한 뜨거운 가슴으로 고국의 대중과 중국 인민을 나누지 않았고, 자신을 낮추(下心)어 대중 앞에 다가갔다. 그는 조사(祖師)의 높은 자리에 있었음에도 불구하고 자신을 대중의 눈 높이에 맞추고, 자비의 손을 내밀었다. 더욱 중요한 것은 초발심을 굳건히 세우면서 어려움을 견뎌 나간 점이다. 그리하여 정중본원을 중심으로 폭넓게 홍화(弘化)해 나갔다. 모르긴 해도 이 같은 점이 고려되어 무상이 5백 나한(羅漢)의 반열에 올랐을 것이다.

뿐만 아니라 그의 성가는 실제로 티베트와 남조(南詔)까지 널리 퍼져 나가 김화상(金和尙)이 존경의 대상이 되었다. 이 가운데는 남조 사신[南詔使]이 김화상을 참알했다는 것만으로도 그들의 정체성을 유지해 가는데 무상 선사가 필요하였다. 이만큼 김화상은 중국서남부를 묶는 불교권에서 우뚝 선 존경의 대상이었다. 이 존경의 대상이 파장을 몰고, 중국의 서남국에 전파되었다. 그것이 티베트(吐蕃)와 남조(南詔)에 동시에 퍼져나간 점이다. 아울러 김화상이 두 나라에서 존경의 신승(神僧)으로 전파된 것은 부정 할 수 없는 실증적 근거가 된다.

다시 성도로 돌아가 덕순사는 당나라 때 3대 고승이 연속적으로 주석 하였기 때문에 정중·보당선파의 성지(聖地)로 유명해진다. 『輿地紀勝』(卷157)에 담겨진 덕순사의 문물(文物)은 ① 달마의 전의(傳衣) ② 무후로부터 사여 받은 보리도량의 사액(賜額) ③ 남송의 태종이 내린 지초(芝草) 즉 황제의 묵적(墨迹) ④ 역대 황제(皇帝)로부터 사서(賜書) 받은 글씨 ⑤ 무상 선사가 수행한 천곡산 ⑥ 무상 선사가 수행한 탁감(卓錫龕) 등의 선종불적(禪蹤佛蹟)이 주변에 헐어져 있기 때문이다. 마치 선종도량(禪宗道場)의 박물관처럼 경내에는 중요한 문물(文物)이 즐비하였다. 또 장송사(長松寺)가 마선사에 의하여 창건되었기 때문에 이때부터 이미 그는 일가(一家)를 이룬 저명한 학인(學人)의 위치에 있었다는 사실을 알게 한다.

장송사와 덕순사가 어떤 관계에 있었는가는 현재로는 알 수 없지만 위치와 창건된 시점이 덕순사와 긴밀한 관계에 있었지 않았는가를 추정하게 한다. 즉 무상 대사와 마(馬)선사가 불편한 관계에 있었다면 마선사는 멀리 떨어진 곳에 가서 은거(隱居)했을 것이다. 위의 두 사찰의 위치와 거리로 보아 서로 친숙한 의지(依持)의 관계가 엿보인다. 장송사가 있는 용천역구(龍泉驛区)는 지금은 성도시에 편입되었지만 본래는 독자 구역으로 자중(資中)과 멀지 않았다. 두 곳 모두 성도에서 중경(重慶)가는 길목의 직선상에 있다. 또 창건된 시점 또한 무상 선사가 덕순사에 있었던 현종(玄宗) 때일 것이다. 다만 『四川通志』(卷38)의 장송사 창건을 '개원중(開元中)'이라고 말한 것은 창건연대를 말한 것 뿐이다.

덕순사는 규모가 큰 거찰(巨刹)일 뿐만 아니라 사전(寺田)이 넉넉하여 외지(外地)에서 온 유승(游僧)들이 수용되었다. 지선(智詵) 선사가 무측천(武則天)으로부터 부름을 받고 장안으로 가 설법한 후에는 '國大禪師'란 법호를 얻었다. 이에 따라 덕순사도 '보리도 량(菩提道場)'이 되었다. 지선 선사가 덕순사를 처음 창건하였을 때는 이 같은 넉넉한 지리적인 조건이 고려되었을 것이다. 사찰의 전답이 선농(禪農) 일치의 정신을 펼치기에 충족하였기 때문이다. 선농일치는 집체노동(集體勞動)을 요구하였다. 하루 일하지 않으면, 하루 먹지 않는 원칙을 내세웠다.

필자의 답사 경험에서 보면 강서의 백장사(百丈寺), 진여사(眞如 寺), 동산사(洞山寺)의 경우는 사전(寺田)이 전면에 펼쳐졌는 데 반 하여, 덕순사는 측후(側後)에 펼쳐졌다.

홍인 문도(弘忍門徒)에서 보면 신라승 혜초(慧超)와 무상 대사 (無相大師)는 거의 같은 시기에 중국에 와서 구법하였다. 또 본래 는 같은 선계(禪系)의 뿌리이다. 초기의 혜초는 숭산 선계(嵩山禪 系) 법여(法如)의 제자이고, 무상은 사천선계 지선 선사(智詵禪師) 의 법손이다. 혜초의 입당이 약간 앞선다. 즉 무상 대사가 장안에 도착한 개원(開元) 16년(728)의 전해인 개원 15년(727)에 혜초가 천축(天竺)에서부터 당토(唐土) 안서(安西)에 도착하였다. 또 다른 신라왕자로 알려진 무루(無漏)는 지덕(至德) 2년(757)에 숙종행재 (肅宗行在)에 머물면서 복을 기원하였다. 앞선 해[前年]에는 숙종이 영무(靈武)에서 조병(調兵)할 때 금색인(金色人)이 꿈에 나타나 어 전(御殿)에서 보승불(宝勝佛)을 염불하였다. 이후 신라승 무루(無 漏)로부터 이 불호(佛號)의 염송을 듣고, 내사(內寺)에 맞아들이는 공양을 받았다.[33] 무상 대사와 무루 선사는 모두 황제로부터 내도

---

33) ① 『宋高僧傳』 卷21 無漏傳 참조.
    ② 『佛祖統紀』 卷40 참조.

량(內道場)에 부름을 받는 공양(供養)을 받았다. 여기에 대해서는 무상 선사와 무루 선사가 동일인이 아니다. 아다시피 내도량은 고대(古代) 중국 황실이 궁내(宮內)에 설치한 예불(禮佛) 장소이다. 이 제도는 북위(北魏)에서부터 시작하여 수(隋)·당(唐)을 거치면서 발전하였다.

무루 선사가 숙종(肅宗)을 만난 시점은 총령(葱嶺)의 대가람(大伽藍)으로 가는 도중에 지금의 영하(寧夏)인 북영주(北靈州)의 하란산(賀蘭山)에 머물고 있을 때이다.[34] 숙종이 여러 차례 금색인을 꿈에 본 것은 무루 스님의 신통력 때문인 것으로 본다. 하란사는 무주가 처음 성도 상인으로부터 무상 대사의 3구어를 듣고 성도를 찾았던 바로 그 산이다.

위에서와 같이 무상(無相), 무루(無漏), 교각(喬覺) 스님은 신라 왕자 또는 근속(近屬)의 고승(高僧)이며, 신통력(神通力)을 가진 공통점을 갖는다. 거의 같은 시기에 당나라에 가서 득도(得道)한 후에 중국 인민[大衆]을 교화하였다. 다만 무루 선사만이 총령(葱嶺)의 대가람까지 갔다.

이와 같이 중국의 남·북에서 명황(明皇)과 숙종(肅宗) 곁에는 신라 고승이 존경받는 도사(導師)가 되었다. 국내에서 알고 있듯이 무상 선사와 무루 선사는 동일인(同一人)이 아니다.[35] 무루 선사와 무상 선사는 『송고승전』에서는 각기 다른 사람으로 입전(立傳)하였다. 즉 ① 활동지역 ② 내용 ③ 현종과 숙종과의 관계 ④ 입적연대 ⑤ 『宋高僧傳』의 편찬태도 등이 전혀 다르다. 안록산난 때 현종과 태자 이형(李亨)이 피난처를 나누었다. 무루 선사의 입적은

---

34) 『神僧傳』 卷8 참조.

35) 鄭性本, 「淨衆無相禪師 硏究」(『淨衆無相禪師 硏究』, 佛敎映像會報社, 1993)P.117 참조.

오직 『佛祖歷代通載』(卷13)에만 기록되었다. 숙종 지덕(至德) 원년 (756) 12월이다. 무상 선사의 입적보다 6년이 앞선다. 내용의 서술도 『宋高僧』(卷 21)보다 상세하다. 즉 "숙종이 어느날 밤에 꿈을 꾸었는데 금색(金色)을 한 스님이 보승(寶勝‥如來名)을 외우고 있어서 좌우 신하에게 물으니 하란산(賀蘭山) 백초곡(白草谷)에 신라승 무루가 항상 이 불경을 외우고 있어서 퍽 신이(神異)스럽다고 대답하였다. 황제가 의아하게 생각하여 유지(諭旨)를 내려 무루 선사를 쫓았으나 마침내 돌아가기를 고사하자 다시 절도사 곽자의 (郭子儀)를 시켜 행재(行在)에 모시고 왔다. 황제가 기뻐한 나머지 말하기를 진짜 꿈에 본 스님이다. 아울러 머물게하여 신명에게 빌도록 부탁하였다." 무루 스님이 숙종을 만난 것은 서역에 가는 길에 마침 영주(靈州)에서 만났기 때문에 무상 선사가 성도(成都)에서 자리를 정하면서 명황(明皇)을 만났던 내용과 전혀 다르다.

적어도 우리는 중국문헌을 대할 때 아무렇게 편찬된 것이 아니라는 것을 알아야 한다. 왜냐하면 전적(典籍)의 편찬에서는 퍽 과학적인 편찬기술을 동원하였다고 보지 않으면 안 된다. 또 동쪽 구화산(九華山)에서 지장보살로 화신(化身)한 김교각(金喬覺) 스님도 신라왕실 출신으로 개원(740년경) 말에 입당하였다. 문헌은 『九華山化城寺記』가 있다. 이보다 앞선 개원 7년(719) 중국에 당도한 기록은 『九華山志』(卷3)의 24세 때로 보고, 99세의 입적에서 거꾸로 역산(逆算)한 것이다. 개원 7년(719)에 김교각스님이 입당하였다면 무상 선사의 개원 16년(628)의 입당보다 9년 앞선다. 이들의 활동은 거의 동시대이며, 그 지역을 모아 보면 중국의 남북과 동서가 합쳐지는 삼각형의 밑면에 무상 대사와 김교각 스님이 놓인다.

이 같은 삼각형의 조성(組成)에서 보면 무상 대사의 영향권은 외곽으로 중국의 서남국(西南國)까지 퍼져나갔다. 신라 구법승 가운데 종파를 실제적으로 창립하고, 외국까지 영향을 끼친 스님은 오직 무상 대사 뿐이다. 공교롭게도 무상 선사와 지장왕 보살은 같은 시대 중국에 살았지만 발전의 성쇠가 다르다. 즉 지장신앙은 명나라 때 이르러 꽃을 피웠지만 무상 선사의 본원(本院)인 정중사(淨衆寺)는 입적후 얼마가지 아니하여 파괴되었다. 그러나 무상 선사가 삼구어의 설법을 펼쳤을 때가 정중종이 가장 발전하였다.

무상 대사가 성도에서 활동하였던 약 20여 년 동안 자중(資中)에서보다 성도(成都)에서 오랜 시간을 보냈다.36) 시간은 자중이 앞선다.

결론적으로 무상 대사는 신라승으로 중국에 와서 정중선계(淨衆禪系)를 실제로 창립하였을 뿐만 아니라, 이를 바탕으로 중국 인민을 크게 교화시켰다. 초기 중국선종사(中國禪宗史)에 있어서 그의 위치는 막중하였다. 이처럼 그가 중국 인민을 위해 베푼 제도(濟度)는 사천에서 진동되어 갔을 뿐만 아니라, 중국 서남국과 불교 교류를 처음으로 열었다. 그 기초도 튼튼히 굳혔다.

그가 오백나한(五百羅漢)의 반열에 오른 배경에는 민족, 국적(國籍)을 초월한 인간애와 자비심이 뛰어났기 때문일 것이다. 그가 불국토를 성도의 중국 인민 속에서 이룩한 이유는 성도가 중국 서남부의 대도시[大都會]였기 때문이다. 비록 분지이지만 물자가 풍부하고 심성이 넉넉한 사천 사람에게 끌려 성도에 머무는 데 흡족하였다. 때문에 소식(蘇軾)이 말한 성도(成都)가 대도회(大都會)란 말은 사천(四川)이 옥야천리의 천부(天府)에 걸맞게 당시 중국 서남의 제

---

36) 『歷代法寶記』에는 무상 선사가 淨衆寺에서 化導를 위해 보낸 시간만 해도 20여 년이다. 그러나 중요한 것은 세수(世壽)에 따른 편년에 연결해 볼 일이다.

180

2 수도(首都)처럼 종교, 정치, 경제, 문화의 중심이 되었음을 말한 것이다. 마치 오늘의 남경(南京)처럼 대도회의 역할을 하였다. 따라서 중국 밖의 서남국으로부터 김화상(金和尙)이 존경받고 있었기 때문에 선종(禪宗)이 앞서 발달하고, 성황을 이룬 다른 성(省)으로 나가지 않았을 것이다. 모든 것이 성도(成都)에서 흡족하였기 때문에 무상 대사는 검남선종(劍南禪宗)을 키우는 데 몸소 힘을 기울었다.

무상의 종교생활에서도 **빼놓을** 수 없는 것이 고된 두타행(頭陀行)을 행한 천곡산이 성도 가까운 곳에 있는 것도 유리하였다. 두타행은 덕순사와 멀지 않은 천곡산(天谷山) 석암(石巖) 아래서, 그리고 또 탁석감(卓錫龕)에서 수행하였다. 천곡산의 '巖下'는 「歷代法寶記」에서 찾아지는데, 지금도 큰 바위 아래의 동굴이 수도자가 기거하기에 적합하게 보였다. 바위도 크고, 동굴도 크다. 또 탁석감은 『輿地紀勝』(卷157)에 반석현(盤石縣)에 있다고 하였다. 반타(盤陁) 모양을 했다고 해서 현명(縣名)이 그렇게 붙었다. 그러나 지금은 아직도 유적(遺蹟)이 찾아 지지 못하고 있다.

천곡산(天谷山)은 청성산(靑城山)의 이명(異名)이기 때문에 필자는 도강언시(都江堰市)에 있는 청성산을 수없이 다녔다.[37] 그러나 자중(資中)에 있는 천곡산은 덕순사에서 약 13킬로(발동기 배로 30분) 떨어진 어하구(御河沟)의 깊은 골짜기이기 때문에 『宋高僧傳』(卷19)에 나오는 지형, 암하, 암벽, 암동 등이 모두 부합되었다. 더욱 암동(巖洞), 조상(造像), 각자(刻字)는 모두 무상 선사의 선적(禪迹)과 관련되고 있음을 알 수 있었다. 그의 두타행은 많은 기록을 남겼음도 불구하고 그 내용, 특징이 아직도 연구되지 않고 있

---

37) 『靑城山志』(巴蜀書社, 2004) P.8「宋代『太平御覽』卷44 引此文時, '天國'改作 '天谷', 以音異字. 明代楊愼『升庵文集』卷76 名山條云, 靑城山一名天谷.」

다. 오히려 일본학자 야마자기 히로시(山崎宏)는 당시 익주(益州)는
잡신앙적(雜信仰的)인 불교가 유행한 부정적 분위기로 유도하였
다.38) 그 이유는 잘 모르지만 감통(感通), 유신(遺身), 신통(神通)의
기록을 보고 한 말이 아닐까? 아니면 성도의 불교 발전을 모르고
한 말이 아닌지 모른다. 같은 일본의 중국선종사를 연구하는 아베
죠이지(阿部肇一)는 비록 부정적인 입장이기는 하지만 촉지(蜀地)
의 민간신앙이 다른 지역보다 요혹(妖惑)적인 경향이 강하다고 해
석하였다.39) 대단히 유연하고 합리적인 해석으로 보게 된다.

일찍이 중국의 여러 종파가 성도에 들어왔을 뿐만 아니라 현장
(玄奘)도 당시 장안, 낙양에 없는 강백(講伯)의 설법을 듣기 위해
친형과 함께 성도로 찾았던 것이다. 이 문제는 ① 지선(智詵) 선
사가 허구적인 인물이라는 것, ② 정중선파(淨衆禪派)가 '非南北'
의 계보라고 말한 당(唐)나라 때의 기록이 엄연함에도 불구하고
잡탕식이라고 말한 것 등에 대한 필자의 의견을 이미 앞에서 말하
였다.

정중사의 위치비정과 정중사 중축선 배치의 구성은 고고학적(考
古學的)인 성과에서 이룩된 것이 아니고, 오로지 문헌에 의거하여
재구성해 보았을 뿐이다. 여기서 자중의 지방사학자들에게 걸림돌

---

38) ① 山崎宏, 『支那中世佛敎の展開』(法藏館, 1971 初版) p.441 참조.
   ② 李玉珉,「南詔佛敎考」(『印順導師九秩華誕祝壽文集』, 台北, 東大圖
     書公司, 1995) p.551 참조.
   ③ 阿部肇一,「唐代蜀地の禪定」(『駒澤大學文學部硏究紀要』46, 1988)
     pp.17－24 참조.
39) 關世謙(譯), 『中國禪宗史』(臺灣, 東大圖書公司, 1988 4版; (原著)『中國
   禪宗史の硏究』1986) P.474「‥‥ 明顯地也將佛僧疑爲妖術或奇瑞, 來
   作爲問題來處理. 由此亦可得知蜀地的民間信仰, 其根深蒂固的情形, 當
   較他地爲强.」

로 지적되는 편향된 애향심을 극복 할 수 있기 때문이다.

천곡산(天谷山)은 위에서와 같이 도강언시(都江堰市) 소재의 청성산(靑城山)의 별칭이기도 하지만 자중(資中)의 천곡산은 덕순사와 가깝기 때문에『宋高僧傳』(卷19)에 기록된 천곡산(天谷山)을 이곳으로 확정지었다. 산모(山貌)가 양쪽의 사암(砂巖)이 절벽으로 쌓였고 정상을 제외한 밑면만이 툭 터인 타강(沱江)에 면하였기 때문에 천자(天字) 모양일 뿐만 아니라,『宋高僧傳』(卷19)에 나오는 지형(地形)과 일치하였다. 즉 ① 깊은 골짜기(深谷), ② 암동(巖洞), ③ 암하(巖下), ④ 맹수[虎]의 출몰가능성 등인데 지금도 골짜기에 형성된 논을 제외하고 밖에는 소나무가 우거진 깊은 골짜기를 만들었다. 『宋高僧傳』(卷19)에는 깊은 골짜기(深溪谷)이라고 하였고,『六學僧傳』(卷30)에는 단순히 계곡(溪谷)이라고 하였지만 같은 곳을 다르게 표현한 것뿐이다.『歷代法寶記』에는 천곡산 암하(巖下)라고 했지만 이 또한 같은 장소이다. 명나라 때는 초단산(醮壇山)이라 불렀다.

위 ②는 ③으로도 지칭될 수 있으나 ②의 바위산에서 보면 건너편도 8자(八子)모양의 한쪽 암벽(巖壁)이 서쪽 암동과 나란히 이어져 그 사이가 깊은 계곡의 골짜기를 형성했기 때문에 ①~③은 모두 천곡산(天谷山)안에 나누어진 무상선사의 불적(佛蹟)이다.

지금은 흙이 퇴적되어 심곡이 어느 정도 매워져 깊이가 없이 평평히 지엘(GL)높이로 형성되었다.『宋高僧傳』(卷19)에는 암동의 깊이에 관한 기록은 없다. 그러나『송고승전』(권19)에서처럼 깊은 계곡이 였음을 한 눈에 알 수 있었다. 암하의 굴은 두타행에서는 중요한 장소가 되었을 것이다. 이 동굴을 나한동(羅漢洞)이라 부른다. 본래는 지금처럼 물이 차기 전이였기 때문에 나한상이 많았다. 건너편 사암에는 서암(西巖) 송대마애조상이 4감(龕), 100존(尊)이 새겨져 있다. 전장 길이는 22미터이다.[40] 건너편 나한동의 암벽보다 길다.

앞에서 말한 바와 같이 천연동굴 안에 있었던 석각나한(石刻羅漢)은 없어졌고, 단지 바위 아래 물 속에 10여 존[尊]이 남아 있을 뿐이다. 이 동굴 앞에 새겨진 불확실한 두 글자의 각자(刻字)연대, 글자의 뜻은 밝혀지지 않았지만 혹시 송나라 때 새겨졌다고 한다면 어째서 『宋高僧傳』의 작자가 빠뜨렸는지 이유를 알 수 없다. 왜냐하면 『宋高僧傳』(卷19)에서는 천곡산(天谷山)의 지형을 자세히 그렸기 때문이다. 따라서 각자(刻字)의 연대는 송나라 이후에서 명나라까지로 보게 된다. 도사(道士) 이아(李阿)의 초상이 있었던 곳이 바로 나한동(羅漢洞) 밖의 바위가 아니였을까? 왜냐하면 『蜀中名勝記』(卷 8)에 이미 초단산(醮壇山)이란 명칭이 보이기 때문이다.[41] 때문에 명나라 때만해도 초상(肖像)이 존재했던 것으로 보아 '高口'이 이와 관련된 것이 아닐까? 아니면 이곳에서 좌선습수(座禪習修)한 무상 대사를 기리는 선종(禪蹤)일 가능성도 고려해 볼 수 있다. 그 이유는 도사(道士)를 고승(高僧), 고종(高蹤), 고선(高禪), 고려(高麗)로 부르지는 안했을 것이기 때문이다. 따라서 후대인이 무상 선사를 기리기 위해 새겨 놓은 것으로 볼 수도 있다. 지금은 계곡 밑이 논으로 변했지만 옛날은 맹수[虎]가 출몰하는 깊은 골짜기로 보였다.

위에서와 같이 무상 선사가 자중(資中)을 찾은 것은 그의 높은 꿈이 이끌어 낸 발원(發願)으로 처적(處寂)선사와의 만남에 따른

---

40) 四川省文物管理局, 『四川文物志』 中(巴蜀書社, 2005) p.1040 「資中縣 東巖宋代磨崖造像」 참조. 아쉽게도 西巖이 아직 조사가 안 된 때문인지 빠져있다.

41) 『蜀中名勝記』 卷 8 成都府 8 「州北二里醮壇山, 李阿修煉處, 肖像獲存.」

인연(因緣)이었다고 보게 된다.

2. 尋師訪道의 終着과 頭陀行의 中期 발자취②
― 資中의 德純寺와 주변 淨衆 · 保唐禪派의 名刹

1) 馬祖禪師가 창건한 長松寺

장송사는 정중선파(淨衆禪派)에 속하는 사찰은 아니지만 마선사
가 사천(四川)을 떠나기 전의 초기(初期) 검남선종(劍南禪宗)에 몸
을 담고 있을 때 처적(處寂), 무상(無相) 선사와 관계가 있기 때문
에 포함시켰다.

장송사는 성도시 용천역구(龍泉驛區) 소천진(小泉鎭)에 자리하였
다. 성도에서 50킬로 떨어진 동남쪽에 있고, 간주(簡州)에서는 70
리 떨어진 분동산(分棟山)의 북쪽에 해당된다.『四川通志』(卷10)에
는 간주에서 70리 떨어진 분동산(分棟山)의 북쪽인데 성도와 경계
를 이루었다고 하였다. 또『讀史方輿紀要』(卷67)에도 장송산의 위
치는 주서(州西) 70리에 떨어졌는데, 화양(華陽)과 경계를 이루었
다.『大淸一統志』(卷384)는 장송산의 위치를 간주 서북 70리라고
하였다. 분동산의 북쪽으로 화양현(華陽縣)과 경계를 하고, 산마루
(山嶺)에는 장송사(長松寺)가 있다고 하였다. 장송산이 자중에 위치
하지 않았음에도 불구하고 이 범위에 넣은 것은 마조도일 선사와
덕순사의 관계 때문이다.

장송사는 개원(開元) 중에 마조 선사에 의하여 창건되었다. 중국
의 양증문(楊曾文)은 일찍이 마조(馬祖)가 성도의 정중사 김화상

무상(無相) 선사로부터 법(法)을 받은 후에 장송산(長松山)에 머물렀다고 하였다.[42] 필자는 전적으로 동의한다. 그러나 정중사가 아니고 덕순사에 머물고 있을 때라고 본다. 왜냐하면 시기적으로 맞지 안지만 중요한 것은 덕순사와 장송사가 가깝게 의지하는 관계에 자리하였기 때문이다. 『四川通志』(卷38)에 의하면 『圓覺經大疏鈔』(卷3之下)에서 말한 그대로 마선사(馬禪師)가 바로 마조(馬祖) 선사임을 말하였다. 『宋高僧傳』에는 마조(馬祖)라 하지 않고, 마대사(馬大師), 마선사(馬禪師) 또는 도일(道一) 선사라고 불렀다. 그러나 『景德傳燈錄』(卷6~7)에는 마조라고 하였다. 『續藏經』(119冊)에는 '마조도일 선사'라고 하였다.

성도시 용천역구는 예부터 성도와 가깝지만 남쪽의 간주(簡州) → 수주(遂州)로 내려가는 길목이고, 또 무상 대사가 오랫동안 주석(住錫)하였던 덕순사와 가깝기 때문에 필자는 이를 편의상 자중(資中)에 포함시켰다.

용천역구에서 마주 바라보는 장송산 옛 산길(古道)을 따라 2시간 정도 오르면 산위 절터와 만난다. 장송산은 용천역구를 둘러싸고 있다. 현재 장송향(長松鄕)에서 바라보면 장송사 절터는 간주(簡州)가는 차도 고갯길의 우측이 된다. 또 장송향은 용천역구의 동남쪽이다. 절터의 본전(本殿) 자리는 공군부대가 주둔하고 있기 때문에 출입이 금지되어 있다. 그러나 산문(山門) 안에 있었던 큰 은행나무 두 그루 근처에는 절에 쓰였을 주춧돌, 장석(長石) 등을 쉽게 찾을 수 있다. 주민의 말에 따르면 본전 자리는 국민당시대에 전순요(田順要) 군벌의 공관이었다고 한다.

---

42) 楊曾文, 『唐五代禪宗史』(中國社會科學出版社, 1999) p.305 참조.

〈사진 13〉 長松寺址에 세워진 國民黨軍閥公館이 지금은
空軍레이다 基地가 되었기 때문에 哨兵 몰래 찍었다

〈사진 14〉 公館안이 長松寺의 中心區로 보인다.

〈사진 15〉 長松寺址임을
말해주는 古木

〈사진 16〉 寺址에 흩어진 長石

　앞에서와 같이 문제가 되는『景德傳燈錄』(卷4)의 내용을 검토하
건대 저자 도원(道元)이 의도한 바는 '장송산 마선사'와 '강서 도
일 선사'를 구분해서 따로 입전(立傳)함으로써 무상 아래서 공부한
짧은 시기를 숨기지 않고 구분하려 했던 것이 아닌가 생각된다.[43]
이 대목(對目)의 의미는『경덕전등록』의 작자가 정중종의 거장으
로 활동한 도일 선사의 역할을 지우지 않으려는 노력의 흔적으로
볼 것이다.『景德傳燈錄』의 신중한 편찬태도를 엿보게 한다.

---

43) ① Ⓐ『景德傳燈錄』卷4, Ⓑ『五燈全書』卷4, Ⓒ『錦江禪燈目錄』卷1.
　　위 ⒶⒷ에서는 處寂 禪師의 法嗣에 '益州 無相 禪師'와 '長松山 馬禪
　　師' '超 禪師' '梓州 曉了 禪師'를 并記하였다. 즉 5祖 아래 제3세이
　　다. 뿐만 아니라『景德傳燈錄』卷4의 標目에는 '資州處寂禪師下'에서
　　'益州 無相'과 '益州 長松山 馬禪師'가 또 나왔[復出]다.
　　② 『五燈全書目錄』卷4 p.15. 참조.
　　③「錦江禪燈目錄」卷1(『續選輯』15册) p.501 참조.

188

위에서와 같이『景德傳燈錄』이 그 앞에 편찬된『祖堂集』,『宋高
僧傳』보다 뛰어난 다른 장점의 편찬태도가 모든 선사(禪師)를 등
사(燈史)의 불빛을 밝히는 선보(禪譜)에서 말하려는 데 있다. 이에
대하여 작고한 한국의 이종익(李鐘益)은『祖堂集』『宋高僧傳』『景
德傳燈錄』을 함께 뭉뚱그려 '馬祖法統變造'를 엄폐·시도하였다고
보았다.44) 그러나『景德傳燈錄』(卷4)의 편찬 태도는 엄격한 사실
위주를 중시한 것이 나타났다.『景德傳燈錄』의 내용검토가 필요한
부분이다.

또, 마선사가 남행하기 전 이미 일가(一家)를 이루면서 장송사를
창건하고 탁석(卓錫)한 곳이 산 아래 마조동(馬祖洞)의 불적에서도
알 수 있다. 앞에서 말한 산길의 고도(古道)가 유일하게 장송사를
찾는 길이었을 것이다. '90년 초부터 도로 확장으로 인한 석재(石
材)의 수요 때문에 마조동이 훼멸되었으나 그 흔적은 아직도 남아
있었다. 동굴의 깊이가 매우 컸음을 알 수 있다. 중요한 것은 여기
서도 무상 선사와 마조 선사의 관계가 불편하였다면 멀리 가서 자
리를 잡든지 또는 은거하였을 것이다.

그럼에도 불구하고 마조 선사는 덕순사와 가까운 100킬로 이내
에 그것도 성도(成都)가는 길가에 자리 잡은 것은 덕순사를 의지
하였음을 드러내고 있다. 이 같은 관계에서 보면 무상 대사도 성
도 가는 길에 장송사를 자주 들렀을 것이다. 답사(踏査)는 문헌을
보강(補强)해 줄 때만이 가치를 갖는다.

---

44) 李鐘益,「中國 禪學史上 新羅 無相大師의 地位」(『韓國佛教學』, 1975)
p.10 참조.

2) 1~3代 祖師가 住錫한 永慶寺

자중현 내강(內江) 지구에 있는 중용산(重龍山) 정상에 자리하였다. 정상이라고 말하지만 해발 100미터 정도의 낮은 단산(單山)이다. 『四川通志』(卷20)에 따르면 자주(資州) 북쪽 2리(里)에 중용산이 있다고 하였다. 절에 오르는 산길이 돌고 구부러져서 마치 움직이는 용(龍)을 닮았다[盤屈如龍]고 해서 붙여진 이름이다. 중용산 마애조상(摩崖造像)에서 100미터 정도 오르는 낮은 산의 정상에 영경사가 자리 잡았다.

영경사(永慶寺)는 당나라 때 세워졌으며, 이후 명나라 가정(嘉靖) 38년(1559)에 다시 중창되었다. 청나라 때 와서 여러 차례 중수(重修)되었다. 지금의 패방(牌坊) 정면에 '重龍古迹'이란 4글자가 새겨져 있다. 중용산 마애조상은 그 규모가 크며 수량 또한 집중되어 있다. 자중현은 이른바 '석각지향(石刻之鄕)'이라고 불리며 동 · 서 · 남 · 북에 각각 마애조상이 있다. 시기는 중당(中唐)에서 송(宋)에 이르는 약 300여 년에 걸쳐 조성되었다.

〈사진 17〉 永慶寺 牌坊 　　　　　〈사진 18〉 鐵塔

　　1988년 처음으로 발표한 증덕인(曾德仁)에 의하면 이때 처음으로 편호(編號)가 붙여지고 실측과 촬영이 시작되었는데 편호(編號)가 붙여진 것만 해도 162감(龕)이고, 보존이 잘된 곳이 90감으로, 총 1600여 존(尊)의 불신(佛身), 금강역사(金剛力士) 등이 헤아려진다.[45]

　　자중성 밖에는 사방(四方)에 마애조상이 있다. 중용산 조상(造像)은 '북암조상(北岩造像)'이라고도 부른다. 그러나 『蜀中名勝記』(卷8)에는 『方輿勝覽』을 인용하여 남암(南岩)으로 '城南五里, 爲南岩, 按即重龍山也.' 잘못 기술하였다. 『輿地紀勝』(卷157)에 수록된 동암(東巖), 서암, 남암, 북암을 자세히 보면 '北巖記云, 東蜀領郡之十

---

45) ① 『輿地紀勝』 卷157 潼川府路 景物下 참조.
　　② 『四川通志』 卷20 山川 11에는 「北巖이 城北의 半里에 있다. 또 千佛巖이 北巖과 서로 접해 있는데, 石壁에 여러 불상을 刻하였다.
　　③ 王熙祥·曾德仁, 「四川資中重龍山摩崖造像」(『文物』 1988－8) p.19 참조.

六, 而江山塊奇, 資中爲之甲.'이라고 한 것으로 보아 북암이 중용산 마애조상을 말한 것이 맞다. 확실히 하기 위해 『方輿勝覽』(卷63) 자주(資州) 산천(山川)조를 살펴보니 북암(北巖)이 맞다. 즉 「北巖……宋京口口記云, 東蜀嶺郡十六, 而山川瑰奇, 資中爲之甲. 資中勝遊十數, 而北巖又爲之最.」라 하고, 분포는 '군자천(君子泉)'과 '고북암(古北巖)'의 상·하 양단으로 암벽에 새겨져 있다. 위의 강산(江山)은 타강(沱江)을 말한다.

무상 스님이 외출해서 영경사로 돌아올 때는 중용산 조상을 오른쪽에 보면서 오랐다고 생각된다. 지금 영경사의 웅장하고 아름다운 석패방(石牌坊)은 명(明)나라 때는 목패방(木牌坊)이었다.[46] 영경사는 중용산 마애조상이 있는 것만이 아니고, 지선(智詵) → 처적(處寂) → 무상(無相)의 세 고승이 연속적으로 주석하였던 곳으로도 유명해진다. 이 말은 영경사가 초기 선종사의 요람지(搖籃地)가 되었다는 뜻으로 명승(名僧)이 주석(住錫)한 명찰(名刹)이란 뜻이다.

3) 傳衣가 寶藏된 菩提道場 德純寺

『大明一統志』(卷71)에는 덕순사가 중강현(中江縣)의 동쪽 성문에 위치 하였다고 했다. 답사 때의 위치를 잡아보면 중용산을 내려오면서 왼쪽으로 방향을 틀면 오른쪽 방향, 즉 동쪽에 서신산(棲神山)을 바라보는 왼쪽이 곡전향(谷田鄕)이다. 덕순사도 곡전향에 속한다.

이곳에 채금전(采金田)이 있다.

---

46) 四川省文物管理局,『四川文物志』中 (巴蜀書社, 2006) p.928「資中縣重龍山永慶寺明代木牌坊」참조.

〈사진 19〉 采金田에서 설경대와 덕순사 가는 길이 오른쪽에 있다

　전해오는 채금전의 전설(傳說)은 앞에서와 같이 어느날 무상 선사가 이곳을 지나다가 불경을 빠트렸는데 물밑에서 금빛이 났기 때문에 주민들이 몰려들어 건지려 했으나 아무것도 찾지 못하였다. 이 불교설화(佛敎說話)가 무엇을 뜻하는지는 알수 없으나 필자는 자양분이 풍부한 물속에 허황된 망상을 버리고 선정(禪定)이란 씨앗을 심으면 지혜(智慧)가 생겨 난다는 이야기를 전해주려는 것이라고 생각된다. 주변에 무상 선사와 관련된 덕순사(德純寺), 설경대(說經台), 천곡산(天谷山), 탁석감(卓錫龕)등의 선적(禪蹟)이 있기 때문이 아닐까? 덕순사 주변에는 무상 선사와 관련된 채금전(采金田)이외 또 다른 전설은 무상 대사가 김치 대용으로 만든 시래기 무청이 지금까지 내려오고 있다. 이름하여 자중의 토속음식인 시라둥쟌[細嫩冬尖]이다. 이곳에서 말하는 '시라'는 무청을 삶아 말린 '시래기'가 착음(借音)된 것으로 무상 대사 때부터 내려왔다는 것이다. 왜냐하면 한국에서는 지금도 말린 음식은 사찰음식으로 많

이 쓰이기 때문이다. 이곳의 '시라'는 국을 만드는 재료이지만 본래 한국에서는 '시래기전', '시래기밥' 등 다양하게 발달하였다. 내가 먹어 본 이곳의 '시라'는 색깔이 검고 맛이 거칠었다. 또 '시라'라는 이름도 한국말 '시래기'에서 나온 듯하다. 이 고장만의 토속 음식인 시래기는 마트(mart)에서 팔고 있었다. 무상 대사가 이곳 음식에까지 영향을 끼친 흔적이 남아 있다고 생각하니 참으로 고승의 힘이 크다. 한국사찰 음식을 연구하는 전문가에 의하면 비타민B1, 비타민C가 많다고 한다.

중국에는 다음과 같은 명구(名句)가 있다. "촉[四川]을 말하려고 하면 선(禪)을 알아야 하고, 선을 말할 때는 촉(蜀)을 알지 않으면 안 된다(故言蜀者不可知禪, 而言禪者尤不可不知蜀)."47)

이 말은 사천 지방이 정중·보당선파(淨衆·保唐禪派)의 본 고장으로 불사(佛事)가 극성한 데서 나왔을 것이다.48) 비록 성도에 정토종(淨土宗)이 들어왔지만 그 세력이 미미하였기 때문에 불사(佛事)가 극성하였다는 말은 정중·보당선파(淨衆·保唐禪派)를 두고 말한 것으로 본다. 이 점에서 보면 사람이 많이 모여드는 대도회(大都會)인 성도(成都)는 정중종의 도시였다고 말해도 좋을 것이다.

정중종의 법통(法統)은 5조(祖) 홍인(弘忍)에서부터 비롯되었을 뿐만 아니라 이의 중심에 무상 대사의 삼구용심(三句用心)이 자리하였다. 이 또한 달마(達摩)로부터 전한다고 하였다. 또 홍주종(洪州宗)을 창립한 마조(馬祖) 선사도 앞에서와 같이 초기 선종사에서

---

47) 馮學成·趙立明,『巴蜀禪燈錄』(成都出版社, 1992) p.3 序言 참조.

48)『蘇東坡全集(前集)』卷40「大聖慈寺大悲圓通閣記」에 '成都, 西南大都會也, 於佛事最盛, 而大悲之像, 未覩其傑.' 蘇軾의 字는 子瞻, 號는 東坡居士이다. 眉州 眉山(지금 四川 眉州)人이다. 그의 先代가 眉州에서 任官하였다. 眉山에 定居한 배경은『蘇東坡全集』Ⅰ(珠海出版社, 1996) p.1 前言 참조.

는 무상 대사의 제자일 뿐만 아니라 초기에는 정중종을 대표하는 거장(巨匠)이 많았다.[49]

이와 같이 정중·보당선파의 중심에는 신라왕자 무상 대사가 있었다. 그는 남북종 어느 쪽에도 치우치지 아니하는 균형감각을 지녔다. 때문에 사천선종이 자리한 독립된 지리환경으로 인하여 남종(南宗)이 북벌(北伐) 때 비켜갔다. 그 이유는 잘 알 수 없으나 독립된 지리환경과 마선사에 의한 홍주종(洪州宗)이 유행(流行)하기 이전의 시점 때문일 것이다. 무상 선사가 정중종을 크게 떨치고 있을 때는 홍주종(洪州宗)이 아직 출현하기 전이지만 마조로부터 어떤 묵인 된 일 때문일런지도 모른다. 마조의 고향은 성도 북쪽인 십방시 마조촌(什邡市馬祖村)이다. 자중(資中)에는 무상 대사가 머물고, 수행했던 실제의 선적(禪迹)이 많다. ① 영경사(永慶寺), ② 덕순사(德純寺), ③ 천곡산(天谷山) ④ 탁석감(卓錫龕)등이 대표된다.

위 ①은 덕순사와 약 4킬로 떨어진 곳으로 현성(縣城)과 멀지 않다. 지선(智詵) → 처적(處寂) → 무상(無相)이 주석하였던 명찰(名刹)이다. 주변에는 중용산(重龍山) 마애석각이 유명하다. ③은 처적 선사로부터 준엄한 두타행(頭陀行)을 사사받고 용맹정진의 입정(入定)에 들어갔던 바로 그 심곡(深谷)의 골짜기이다. 덕순사와는 약 12킬로 떨어져 있다. ④는『輿地紀勝』(卷157)에 기록되어 있으나 현재 찾을 수가 없다. 오직 무상의 선종(禪蹤) ①②는 가까운 거리에 있기 때문에 무상이 주석(住錫)한 장소를 말한 때는 같은 곳이 된다.

①이 정중종의 세 고승이 주석한 명찰이라면 ②는 정중종의 발

---

49) 卞麟錫,「『景德傳燈錄』에 나타난 無相大師와 馬祖선사의 師資關係」(『第七屆韓國傳統文化國際學術會議』(北京大學, 2006) p.153 참조. 巨匠은 巨將과 통한다.

원지이다. 정중종의 조정(祖庭)은 당연히 정중본원(淨衆本院)인 정중사가 되어야 한다. 그러나 절터조차 찾을 길이 없기 때문에 필자가 문장으로나마 정중사지(淨衆寺址)를 추정적으로 재구성(再構成)하려 한다. 그러면 ②에 관한 자세한 설명부터 살펴보자.

지난(2006) 7월 성도의 친구 다이[岱] 씨로부터 덕순사가 중창되고 있다는 전화연락을 받고, 다시 성도에 도착한 것이 8월 6일이었다. 성(省)도서관을 둘러 다음날 일찍 자중으로 떠났다. 고속도로를 빠져나와 삼거리 고갯길에 접어들자 현정부의 여행국장(陳明毅), 종교국장(鄧俊秀), 그리고 향토사학자인 철파락(鐵波樂) 씨가 마중 나와 있었다. 그들은 점심시간이 지났음에도 우리를 기다려 준 성의가 대단하였다. 성도의 중국친구가 단단히 부탁한 탓으로 짐작되었다.

덕순사로 가는 길은 시내를 들르지 않고, 직접 가는 새 길이 뚫려 포장돼 있었다. '김선로(金禪路)'라는 이름이 붙혀졌다. 무상 선사를 기념하는 길이다. 차가 덕순사 앞의 태자광장(太子廣場)에 들어서자 주지 스님(淸德大和尙), 시봉 스님, 인부들이 환영해 주었다. 태자광장도 무상 선사를 기념하여 붙여진 이름이다. 청덕 스님은 불교협회 부회장을 맡은 바도 있었던 지명도 높은 스님이다. 미리 종교국장이 연락을 해 놓았기 때문인지 아니면 행사 때부터 내려온 형식인지 브리핑부터 시작되었다. 설계된 산문, 조사당, 관음전, 장경루, 진열관, 상방(廂房) 중에서 조사당(祖師堂)만 먼저 완공되었고, 관음전(觀音殿)은 골조가 세워지고 있었다. 귀중한 설계도 1부를 얻었다.

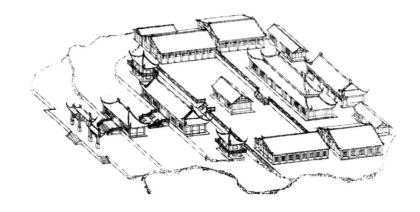

〈그림 12〉 寧國寺修復圖

4) 四證堂碑가 세워진 慧義精舍

필자의 답사 경험에서 보면 성도를 중심으로 반경 200킬로가 무상 대사가 활동한 지역이 된다. 삼태(三台) 혜의정사 남선원사중당(南禪院四證堂)에는 무상 선사, 무주 선사, 도일 선사, 지장 선사가 사정(四証)으로 모셔졌는데, 익주(益州) 무상 대사(無相大師)를 첫머리의 일정(一証)으로 배치하였다.50) 찬문에서도 마조 대사보다 양이 훨씬 많다. 이것으로 보아 마조 선사는 남악으로 떠나기 전까지 검남(劍南)선종의 거장, 모범이었음을 말해 준다. 지장(智藏) 대사는 마조 대사의 제자이기 때문에 검남선종과 관계가 없지만 자동으로 따라 나온 것이다. 때문에 사정(四証)이란 거의 정중종의 대표, 모범의 뜻이 포함되었다.

삼태 혜의사는 이상은(李商隱)이 지은『당재주혜의정사남선원사

---

50)『宋高僧傳』卷19「至開成中, 李商隱作梓州四証堂碑, 推相爲一証也.」

증당비명병서(唐梓州慧義精舍南禪院四証堂碑銘幷序)』가 청나라 때 편찬된 『全唐文』(卷 780)에 그대로 실려 있다. 호적(胡適)에 의하면 검남동천절도사(劍南東川節度使) 유중영(柳仲郢)이 혜의정사 남선원 사증당비(南禪院四證堂碑)를 세울때 이상은(李商隱)에게 '四證堂碑銘'을 지어 줄것을 청하였다. 그런데 이상은의 『樊南文集補編』(卷 10)에는 귀안(歸安), 전진윤(錢振倫), 전진상(錢振常)의 잔주본(箋注本)이 있지만 아쉽게도 이들은 위 4증의 화상(和尚)이 누구인지를 몰랐다고 말하고 있다51).

이 밖에 『四川歷代碑刻』(高文)과 최근에 출판된 『巴蜀佛敎碑文集成』(巴蜀書店, 2004)에도 수록되었다. 또 삼태 혜의사는 청나라 때부터 금천사(琴泉寺)라고도 불렀다. 금천은 후전(後殿)의 관음동에서 떨어지는 물방울 소리가 가야금 소리를 낸다고 해서 부쳐진 이름이다. 본래는 천불감(千佛龕) 자리에 있었으나 당나라 때 지금의 산 위로 자리를 옮겼다고 한다. 정확히 말하면 북주(北周) 때 창건된 안창사(安昌寺) 유지 위에 당나라 초 혜의사가 세워졌다.52) 또 이상은(李商隱)의 불교문학에서 소개되고 있는 '四證臺記'가 있다. 즉 장평산(長平山) 혜의정사의 장경원(藏經院)에는 석벽(石壁)이 붙은 다섯 칸을 짓고, 『妙法蓮華經』(7卷), 『四證臺記』, 『彌勒院碑』, 『佛頌』 등을 새겨 넣었다.53)

---

51) 『胡適手稿』(胡適紀念館, 1970) 7집 p.339 참조.
52) 王勃, 「梓州慧義寺碑銘幷序」『巴蜀佛敎碑文集成』, (巴蜀書店, 2004) p.25 「慧義寺, 則安昌寺之遺基.」
53) 龔鵬程, 『佛敎與佛學』(台湾, 新文豊出版公司, 1996) p.9 참조.

〈사진 20〉 지금의 琴泉寺山門

이번 답사는 필자가 1995년 1차 답사 때 알게 된 좌계 씨(左啓: 삼태현 문물관리 소장)와의 전화연락에서 한번 들러 달라는 요청 때문에 그동안의 출판물이 있지 않을까 하는 기대에서 찾았으나 청나라 『縣志』에서 뽑아낸 얇은 혜의사 지도책자 하나로 만족하였다. 그동안 성도는 필자가 14 차례 답사하였지만 성과는 미미하였다. 혜의사는 성도의 대자사(방장: 大恩)가 심도 있는 계획을 세워 무상 대사 연구를 주도하고 있는 것과는 사뭇 달랐다.

필자는 2005년 봄 이들 연구팀이 모이는 장소에 동석하는 영광을 얻어 그들의 연구 대강(大綱)을 엿볼 수 있었다. 중요 과제는 ① 정중·보당파, ② 무상의 인성염불(引聲念佛), ③ 천곡산(天谷山), 금곡산(金谷山)의 암하, ④ 정중·보당선파와 성도 등 광범위한 조목으로 짜여 있었다. 필자는 무상과 고대 티베트 선종과의 관계, 즉 『歷代法寶記』(무주계)의 선종이 티베트에 전파된 것을 앞으로 연구하면 좋을 것이라고 말해 주면서, 『바세(sBa-bžhed)』기록을 이해하고 『티베트발전사』를 저술한 석석(石碩: 사천대학 역사과) 교수를 소개해 주었다.

2005년 8월 십방시(什邡市)가 주최한 마조 선사에 관한 국제 학술회의에서 미리 실무진에 초대되어 봄부터 환대를 받고, 이학동(李學東, 江原大) 교수와 초청장을 받았지만 귀국 후 독감으로 인하여 장기간 입원하였기 때문에 불참하고 말았다. 이 연구 제목이 바로 그때 예정된 것이다. 그리고 이해 봄에 자주(資州)를 답사하여 많은 의문을 풀었다. 답사는 문헌이나 전설을 이해하고 푸는 데 중요한 연구방법이다.

3. 德純寺 주변의 無相 禪蹤

덕순사 주변에는 무상 선사의 체취가 녹아 있는 유적지가 많다. 남송 때 왕상지(王象之)가 엮은 『輿地紀勝』(卷200)에는 우리가 찾고자 하는 무상 선종(無相禪蹤)이 보고(寶庫)처럼 쏟아진다. 그만큼 많이 담겨져 있다. 『歷代法寶記』가 무상 선사의 선지(禪旨)와 사상을 풍부하게 담은 보고(寶庫)라고 한다면 『輿地紀勝』(卷157)은 무상 선사의 선종을 담은 그릇이라 할 것이다.

1) 天谷山의 巖下

『歷代法寶記』(無相章), 『宋高僧傳』(卷19)에는 천곡산이 자리한 위치의 설명이 없다. 이곳은 무상 선사가 준엄한 두타행(頭陀行)을 행한 수행처(修行處)로 유명하다. 이들 기록 가운데는 무상 선사가 한

번은 천곡산에서부터 덕순사에 직접 왔던(吾從天谷山, 來至資州德純寺) 사실을 미루어 보면 그 거리는 그다지 멀지 않았음을 알게 한다.

『輿地紀勝』(卷157)에는 자중현(資中縣) 성 밖에는 북·동·서·남암(南巖)을 적었다. 이 가운데 천곡산에 있는 당송시대 마애조상(摩崖造像)이 있는 서암(西巖)이 자중현상(資中縣城)에서 6리(里) 밖에 있다. 서암의 마애조상은 97감(龕), 1011(身)으로 조사되었다. 규모에 있어서나 장대함이 북암에 뒤떨어진다.

그러나 중국 문물국(文物局)에서 펴낸『四川文物』(4冊)에는 아직도 서암에 관한 조사보고서가 없기 때문에『輿地紀勝』(卷157)에 수록된 기록에 의존할 수밖에 없다. 최근에 간략하지만 조사된 글이 있을 뿐이다.[54] 오직 참고할 수 있는 것은 위『輿地紀勝』뿐이다.

현재 이곳을 가려면 발동선(發動船)으로 타강(沱江)을 30분 정도 가다가 임시 선착장(船着場)에 닿지만 옛날에도 그랬으리라 본다. 이유는『輿地紀勝』(卷157)에 '산을 나선 지 백 보를 넘으면 석벽에 난 좁은 길'(山行踰百步, 石壁夾道) 이 성(城)처럼 기점(起點)을 이루고 있다고 말했기 때문이다. 만약에 산길이 나 있었다면 '100보를 지나면'이란 표현이 없었을 것이다. 석벽은 양쪽 암벽을 두고 말했을 것이다. 지금도 이곳까지 오는 산길이 보이지 않을 정도로 험악한 숲으로 덮혔다. 이와 같이 석벽에 좁은 길이 나 있었다고 말한 것으로 보아 발밑 아래는 깊은 계곡이 형성되었고, 위의 석벽에는 오로지 좁은 협도(夾道)에 의지하여 석감(石龕)이 있는 곳으로 가든지 아니면 나한동굴(羅漢洞窟) 쪽에 갈 수 있었을 것이다. 지금은 흙이 퇴적되어 깊은 계곡이 사라지고 점차 논으로 변하였다. 아울러 석벽의 좁은 길은 없어졌다.

---

54) 鐵波樂『資州攬勝』(內江作家協會編輯出版, 2001) p.27 西巖與北巖 참조.

이 계곡은 양편에 석벽을 두고 있어서 이 석벽과 정상을 이어서 보면 그 모양이 마치 천(天)자 모양을 닮았다. 속칭(俗稱)으로 송나라 때는 천곡산(天谷山)이라고 불렀던 것 같다. 명나라 때는 초단산(醮壇山)이라 불렀던 것이 지금까지 이어지고 있다.『宋高僧傳』(卷19)은 천곡산이란 속칭을 채택한 듯 하다. 이곳을 찾기까지 많은 시간을 보냈다. 처음에는 도강언(都江堰) 청성산을 집중적으로 답사하였다. 그 이유는 청성산(靑城山)을 일명 천곡산(天谷山)으로 부를 때도 있으나 자중(資中)과는 너무 거리가 멀기 때문에 부합되지 않다는 것을 나중에 알았다. 자중의 천곡산이 당나라 때부터 불리워 진 것은 명확하다. 지금도 초단산(醮壇山) 어하구(御河溝)라고 부른다. 어하구의 길이는 현재 500여 미터이고, 폭은 30 - 50여 미터의 계곡이다. 계곡 밖은 숲이 우거진 음산한 곳이다.

추운 겨울철이나 비를 피해 무상 선사는 이 동굴에서 두타행(頭陀行)에 빠졌을 것이다. 기록에는 한번 입정(入定)하면 닷새 동안 먹지 않고, 눕지도 않고 좌선에 전념하였다.

〈사진 21〉山貌가 天字모양의 天谷山

〈사진 22〉天谷山 羅漢洞 옆의 聖蹟을 기념하는 刻字

〈사진 23〉西巖, 天谷山 唐宋石佛龕

〈사진 24〉西巖, 天谷山 造像石龕

〈사진 25〉西巖造像石龕

2) 卓錫龕

반석현(盤石縣) 북쪽 110리(里)에 있는 오공원(悟空院)에 자리하
였다. 우연인지는 모르나 천태산(天台山) 국청사(國淸寺) 앞의 신라

원(新羅園)이 신라 오공(悟空) 선사에 의해 창건되었기 때문에 주목하였다. 어떤 관련성이 있는지 큰 기대는 갖지 안지만 그대로 넘길 수는 없다.

위치에 큰 변화가 없는 것이 반석산(盤石山)일 것이다. 즉 반석(盤石) 때문에 현명(縣名)까지 이름 지어졌다고 했기 때문에 탁석감을 찾는 데 반석산(盤石山)부터 찾아야 할 것이다.

어쨌든 서신산(棲神山), 반석산(盤石山)은 고승(高僧)들이 수행(修行)한 유적이 많을 것이다. 이 같은 곳에 무상 선사의 체취가 가득 녹아 있는 선종(禪蹤)이 있다는 것은 예사로운 일이 아니다. 그것은 다름 아니라 무상 선사가 이곳 석감(石龕)에서 탁석(卓錫)했다고 해서 붙여진 이른바 '卓錫龕'이 있기 때문이다.[55] 즉 '卓石龕'이란 이름이 주어진 유래(由來)가 무상 선사에서부터 비롯되었다.

반석현(盤石縣)에 자리한 무상 선사의 '卓錫龕'은 『輿地紀勝』이 편찬된 남송(南宋) 때와 그다지 멀지 않기 때문에 사료가치가 높다.

그런데 주목되는 것은 무상 선사를 당영유(唐令柔) 선사의 제자라고 말한 것이다. 그는 본래 근주자사(圻州刺史)였는데, 지선(智詵) 선사의 명망을 듣고 귀의하였다. 속성이 당(唐)이다. 당화상(唐和尙) 처적(處寂)과 다른 당씨 성을 가진 학인(學人)이다.

3) 富國鎭 新羅僧 遺蹟

『輿地紀勝』(卷154)에는 부국진 신라승의 기적(奇蹟)을 다음과 같이 전하고 있다.

---

55) 『輿地紀勝』 卷157 潼川路景物下「金和尙自稱新羅國人. 在資州棲神山 祝髮, 嘗卓錫于此. 有石龕因以名焉.」

옛날 무염정(無鹽井) 터에 당나라 때 신라승이 촉(蜀)을 두루 행각하고, 이곳에 와서 가리키는 곳을 파자 함천(鹹泉)이 펄펄 치솟자 사원(寺院)을 세우고, 탑(塔)을 세워 유구(遺軀)를 모셨[奉]다. 그런데 매년 늦은 봄이면 앵무새 떼[鸚鸚羣]가 탑 위에 앉는데, 『輿地紀勝』(卷200)이 편찬된 남송 때까지만 해도 여전히 존재하여 그 광경을 볼 수 있었다고 본다.

부국진(富國鎭) 신라승이 혹시나 최치원(崔致遠)이 찬(撰)한 「大唐新羅國故鳳巖山寺敎諡智證大師寂照之塔碑銘幷序」에 나오는 '益州金 이외의 鎭州金者'가 아닐까? 왜냐하면 최치원(崔致遠)이 비문에서 말한 진주김자(鎭州金者)와 법호(法號)가 비슷하기 때문이다. 이로써 최치원이 말한 성도에는 몇 명의 신라승이 찾아진다. 즉 「靜衆無相」「益州金」「鎭州金者」가 이들이다.[56] 진주(鎭州)는 하북(河北)에 있는 도시이다.

4. 募建造寺를 통한 成都의 後期 발자취③
― 成都의 淨衆本院

정중사(淨衆寺)의 표기는 문헌에 따라 다르게 나타난다. ① 정천사(淨泉寺), ② 정중사(靜衆寺), ③ 정중사(淨衆寺)이다.

위 ①은 『歷代法寶記』 ②는 이상은(李商隱)이 찬(撰)한 '唐梓州慧義精舍南禪院四證堂碑銘幷序'와 신라인 최인연(崔仁渷) 찬(撰)의 '太子寺朗空大師白月栖雲塔碑' (『朝鮮金石總覽』上, p.183), 그리고 「寂照塔碑銘」(p.90)에서 보인다. ③은 『宋高僧傳』(卷19), 『圓覺經

---

56) 『朝鮮金石總覽』上, p.90 참조.

大疏鈔』(卷3之下)에서도 보인다. 중국 사적(史籍)에서 주로 채택된 것은 ①이 20세기 초에 처음으로 출토되었기 때문에 중국 전적(典籍)에 영향을 주지 못한 반면에 ③은 송나라 이후 전세(傳世)되었기 때문에 모든 전적이 이를 원사료로 채택했을 뿐만 아니라 당나라 때 표기된 글자이다. '靜'과 '淨'은 동음(同音)이며 ①의 '泉'과 '衆'은 글자모양이 유사하여 착오를 일으킨 것으로 본다. 오늘날 우리가 쓰는 정중사(淨衆寺)는 『宋高僧傳』(卷19)에 따라 쓰게 된 것이다.

1) 淨衆寺 옛 절터(故址)

(1) 옛 절터의 位置比定

정중사의 조상(造像)이 출토된 곳이 절터(寺址)임에는 틀림이 없으나, 이곳을 밝히기에는 간단하지가 않다. 왜냐하면 지금까지 정중사지(寺址)는 조상이 4곳에서 출토되었기 때문이다. 그것도 오랜 시간이 지난 후이다.

위치비정을 하는 데는 두 가지가 있다. 하나는 조상(造像)이 출토된 지점이고, 다른 하나는 문헌기록이다. 전자라 할지라도 사찰의 범위를 정하는 것이 쉽지가 않다. 후자의 기록에 의하면 사찰이 크고 광범위하기 때문에 방향만으로 알기가 쉽지 않다.

정중사의 의미부터 말해 본다면 정중은 『景德傳燈錄』(卷9)에서와 같이 중생의 마음을 정결(淨潔)하게 한다[淨衆生之心]는 말에서 따온 듯하다. 즉 마음을 맑게 한다는 뜻이다. 또 『歷代法寶記』에는 무주(無住) 선사가 자재(自在) 화상을 참알(參謁)했을 때 자재 화상이 말하기를 "맑고 깨끗한 가운데, 깨끗한 생각이 없는 것이 진정

한 불성이다[自在和上說, 淨中無淨想, 卽是眞淨佛性.]"라고 했다. 고
요한 마음을 만드는 것이 정결이다. 불교에서는 본래의 심성이 매
이지 않고, 집착않는 정결[心性本潔]에서 출발하였다. 그러므로 정중
사(淨衆寺)라고 할 때 속세의 때를 씻고 마음을 정결(淨潔)하는 의
미와 부처님의 땅이란 의미가 어우러진 의미소(意味素)가 담겨졌다.

후자는 전적으로 원대한 불국토(佛國土)가 무상 선사에 의하여
조성되었다. 무주 선사가 세운 보당종(保唐宗)도 사찰 이름에서 붙
여진 것이지만 그 뜻은 분명치가 않다.

위치를 비정하는 데는 『明天啓成都府志』(卷1 興圖)와 「光緒五
年圖」,「光緒三十年圖」(『成都城坊古蹟考』附錄)의 그림이 비록 직
사각형으로 표시되었지만 방향을 대충 잡는 데 참고가 되었다. 이
것을 제외하고 지금까지 위치를 짐작할 수 있는 문헌이 아무것도
없다.

실례를 들자면 성도(成都)의 가명(街名) 118개 가운데 사찰로 인
하여 얻은 거리[街名]가 적지 않은데 정중사는 그것조차[淨衆寺街]
없다.[57] 정거사가(淨居寺街)가 있기는 하지만 방향이 성도 동쪽 5
리(里)에 있기 때문에 정중사와 관계가 없다. 만복교(萬福橋)는 정
중사 옛 절터와 가깝지만 다리에 붙여진 이름이다.[58] 또 유지원
(劉志遠)·유정벽(劉廷壁)이 공편한 『成都万佛寺石刻藝術』(中國古
典藝術出版社, 1958)에서 '만불교(萬佛橋) 부근'이라고 말한 것은
잘못된 것이 아닐까? 왜냐하면 범위를 잡아 나간 것이 아니고 또
조상(造像)이 출토된 지점과 멀기 때문이다.[59]

---

57) 吳世先,『成都城區街名通覽』(成都出版社, 1992) pp.14-16「17寺街,
庵街」, 그리고『成都城坊古蹟考』(四川人民出版社, 1987) p.408「文殊
院街; p.401 大慈寺街(夜市)」참조.
58) 四川省文史館,『成都城坊古蹟考』(四川人民出版社, 1997) p.406 참조.

청나라 말기에 정중사 옛 절터에서 출토된 조상(造像)의 지점을 상세하게 적기(摘記)했더라면 좋았을 것이다. 이보다 늦은 민국시 대의 다른 지역의 조사보고[金陵古蹟圖]를 보면 엄청나게 세밀하 고, 상세함을 보고, 왕의영의 글과 비교되었다.60) 더욱 도시화가 덜 되었던 1950년대의 출판물에서 출토지점이 명기되지 못한 것이 퍽 아쉽다.

전자는 청 말의 중앙관리(國子監祭酒·국립대학총장)였던 왕의 영(王懿榮)이 쓴 『天壤閣褉記』(1895)를 두고 말한 것이다. 그는 1899년 자신의 학질병 치유를 위해 특효가 있다는 용골(龍骨) 때 문에 갑골문(甲骨文)을 처음으로 발견하였다. 그는 본래 금석학(金 石學)에 조예가 깊었다. 그가 천부(天府‥成都)에 와서 잔조상(殘 造像)을 발견하고 수집한 것이 갑골문발견 보다 약간 앞선 4년 전이라는 것을 이 글을 쓰면서 비로소 알았다.

후자는 유지원(劉志遠)·유정벽(劉廷璧)이 공편한 『成都萬佛寺石 刻藝術』(中國古典藝術出版社, 1958)이다. 여기서는 단지 '西門外萬 佛橋附近'이라고만 하였다. 이 같은 위치 설명은 최근까지도 영향 을 주어 이때 말한 지점(地點)을 벗어나지 못하고 있다.61)

서문(西門)에서 볼 때 잔불상(殘佛像)이 출토된 정중사 구지(旧 址)가 수덕중학(樹德中學) 자리와 만불교(萬佛橋)는 서로의 거리가 멀다. [明]『四川成都府志』(卷1 興圖)의 만불사(萬佛寺)와 『成都城 坊古蹟考』(光緖 30年圖)의 직사각형의 정중사 위치를 묶어 볼 때

59) 劉志遠·劉廷璧, 『成都万佛寺石刻藝術』(中國古典藝術出版社, 1958) p.1 「万佛寺廢址, 在成都西門外万佛橋附近.」

60) 朱偰, 『金陵古蹟圖考』(商務印書館, 1936) 참조.

61) 楊泓, 「四川早期佛敎造像」(『峨嵋山與巴蜀佛敎』(宗敎文化出版社, 2004) p.288 「成都市的南北朝石刻造像, 主要出土于西門外万佛寺舊址.」

'萬佛橋附近'이라고 말한 것은 정중사가 부하(府河)에 너무 가깝다는 약점이 있다. 더욱 만불교는 부성(府城)의 서북과 다른 서동(西東)에 치우치는 방향이다.

즉 전자는 다만 '成都西關有萬佛寺故址'라고만 했다. 즉, 정중사의 '옛 절터'라고 말한 것으로 미루어 볼 때, 사찰은 이미 청나라 때는 존재하지 않았던 것이다. 명 말의 병화(兵火)로 인하여 소실되어 황폐화되었다고 보기 때문이다. 이보다 늦게 출판된 후자의 편자(編者)들도 출토지점을 정확히 말하기가 어려웠을 것이다.

뿐만 아니라 흩어진 조상(造像)들이 원래의 출토지를 벗어나서 수습(收拾)되는 경우도 있었기 때문일 것이다. 이들은 현재 성박물관, 사천대학박물관과 대자사진열관[大慈寺出土物]에서 볼 수 있다.

필자는 몇 차례 정중사 절터를 추정해 보기 위해 마가화원로(馬家花園路)와 수덕중학(樹德中學) 일대를 답사한 적이 있다. 답사의 목적은 철2국 직공숙사(職工宿舍)가 사찰 중심부인가를 비정(比定)하기 위해 하천(河川)을 조사하였다. 어려웠던 일은 하천이 매립되고, 복개되어 찾기가 어려웠던 것이다. 다행히 철2국(鐵二局) 맞은편의 마가화원빈관(馬家花園賓館) 안쪽에 이름 모를 지천(支川)이 매립으로 좁혀진 상태에서 북남방향으로 흐르고 있었다. 이 지천들이 부하(府河)와 합류되든지 또 어떤 것은 금수하(金水河)에 내려간다. 복원한「광서(光緒) 30年圖」에서 뚜렷이 보게 된다. 현재 빈관(賓館)은 군부대의 차량수리창으로 쓰이고 있다.

〈그림 13〉四川成都府志의 西門圖

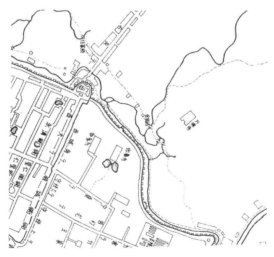

〈그림 14〉光緒三十年圖의 萬佛寺

이 지천의 발견으로 철2국이 사찰중심부가 아닐 수 있다는 결론을 내리게 되었다. 그 이유는 다음과 같다.

첫째, 현재의 마가화원로는 서북교(西北橋) 아래를 흐르는 부하(府河)와 가깝다는 것, 약 300미터 떨어진 거리이다. 마가화원로(馬家花園路), 서체북로(西體北路), 부하(府河)는 모두 북쪽에서 남으로 향한다.

이 3가지 흐름의 길을 동서로 연결시킨 것이 지금의 일환로 북일단(一環路北一段)이다. 그러나 옛날은 서문(西門)을 통해 서북쪽 정중사로 갔기 때문에 부하와 가깝다는 것은 승경(勝景)이 아닌 평지일 가능성이 높다는 것. 그러나 풍경이 빼어난 통금원(通錦苑)이 옆에 자리하였다.

둘째, 정중사가 자리한 지형(地形)이 어떠하였는지 지금으로서는 알 수가 없다는 것.

그러나 『蜀中名勝記』(卷2)에 '西門之勝'이란 글귀가 있기 때문에 정중사가 서문 밖의 승경(勝景)이었음을 분명히 말해 준다. 즉 성서(城西)의 고적명승(古迹名勝) 또는 승적(勝迹)으로 불려졌다. 이 말은 정중사가 자연환경이 좋은 명승지 일 뿐만 아니라 또 자연미가 가득 찬 불교조각, 예술(藝術)의 성지(聖地)란 의미가 포함되었다. 그것은 송계(松溪)가 그러하였고, 또 전당(殿堂)의 배치가 그랬을 것이다. 더욱 만물존탑(萬佛尊塔)과 불감(佛龕)을 중심으로 한 아기자기한 자연미의 예술(藝術)로 손꼽혔다. 그것은 서문(西門)을 나와서 유람하는 코스에서 정중사가 두 번째로 포함되었기 때문이다.62)

이와 같이 성서(城西)의 고적명승으로 불렸던 정중사는 많은 사람의 시(詩)에서 보이는 소나무(松), 대나무(竹)가 무성하게 존재하

---

62) 『蜀中名勝記』(卷2)「(歲華紀麗) 正月念八日, 出笮橋門, 即拜保壽候祠, 次詣淨衆寺.」

였음을 알게 한다. 즉 이때의 승경은 푸른 소나무와 맑은 개울물
이 함께 잘 어울리는 송계(松溪)를 두고 말했을 것이다.

당나라 말의 시인 정곡(鄭谷)은 송계의 맑은 물빛이 소나무보다
더 푸르다[松溪水色綠干松]고 읊었다.[63] 본래 소나무와 물은 생명
이 길고 영원한 뜻을 담고 있다.

사찰 경내의 범위는 현재 일환로북일단(一環路北一段)에 붙어 있
는 철2국 직공숙사를 북변으로 하고, 남으로 금선교(金仙橋)와 수
덕중학(樹德中學), 그리고 그 아래 오른쪽의 만복교(萬福橋)를 이을
때 남북이 길고, 남변이 북변보다 긴 엉성한 직사각형이 된다. 필
자가 목측(目測)으로 볼 때 실제는 <그림 15>와 달리 남변이 길게
보였다. 그래야만 부하와 멀리 떨어진 지형에 승경구의 공간이 서
북쪽에 직사각형의 사찰 범위가 생겨난다. 수덕중학 자리가 옛 정
중사 절터의 일부라는 것은 상당한 근거를 갖고 있다. 지금까지
최초로 제시된 공적(公的) 언급이다.[64]

그러나 지금의 수덕중학 자리가 옛 성도리학원(成都理學院)자리
인지는 알 수가 없다. 다만 만복교(萬福橋)에서 그려지는 직사각의
남변 끝에 놓이는 시점으로 보아 가능성이 있다. 여기서 철2국 직
공숙소와는 남북선의 동일선상에 놓인다. 그리고 이 남북선의 서
쪽 외곽에 필자가 발견한 지천(支川)이 같은 방향으로 흐르기 때
문에 사찰의 경계가 이를 넘어서지 안했다고 본다.

---

63) ① [淸] 彭定求 等編, 『全唐詩』(中州古籍出版社, 1996) p.4192 「忍公
小軒」 참조.

② [明] 『蜀中名勝記』 卷2 (重慶出版社, 1984) P.19 참조.

64) 四川省文史館, 『成都城坊古蹟考』(四川人民出版社, 1987) p.402 「淸順
治三年寺全毁. 康熙初重修, 改萬福之名爲万佛寺, 五十三年(1714)建大
殿, 然終未能恢復前代舊觀. 抗日戰爭期間, 樹德中學蒙疏散至此, 民國
三十六年(1947)改建爲成都理學院.」

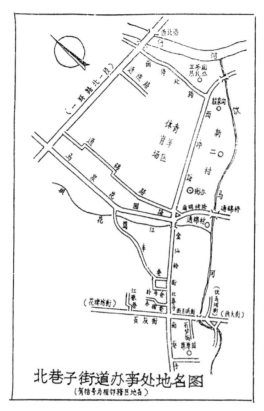

〈그림 15〉 北巷子街道地名圖,
『成都城區街名通覽』(1992)에서 轉載

위에서와 같이 정중사의 옛 절터(舊址)로 추정되는 출토지점과
더불어 ①『蜀中名勝記』(卷2)의 '西門之勝', '金地西郊外', '松溪' '松
溪院' '竹松院' ②『天啓新修成都府志』(卷3)의 '府城西北' ③『同治
成都縣志』(卷2)의 '縣西里許金花橘側' ④『嘉慶一統志』(卷385)의 '成
都縣西北' ⑤『天壤閣褉記』의 '成都西關' 등을 곰곰이 생각해 볼
때 잔불상(殘佛像)의 출토로 이름난 마가화원로(馬家花園路)가 본
래 정중사의 중심부가 아닐 수 있다는 생각이 들었다.

그 이유는 당나라 현종(玄宗) 때 정중사가 중창되었는데, 이때도 파손된 일부의 조상이 동시에 정돈된 징후가 보인다는 것이다. 대대적인 파괴는 무상 대사가 입적한 후 80년 만에 찾아온 회창법난(會昌法難) 때일 것이다. 명나라 때 황휘(黃輝)가 지은 「重建萬福寺碑記」에는 탑호가 없는 큰 탑을 무상 대사가 세웠다.

때문에 필자는 잠정적으로 이를 '萬佛尊塔'이라고 부르고자 한다. 이 탑은 무상 대사가 종래의 잔조상(殘造像)을 정돈하고, 또 새로 불국토(佛國土)를 조성한 이후 사찰의 표지(標識)로 세운 원력(願力)으로 볼 수 있다. 그리고 감(龕)이 본래부터 조성되었다면 이곳에 사암층(砂岩層)이 존재하지 않았을까?

사찰 중심부는 현재의 철2국(鐵二局) 숙사에서부터 직사각형의 남북선상에 놓이는 수덕중학(樹德中學) 동쪽이 중축선(中軸線)으로 보게 된다. 서문(西門)에서 가까운 남향(南向)에 산문(山門), 천왕전(天王殿), 대웅전(大雄殿), 법당(法堂), 장경각(藏經閣)이 배치되었다고 본다. 천왕전 앞에는 좌우 대칭(對稱)으로 종루(鐘樓)와 고루(鼓樓)가 있는 것이 일반적인 사찰의 배치이다. 대웅전과 장경각 사이에는 양측에 동서배전(東西配殿)을 설치하였다. 가람전(伽藍殿), 조사당(祖師堂), 관음전(觀音殿), 약사전(藥師殿), 나한당(羅漢堂)이다. 정중사의 모습을 재구성하는데 있어서 중요한 문헌상 전당(殿堂)의 공간은 만불존탑과 종루, 고루 사이가 된다.

〈사진 26〉祇園精舍布示圖浮彫 1－2世紀, Mardan
出土. National Museum of Pakistan, Karach. The
Route of Buddhist Art(奈良國立博物館, 1988) 轉載.

〈사진 27〉石造如來立像 7－8世紀,　〈사진 28〉淨衆寺出土 釋迦像
　　　　　陝西省西安市郊外出土.　　　　　　　　 (四川省博物館 藏)
　　　　　위의 책, 65 轉載

216

〈사진 29〉 淨衆寺殘造像(四川大學博物館 藏)

또 사암조상(砂岩造像)을 만든 재료가 밖에서 운반되어 온 것인
지 또는 현장에서 조달된 것인지를 알기 위해 지질 조사가 필요하
다. 참고로 운강(雲岡)의 암질(岩質)은 석영(石英)이나 잔돌의 딱딱
한 입자[石粒]로 형성된 사암(砂岩)이기 때문이다.[65] 정중사 옛 절
터의 지질조사는 지금은 지층 아래서 시굴(試堀)할 수밖에 없지만
간단히 끝낼 수가 있다. 지질의 형성이 석산(石山), 아난석(鵝卵石)
또는 탄산개(炭酸鈣)인지를 알기 위해서이다. 그러나 실제는 평지
의 땅일 것이라는 생각을 벗어날 수 없다. 그 이유는 크게 보아
성도가 옥야천리(沃野千里)로 펼쳐졌다고 말하기 때문이다.[66] 옛

65) 田川純三, 『敦煌石窟』(日本放通出版協會, 1982) p.72 참조.
66) ① 『天啓新修成都府志』 卷2 山川總論 「以成都言之, 沃野千里而外, 皆
山也.」

성도는 다른 도시와 달리 도시 곳곳에 강물이 흘러 배가 운행되었
다.67) 그 이유는 상류에 관개용의 물을 조정하는 도강언(都江堰)이
있기 때문이다.

그러나 부분적으로 곳곳에 산림(山林), 죽목(竹木)이 존재하여
소식(疏食)과 과식(果食)에 족하였다고 말한 것으로 보아 제한된
숲 언덕이 여러 곳에 존재하였다고 추정할 수 있다. 당나라 때 지
은 『七祖院小山』이란 시(詩)를 보면 정중사 안에는 가산(假山)인
'小山'이 있었던 것으로 확인된다.68) 때문에 정중사 안에는 소나
무, 시냇물, 대나무, 가산이 잘 어울려 있었다고 본다. 철2국 직공
숙사와 부하 사이에 있는 통금원(通錦苑)이 그것을 말해 주는 좋
은 본보기이다.

이 같은 생각에는 '西門之勝'이란 글귀에서도 상정(想定)할 수
있다.

첫째, 돈황석굴(敦煌石窟)처럼 사암층을 이룬 것이 아닐까?

둘째, 왕의영(王懿榮)이 말했듯이 조상(造像)의 크기가 제각기
달랐다. 큰 것은 집채만 하고, 작은 것은 주먹만 하였다[大者高如
屋, 小者卷石]고 했으니 전적으로 결구(結構)의 전각(殿閣) 안에 안
치했다고 볼 수 없다. 중국의 원서광(袁曙光)은 남조조상(南朝造像)
의 형식에서 볼 때, 하나는 비감식(碑龕式)의 소형조상이고, 다른
하나는 장방형의 대형인 단독조상이다. 전자는 마땅히 대형의 전
당(殿堂) 안에 안치했겠지만69) 그 많은 수량을 어떻게 봉공(奉供)

---

　　②『大淸一統志』卷384 形勢・風俗「沃野千里, 天府之土. ⋯⋯土地
　　　　肥美, 有江水沃野山林竹木, 疏食果食之饒.」
67)『元和郡縣圖志』卷31「成都中皆可行舟.」
68)『蜀中名勝記』卷2 川西道 p.19 七祖院小山詩「小巧功成雨蘚班, 軒車
　　　日日扣松關, 峨眉咫尺無人去, 却向僧窻看假山.」

218

으로 소화했을까? 또 어째서 무더기로 출토되었는가? 이 점이 의문으로 남는다. 다시 말하면 잔조상(殘造像)이 출토된 철2국과 수덕중학이 필자의 눈계산[眼尺]으로 약 600미터가 되기 때문에 연속된 석굴이 아닌 이상 한곳의 전당 안에 안치했다고 볼 수 없다. 여기에는 돈황막고굴(敦煌莫高窟) 제285－307굴의 연속평면도(連續平面圖)를 적용시켜 볼 수 있을 것이다.[70]

셋째, 왕의영은 소상이 파괴된 원인을 촉백(蜀碧)에서 불리는 헌적(獻賊)이 착거(鑿去)해 간 데서 비롯되었다는 '착거(鑿去)'란 글귀가 눈에 띄는데 그 뜻은 전적으로 평지(농토)가 아닌 것을 말해준다. 지형이 평지였다면 응당히 '掘出'이라 했을 것이다. 이른바 '鑿去'는 어느 정도 경사진 곳에서 파헤치는 행위이다. 때문에 정중사의 옛 절터는 경사진 언덕에 붙어 있었다고 보게 된다.

〈사진 30〉馬家花園酒店 안으로 들어 가면 支川을 만난다

69) 袁曙光,「成都万佛寺出土的梁代石刻造像」(『四川文物』1991－3) p.30 참조.
70) 李崇峰,『中印佛敎石窟寺比較硏究』(北京大學出版社, 2003) p.221 참조.

〈사진 31〉西北橋에서 바라본 오른 쪽의 淨衆寺址 方向,
그러나 강변 가까이 있었다고 보지 않는다.

　명나라 때 사천안찰사(四川按察使)이며, 사학가인 조학전(曹學佺)
이 말한 이른바 '西門之勝'은 장의루(張儀樓), 정석순가(淨石笋街),
책교(笮橋), 정중사(淨衆寺)가 가장 저명한 곳으로 거명되었다.[71]
실제로 서문(西門)의 명승고적을 답사하고 목도한 안찰사이며 사학
가인 조학전처럼 권세가, 관료, 귀족, 시인들이 유람하는 곳이 되
자 정중사의 재정도 넉넉해졌을 것이다. 아울러 신도들의 향화(香
火)도 줄을 이었을 것이다.

　서문(西門)을 나오면서 유람하는 순서가 어떻게 되었는지 알 수
없으나 『歲華紀麗譜』에 의하면 책교문(笮橋門)을 나와 보수후사(保
壽侯祠)를 참배하고, 다음으로 정중사에 도착하였다.[72] 『益州記』에
의하면 책교는 주서(州西)에 있었음이 확인되었다.[73] 『光緒五年圖』,

---

71) 『蜀中名勝記』 卷2 川西道 成都 2 참조.
72) 『蜀中名勝記』(重慶出版社, 1984) p.18 참조.
73) 『益州記』에 「司馬相宅在州西笮橋北百許步.」

220

『光緖三十年圖』에 정중사와 주변 거리[街]가 나와 있지 않으나 책 항자(笮巷子: 골목)는 찾을 수 있다. 이 골목은 서쪽 동인로(同仁路) 아래에서 시작하여 동쪽에서 장군아문(將軍衙門)을 바라볼 때 오른쪽에 해당된다.[74] 『大淸一統志』(卷385)에 의하면 책교(笮橋)가 성도현의 서남쪽 4리(里)에 있다고 하였다. 책교는 문강(汶江) 위에 달아 놓은 정감어린 구름다리이다.[75]

조학전의 『蜀中名勝記』(卷2)에는 정곡(鄭谷)이 지은 「西蜀淨衆寺松溪八韻兼寄小華崔處士」를 수록하였다.

소나무가 시냇물로 인하여 이름을 얻었고	松因溪得名,
물소리가 내는 휘파람 소리는 소나무에서 화답한다.	溪吹答松聲。
휘감는 바람이 절을 뚫을 기세이고	繚繞能穿寺,
빼어난 경치는 도성 안에 없다.	幽奇不在城。
찬 연기가 채 가시지 않았는데 재를 짓고 한산하게 흩어지네	寒烟齋后散,
봄비가 밤중에 평지를 적신다.	春雨夜中平。

이른바 '金地西郊外'는 송(宋)나라 때 시인 범진(范鎭)의 「淨衆寺新禪院」에서도 읊어지고 있다. 즉 『歷代法寶記』에 나오는 선원(禪院)과 율원(律院)은 무상 선사가 입적한 이후 서로 바뀌어진 변화인데 선원은 두상공(杜相公)이 정중사를 찾았을 때 이미 없어졌다. 율원은 전통적인 선종사찰에서는 없다. 금지(金地)가 서쪽 교외에 위치하였다.

---

74) 四川省文史館, 『成都城坊古蹟考』(四川人民出版社, 1987) p.256 참조.
75) 『元和郡縣圖志』 卷31 「又謂汶江爲懸笮橋水.」

금지 땅 서쪽 교외에	金地西郊外,
한번 와서 번뇌를 떨쳐 버리지 못한다.	一來煩念據。
선경을 만나지만	但蓬是仙境,
머무는 스님은 적은데	鮮不居僧據。
검푸른 언덕에는 머리를 쳐드는 따오기가 멀리 보인다.	岸緣見翹鶩,
시냇물이 맑고 맑아 물고기가 숨을 곳이 없다.	溪淸無隱魚。
지는 햇살이 사방을 비추면	殘陽已周覽,
가고자 한는곳도 주저 된다.	欲去幾躊躇。

송계(松溪)는 죽림사(竹林寺), 정중본원(淨衆本院)을 부르는 상징적인 후기의 이름이다.[76] 북경대학 정문 앞에 '風如松'이란 책방이 있다. 입구 복도에 시(詩) 한 수가 걸려 있다. 즉 바람이 송림 사이로 빠져드니 비도 제법 적지 않게 동반한다. 정든 책이 바다처럼 쌓이니 항상 선물이 된다(風入松林多帶雨, 情金重書海常獻芹). 이동(李洞)이 지은 「宿成都松溪院」에서도 정중본원(淨衆本院)을 송계원(松溪院)으로 일컬어지고 있다.

때문에 큰 강 근처의 부하(府河)나 일부의 물이 금선교(金仙橋)를 지나 합류, 부하(府河)로 흘러가는 지천들이 수없이 정중사 안밖으로 흘러들어갔다고 생각된다. 마치 강서(江西) 조산사(曹山寺) 안으로 개울물이 흘러내려가는 것과 같다. 정중사가 있었던 '옛 절터'가 마가화원로(馬家花園路)에 있는 철2국(鐵二局) 만이 아니라는 것을 명확히 하기 위해[77] 4차에 걸친 출토지점을 모아 표로 만들어 보았다. 지금까지 발표된 논문과 정리간보(整理簡報)[78] 속

---

76) 『宋高僧傳』 卷19 「先居淨衆本院, 後號松溪是歟.」

77) ① 吳世先, 『成都城區街名通覽』(成都出版社, 1992) p.389 通錦路 참조.
　　② 陳景富, 『中韓佛敎關係一千年』(宗敎文化出版社, 1999) p.584 참조.
　　① 은 万佛寺의 故址를 四川理學院(樹德中學)자리로, ②는 馬家花園路의 철2국직공숙사의 庭園자리로 보았다.

222

에 보이는 깨진 잔불상(殘佛像)의 출토지의 상황을 일목요연하게
표를 만들면 다음과 같다. 아울러 문제가 된 양(梁)나라 석각조상
제기(石刻造像題記)는『巴蜀佛敎碑文集成』(巴蜀書社, 2004)에서 쉽
게 찾을 수 있다.79)

무상 대사가 직접 세웠다는 1만 부처가 새겨[鎬]진 만불존탑(万佛
尊塔)80) 자리도 본전(本殿)앞이 아니면 이와 약간 벗어난 높은 지점
이었을 것이다. 만불사(万佛寺)란 명칭은 이 탑에서 연유된 것이다.
이것은 「重建萬福寺碑記」(『天啓成都府志』卷53)에도 필사본으로 수
록되었기 때문에 서로 대조함으로써 속자(俗字), 별자(別字)를 극복
할 수 있다. <도판>의 관음입상감은『成都萬佛寺石刻藝術』(中國古
典藝術出版社, 1958) 소재의 No.6과 대조하면 당시 상단에 삼각형
의 떨어져 나간 부분이 약간 수리(修理)가 되었음을 알 수 있다.

78) ① 袁曙光,「四川省博物館藏万佛寺石刻造像整理簡報」(『文物』2000－1)
    pp.19－44 참조.
  ② 劉志遠·劉廷壁,『成都万佛寺石刻藝術』, (中國古典藝術出版社, 1958)
    PP.1－4 참조.
  ③ 馮漢驥,「成都万佛寺石刻造像」(『文物參攷資料』1954－9) 참조.
79) ① 龍顯昭,『成都萬佛寺梁造像題記四』(『巴蜀佛敎碑文集成』, 2004) pp.3
    －6 참조.
  ② 袁曙光,『成都萬佛寺出土梁代石刻造像』(『四川文物』, 1991－3) p.30
    참조.
80) 黃輝,「重建萬福寺碑記」『巴蜀佛敎碑文集成』(巴蜀書社, 2004) p.439 참조.

〈표 4〉 殘造像出土表

區分\次數	年 代	出土地	出土遺物	文 獻	頁	備 考
1	光緒 8 (1882)	西關万佛寺 故址	殘佛像, 石刻碑, 經幢 등 약 100점	『天壤閣襍記』	5-6	故址는 옛 절터의 뜻임. 襍記의 刊行은 1895년임
2	1937	農地	佛像 12尊, 佛頭 26점	『成都万佛寺石刻藝術』	3-4	
3	1945-1946	前四川 理學院	大小殘佛造像 약 30점	『成都文物』 1985-1 勃揚, 有關成都万佛寺的幾個問題; 『文物』 2000-1, 袁曙光, 四川省博物館藏万佛寺石刻造像整理簡報	35\n\n19-44	出土造像이 가장 많았다고 전함. 모두 기초공사 때 다시 매립되었음.
4	1953. 11-1954. 10	鐵2局 기초공사 때	殘佛像, 菩薩像, 佛頭 등 200여 점	『成都万佛寺石刻藝術』	3-4	

(2) 中軸線 配置의 추정적 再構成

정중사를 추정적으로 재구성해 본다는 것은 존재하지 않는 사찰을 글(文章)을 통해 그려 보는 데 의미가 있다. 정중사의 절터는 명나라 이후 오랜 세월 동안 황폐화되어 버렸기 때문에 그 범위를 정하기가 쉽지 않다.

배치도가 남겨져 있지 않은 상황에서 이미 도시화가 되어 버린 위치를 찾기란 쉽지가 않다. 그럼에도 여러 문헌 속에 나타나는 전우(殿宇)들을 조각으로 모아 재구성 하였다. 먼저 여러 선종전적(禪宗典籍)을 정독(精讀)한 후 정중사가 어떤 모습으로 배치되었을

까를 그려보기로 하였다. 앞으로 더욱 이 방면의 연구를 활기 있
게 하기 위해 선행(先行)의 논문을 작성하는 입장에서 시도해 보
았을 뿐이다.

중축선은 남북방향으로 가람배치(伽藍配置)와 동일했겠지만, 몇
가지 특이한 전당(殿堂)이 보인다. 이를 중심으로 정중사의 배치를
그려 보려 한다.

〈사진 32〉 鐵二局 職工宿舍正門

〈사진 33〉馬家花園酒店안의 支川

〈사진 34〉西北橋 안내표지

〈사진 35〉 樹德理學院으로 추정되는 곳,
이곳에서 殘造像이 出土되었다.

가장 중요한 것은 청나라 때 와서 잔불조상(殘佛造像)이 여러 곳에서 무더기로 출토된 이유가 재정적으로 부유한 여느 사찰의 나한당(羅漢堂)처럼 하나의 전당(殿堂) 안에 집중적으로 안치(安置)하지 않았다는 것을 말해 주는 것이 된다.

이러한 점에서 볼 때 안악(安岳) 대운산(大雲山) 천불채마애조상(千佛寨摩崖造像)에서와 같이 아주 낮은 언덕에 처마를 사람 키만큼 높이를 만들고, 또 기초를 인공적으로 만들어 안치했다고 보게 된다. 현재 자중(資中)의 천곡산(天谷山)에 있는 누각식(樓閣式)안의 조상감(造像龕)의 길이가 일면의 회랑(回廊)식으로 되어 있어서 정중사 조상도 이렇게 본다면 수용이 가능할 수 있다고 본다.

　　무상 대사의 불국토 건설에는 중심부와 주변 구역(區域)으로 나누었다고 본다. 중심부는 대웅전 이외『歷代法寶記』,『宋高僧傳』,『重建萬福寺碑記』,『蜀中名勝記』등의 기록에 나오는 ① 정중본원(淨衆本院), ② 영당(影堂), ③ 만불탑(萬佛塔), ④ 인공소헌(忍公小軒), ⑤ 칠조원소산(七祖院小山), ⑥ 전당(殿堂), ⑦ 신선원(新禪院), ⑧ 전경원(傳經院), ⑨ 종탑(鐘塔), ⑩ 부도탑(浮圖塔), ⑪ 종루하원(鐘樓下院), ⑫ 거종(巨鐘), ⑬ 동해대사탑(東海大師塔), ⑭ 한굉찬비(韓汯撰碑) 등이다. 이것들은 ②⑩⑬⑭를 제외하고 모두 무상 대사가 직접 세운 것인데, ②는 선종(禪宗)에서 보는 조사당(祖師堂)일 것이다. 동해대사탑은『宋高僧傳』(卷19)과『蜀中名勝記』(卷2)에서 나타나는데, 제자들에 의해 동해대사탑(東海大師塔)[81]이 세워졌을 것이다. 건원(乾元) 3년(760)에 자주자사(資州刺史) 한굉(韓汯)이 찬(撰)한 바가 있다. 특별히 주목되는 것은 위 ③이다. 왜냐하면 무상 선사가 온 정성을 다 바쳐 이룩한 불국토(佛國土)의 상징적인 조형물이었기 때문이다.

　　『宋高僧傳』(卷19)과『蜀中名勝記』(卷2)에 보이는 '東海大師塔', '後號東海大師塔'은 '海東大師塔'의 착오일 것이다. 『歷代法寶記』에는 '喚海東無相禪師', '家代海東'과『蜀中廣記』(卷82)에 '海東賓至焉'이란 글귀가 있기 때문이다. 다시 앞으로 돌아가서 참고할 문헌을 제시하면 다음과 같다.

　　①은『宋高僧傳』(卷19)에서 말하고 있다. 그 뜻은 정중사를 말하는 총본산(總本山), 또는 근거지(根據地)란 의미이다. ②는 이후 유종원(柳宗元)이 세웠다. 문헌의 근거는 박영선(朴永善)의『朝鮮禪教考』(『大藏經』149冊, p.544)인데, 혜의사(慧義寺)의 사증당(四

---

81) ①『宋高僧傳』卷19「後號東海大師塔焉.」참조.
　　②『蜀中名勝記』卷2「後號東海大師塔.」참조.

證堂)을 두고 잘못 말한 것이다. 본래 동해대사탑 근처에 있었을 것이다.

성도 정중사의 영당(影堂)은 『蜀中名勝記』(卷2)에서 보이고 있다. 즉 정중사를 세웠는데, 영당도 있었다(造淨衆寺, 影堂在焉.)가 그것이다. 『宋高僧傳』(卷19)에서 말한 무상 선사의 사리탑(舍利塔)은 영당 이외 별도로 세운 탑이다. 조상(彫像)한 진형(眞形)도 영당 안에 안치했을 것이다. ⑤는 정중사 안의 작은 가산(假山)에 위치한 당우(堂宇)이다. 정중종이 전의가사를 통한 법계(法契)의 상징성을 칠조원소산을 하나 더 보탠 것이라고 생각된다. 선(禪)을 하필이면 소주(韶州)의 쌍봉(双峰)에다 물을까라고 읊었기 때문이다. ③은 1만 부처가 새겨진 탑의 높이가 컸다고 본다. 무상 선사가 정성을 기울여 조성하였다. ④⑤의 문헌적 근거는 정곡(鄭谷)의 '忍公小軒'과 '七祖院小山'이란 시(詩)에 읊어지고 있다.[82] '七祖院小山'은 바로 7조를 기념하기 위한 것이다. ⑥~⑨는 사찰 내의 당우(堂宇)이다. ⑦은 「淨衆寺修律院記」에 나온다.[83] 무상 선사가 입적한 후에 율사(律師)들에 의해 선원(禪院)이 탈취당하여 율원(律院)이 되었다. 위에서 ⑤는 무상을 위한 것이 아니고 처적(處寂)을 말한 것이다. 왜냐하면 『菩提寺置立記』에[84] 무상 대사가 7조의 전법을 이어 좌선으로 삼매의 깨닭음을 얻었다(大師傳繼七祖, 于坐得三味)고 했으니 무상은 8조의 대수(代數)에 해당된다. 칠조원소

---

82) [淸] 彭定求, 『全唐詩』下(中州古籍出版社, 1996) p.4192 ① 松溪水色緣于松, 每到松溪到暮鐘. 閑得心源只如此, 問禪何必向双峰. ②小巧功成雨蘚斑, 軒車日日扣松關. 峨嵋咫尺無人去, 却向僧窓看假山.

83) ①『歷代法寶記』杜相公章 참조.
　　②『寶刻類編』4 참조.

84) 「菩提寺置立記」는 『嘉慶四川通志』卷38, 그리고 『全唐文』卷617 段文昌에도 수록되었다.

산(七祖院小山)이 무상 선사가 지었다고 한다면 홍인(5조) → 지선
(6조) → 처적(7조) → 무상(8조)의 법맥(法脈)이 이어진다.

이 경우 처적 선사는 7조가 된다. 이 부분은 많은 사람에 따라
다르게 말해지고 있다. 즉 '傳法'에 의미를 두지 않고 또 칠조원소
산은 단순한 건축물이 아니고, 정중선파(淨衆禪派)가 조계 육조(曹
溪六祖)는 그대로 받아들이면서[85] 정중선계(淨衆禪系)가 독자적으로
칠조(七祖)를 처적(處寂) 선사로 확립하는 의미로 건축했을 것이다.
어쩌면 정중선문(禪門)의 정통(正統)을 나타낸 것이 아닐까?

앞에서 말한 7조 처적의 문거(文據)는 찾을 수 없지만 호적(胡
適)이 동의하는 듯하다. 호적(胡適)도 초기 선종사에 있어서 정중
(淨衆), 보당(保唐), 조계(曹溪)의 3파(派) 간에는 도전(挑戰)이나
대립(對立) 없이 서로 잘 어울려 병존(並存)하였다고 했다.[86]

일반적으로 7조는 신회(神會), 행사(行思), 회양(懷讓)이 있고, 8
조에 석두(石頭), 마조(馬祖), 무상(無相)이 해당되지만 무상만은
아무도 8조라고 부르지 않았다.

위 ⑤ 때문에 무상 대사를 7조라고 잘못 불렀다. 북종(北宗)에
는 따로 6조에 신수(神秀), 7조에 보적(普寂)을 두었다. 『歷代法寶
記』는 달마를 동래(東來) 29대와 신회(神會)를 남종 7조의 법통(法
統)에 세웠다. 종밀(宗密)은 하택(荷澤) 신회(神會)를 '남종 제7조
하택대사'라고 분명히 하였다.[87] 이들이 말한 『歷代法寶記』, 『楞伽
師資記』는 초기 선종사(禪宗史)에서 가장 중요한 자리를 차지하는

---

85) 冉雲華, 「敦煌遺書與中國禪宗歷史研究」(『中國唐代學會(臺北) 會刊』
1993) p.58 참조.

86) 姜義華, 『胡適學術文集 中國佛學史』(中華書局, 1997) p.59 참조.

87) ① 『圓覺經大疏鈔』 卷3之下 「南宗第七祖荷澤大師傳.」
② 『續藏經』 第110卷 禪門師資承襲圖 p.869 참조.

당(唐)나라 때의 문헌이다.

위의 ⑦은 앞에서 말한 범진(范鎭)의 시제(詩題)인데 『蜀中名勝記』에도 수록되었다. 『歷代法寶記』에서는 선원(禪院), 율원(律院)이 무상 선사 입적 후 뒤섞혀 기록되었다. ⑧은 강경원(講經院)으로, 정중본원(淨衆本院)의 중심자리에 있었던 건물로 불법을 설(說)하는 장소로 쓰여졌던 것이다. ⑨는 안사난 때 대자사(大慈寺)로 옮겼던 바로 그 큰 종[巨鐘]이 본래 있었던 곳이 아닐까? 이 큰 종은 무종(武宗) 법난 때 대자사(大慈寺)로 잠시 옮겼다. 이 종이 바로 대중들의 혼미함을 깨우치기 위해 큰 종소리를 내었을 것이다. 화상과 큰 종(『宋高僧傳』에는 巨鐘이라했다)에 얽힌 이야기는 멀리 남조대리국(南詔大理國)까지 전파되었다. 이 큰 종과 ⑪은 무상 선사가 정중사에 있을 때부터 있었다고 생각된다. ⑧은 만당(晚唐) 시인 정곡(鄭谷)의 '傳經院壁畫松'에서 찾을 수 있다.[88] 정중사 전경원(傳經院) 벽에 그려진 기운찬 낙락장송의 기상을 보고 사람들이 진송(眞松)이라고 말하였다. 즉 명승(名僧)들의 필적(筆迹)과 함께 승간(勝澗) 아래의 골짜기에 진송(眞松)을 그려 넣은 것을 보고 시를 지었다. 『歷代法寶記』에는 참선을 실천하는 선당(禪堂)을 강률당(講律堂)으로 고쳤다고 하였다. ⑬⑭는 『宋高僧傳』(卷19)에 수록되었지만 무상 선사의 입적 후에 세워졌다고 본다. 중복으로 보지 안는다. ⑭는 필자가 보기에는 조사탑(祖師塔)이 아닌가 본다. 왜냐하면 대중(大中) 12년(858) 천하제사(諸寺)에 칙명을 내려 모든 조사탑을 수건(修建)하도록 했기 때문이다.[89]

무엇보다 위 ④⑤가 정중사(淨衆寺) 안에 건축되었다는 것은 초

---

88) 『蜀中名勝記』 卷2 川西道 「危根瘦蓋聳孤峰, 珍重江僧好筆踪, 得向游人多處畫, 却勝澗底作眞松.」

89) 『佛祖統紀』 卷43 「十二年勅天下諸寺修治諸祖師塔.」

기 선종사를 대표하는 기념물이라고 말할 수 있다. 중국 초기의 선종사에 있어서 정중종이 단연 대표의 자리에 있었음을 의심할 여지가 없다. 시기적으로 볼 때 홍주종(洪州宗)이 유행하기 전으로 볼 것이다.

위에서와 같이 정중사의 큰 건축물에 ③⑥~⑨ 등이 큰 당우(堂宇)로 짜였다고 본다.

이처럼 정중사가 짜임새 있고, 화려하게 부활되었기 때문에 이른바 '西門之勝'의 고적(古蹟), 명승(名勝)으로 지목되었는지도 모른다. 조상(造像)이 배치된 것은 일반 사찰에서 볼 수 없는 정중사만이 가진 특색이다. 이 외에도 사찰의 표지(標識)인 만불탑이 우뚝하였고, 독립된 전우(殿宇)가 즐비하였다.

이러한 특색 있는 전당 가운데 ②⑬은 무상 대사가 입적한 후 100년이 지난 건부(乾符) 2년(875)에 신라승 행적(行寂)이 정중사의 영당(影堂)을 찾아 참배(參拜)했을 때 이미 있었던 것으로 나타난다.90) 황제의 도사(導師)가 되었다는 것은 틀리지는 안지만 내도량(內道場)의 출입이 자유스러웠음을 두고 말했을 것이다.

신라승 행적이 중국의 여러 곳[山川]을 순례하다가 석상경제(石霜慶諸)로부터 법을 전수받았다.91) 석상 경제는 청원계(靑原系) 도오 원지(道吾圓智)의 법자이다. 귀국 후에는 사굴산파(闍堀山派)를

---

90) 崔仁渷, 「太子寺朗空大師白月栖雲塔碑」(『朝鮮金石總覽』上) p.183 「乾符二年, 至成都俯巡謁到靜衆精舍, 禮無相大師影堂, 大師新羅人也. 因謁寫眞具聞遺美, 爲唐帝導師.」

91) ①『景德傳燈錄』卷16에는 석상경제의 사법 제자 41인 가운데 見錄에 보이는 21인中 신라승 行寂 선사가 들어있다. 이외 新羅 欽忠, 新羅 郎, 新羅 淸虛선사가 있다. ②『朝鮮金石總覽』上, p.183 「企聞石霜慶諸和尙, 啓如來之室.」 ③『宋高僧傳』卷12 唐長沙石霜山慶諸傳 참조.

232

연 범일(梵日) 선사를 모시고, 법을 이어받았다. 행적 스님이 장안에 머물렀던 사찰은 평강방(平康坊)의 남문지동(南門之東)에 있었던 보리사(菩提寺)이다.[92] 이 보리사는 무상선사가 세운 성도의 보리사와 무관하다.

또 신라승 행적이 참방(參訪)하고 돌아간 후 약 50년 만에 또 신라승 현휘(玄暉)가 성도를 찾았다. 그는 성주산(聖住山)의 조사(祖師)인 무염(無染) 선사의 법손이다. 그의 행각(行脚) 범위는 북쪽이 유연(幽燕), 서쪽이 공촉(邛蜀)에 이르렀다.[93] 공촉(邛蜀)은 『史記』의 공이(邛夷), 공도(邛都)에서 나온 말로 촉지(蜀地) 성도(成都)와 그 아래의 남조(南詔) 대리(大理)를 지칭한다.[94] 이때만해도 무상의 영당이 그대로 남아 있었는지에 대한 뚜렷한 기록은 없지만 이로부터 50년 전만 해도 확실히 존재하였기 때문에 그대로 존속해 있었다고 보아야 한다.

현휘 선사는 강서 구봉산(九峰山) 아래서 도건(道虔) 선사를 만나 법을 얻었다. 도건 선사는 도오(道悟) 종지(宗智) 선사의 법사(法嗣)인 석상 경제(石霜慶諸) 아래에 있다가 균주구봉(筠州九峰)을 거쳐 마조의 제자인 륵담 상흥(泐潭常興) 선사가 지켰던 석문(石門)으로 가서 륵담(泐潭)의 제1세 제자가 되었다. 지금도 강서 상고(上高) 구봉산에는 구봉사(九峰寺)가 있다. 숭복사(崇福寺)라고도 부른다. 현재 비구니 스님이 있다.

그런데 무상 대사의 영당벽에는 아마도 종교전설이나 혹은 무상

92) 卞麟錫, 『당 장안의 신라사적』(한국학술정보, 2008) p.289 참조.

93) 『朝鮮金石總覽』上, p.153 「淨土寺法鏡大師慈燈塔碑」 참조.

94) 黃懿陸, 『滇國史』附錄(雲南人民出版社, 2004)에 의하면 邛은 중국 사적인 『史記』『漢書』『後漢書』에 나오는데, 當地의 古音으로 (gĭwog), 壯音으로는 (cₒg⁵⁵)이다.

대사의 평소생활을 주제로 한 벽화가 그려졌지 않았을까? 왜냐하면 안사난(安史亂) 이후 성도에는 유명한 화가들이 모여들어 오가양(吳家樣), 염입본(閻立本)의 화풍(畫風)이 영향을 주었기 때문이다.95)

⑧은 정중사의 거종(巨鐘)이 있었던 종루(鐘樓) 아래의 하원(下院)을 가르킨 것이다.96) 또 각 현(各縣)에는 규모가 작은 난야(蘭若)와 종루(鐘樓), 종탑이 부지기수로 많이 세웠다.

앞에서 말한 ③은 조상(殘造像)이 조성된 지역을 멀리 내려다보는 곳에 대칭으로 세웠을 것이다. 다만 이 경우는 아래의 두 가지 조건이 고려되었을 것이다. 이 같은 해석은 탑의 위치가 어디에 세워졌는가에 따라 그 의미도 사뭇 달라지기 때문이다. 즉 탑을 둘러싼 금당원(金堂院)과 승원(僧院)이 복합적인 배치형식을 취했을 경우와 금당원을 멀리한 별도의 구역에 세워졌을 경우 등 두 가지로 생각할 수 있기 때문이다. 이 두 가지 경우 모두가 큰 탑을 전제로 한다.

⑪은 『歷代法寶記』에 나오는 전당(殿堂)이지만 그 내용은 무상대사가 방금 정중사에 도착한 안건(安乾) 선사를 접견하고, 종루아래 멀지 않는 하원(下院)에 머물게 하였다. 이곳이 본래 거종(巨鐘)이 있었던 곳에서 멀지 않은 옆쪽이 아닐까? 이른바 '종루 아

---

95) ① 金維諾, 『中國美術史論集』 下(黑龍江美術出版社, 2004) p.23 참조.
　　② 曹厚德·楊士城, 『中國佛敎藝術』(中國世界語出版社, 1998) p.54 참조.
96) 1鈞이 30斤이기 때문에 1000균은 3만 근이다. 마조도일 선사가 주석하여 유명해진 지금의 우민사(佑民寺)의 후전(後殿)에 있는 거대한 동불(銅佛)의 무게는 3.6만 근이다. 거의 비슷한 크기이다. 거종(巨鐘)에 관한 기록은 다음과 같다.
　　① 『蜀中名勝記』 卷2 참조.
　　② 『四川通志』 卷38 참조.
　　③ 『大淸一統志』 卷386 참조.

234

래'는 천왕전(天王殿) 뒤 멀지 않는 곳이다. 왜냐하면 본원을 참학 (參學)하러 온 운수승(雲水僧)이 기거(起居)하였던 장소일 것이기 때문이다.

이 같은 선불장(選佛場)은 일반적으로 별도의 부속 건물이 아닌 사찰의 중축선(中軸線)에 연결된 전당(殿堂)의 복도회랑[兩廂]에 있었다. 즉 사원의 주요 생활구(生活區)가 집중된 중축선의 좌측[東側]으로 본다. 이것들은 정중사가 지닌 일반적인 사찰건물로 본래의 위치를 모두 밝혀내야 할 유지(遺址)이지만 현재로서는 어느 지점에 건축물이 모여 있었는지 알 수가 없다. 다만 여러 문헌에서 나타난 건축물의 이름에 따랐을 뿐이다. 그 가운데 불교의 3대 예술인 벽화는 대자사에 맡기고 탑과 조상(造像)은 정중사에 세워졌으며, 또 정리되었다.

정중사가 무상 대사에 의해 중창되면서 짜임새 있는 새 모습으로 구성되었을 것이다. 본래 정중본원이 기획(企劃)되면서 종래의 불국토가 정돈, 정리된 점에서는 창건과 다를 바가 없다. 다시 말하면 무상 대사가 퇴락(退落)한 정중사, 대자사를 중창한 것은 누군가 나서서 폐허가 된 사원을 중창해야 할 종교계(宗敎界)의 요청을 대신했다고 보아야 할 것이다.

이 점에서 보면 무상 대사의 원력이 크고, 계획이 치밀하였다. 그의 큰 원력(願力)은 본국 신라국에 있을 때 보였던 기백 있는 결단력에서 나타났다. 이 같은 결단력에 의지하여 부처님 세계를 당토(唐土)에서 이루어 냈던 것이다. 최치원(崔致遠)은 이를 두고 '西化'라고 말하였다.[97) 최치원이 말한 '西化'는 '同化'의 뜻에서 말한 것이 아니고, 장안에서 멀리 떨어진 중국 서쪽 성도(成都)에

---

97) 『朝鮮金石總覽』上 p.90 「西化則靜衆無相.」

서 중국 인민을 위해 화도(化道)하다가 입적(座化)했다는 뜻으로
풀이해야 할 것이다. 즉 홍화(弘化)와 좌화(座化)의 뜻이 다 포함
된 한문(漢文)이 갖는 맛이라 할 것이다.[98]

위에서와 같이 여러 문헌에 산재(散在)된 정중사의 건축물의 조
각들을 모아 재구성해 보면 그가 얼마나 기획가(企劃家)적인 뛰어
난 재주를 가졌는가를 알 수 있다.

뿐만 아니라 그의 서원(誓願)은 크고 다듬어진 치밀한 계획으로
옮겨졌다. 이 같은 실증적(實證的) 바탕에는『佛祖統紀』(卷41)가 있
다. 즉 당의 현종(玄宗)이 대자사(大慈寺)의 건축을 96원(院), 8,500
구(區), 즉 8,500칸의 전당(殿堂) 배치를 초과하지 말도록 미리 당
부한 데서도 찾게 된다. 이와 같이 정중본원(淨衆本院)은 종교 활
동을 펴는 장소였다. 이 본원이 기획되고, 직접 그의 손을 빌었다
는 점에서 넓은 홍교(弘敎)를 미리 예측하였던 것으로 기억해야 할
일이다. 이 점에서 보면 정중사는 무상 대사가 대자(大慈) 대비(大
悲)의 보살심으로 중생을 분별하지 않고 하나같이 평등으로 교화
(敎化), 행화(行化)한 홍양사원(弘揚寺院) 또는 홍양도량(弘揚道場)
이었다. 다시 말하면 신라승려가 중국에 와서 선(禪)을 배워 정중
종을 확립하고, 중국 인민을 상대로 교화하였다는 점에서 큰 의미
를 갖는다. 무상 스님이 성도에서 검남선종(劍南禪宗)과 만난 것은
정중종의 선지(禪旨)를 정립(定立)하는 발전의 인연(因緣)이 되었
다. 그 영역이 성도의 불사(佛事)만이 아니고, 티베트, 남조국(南詔
國)까지 존경받는 김화상(金和尙)의 이름이 퍼져 나갔기 때문이에
남조사(南詔使)도 대자사에 모여들었다. 그 한 예가 남조에 머물었
던 장건성(張建成)이다.[99]

---

98) 楊仁山・萬叔豪(註)『佛敎宗派詳註』(台湾, 新文豊出版公司, 1984) p.42
참조.

남사(南使) 장건성에게 법명을 화성(化成)으로 바꾸어준 대자사(大慈寺) 승려가 누구인지는 불명확하지만 고승(高僧)의 태도로 보아 김화상일 가능성이 없지 않다. 장건성도 고승으로 정중사 신회의 제자이기 때문에 무상 선사의 법손(法孫)이 된다. 그러나 시차가 있다. 이 문제는 그가 출가 전에 맞났다면 자연히 풀린다. 문제는 고승(高僧)의 권위에 가탁(假託)한 전설이라면 김화상으로 볼 수 있다.

(3) 衆生化導의 淨衆本院

성도(成都)에서 가장 오래된 사찰이 정중사이다. 한(漢)나라 연희(延熹: 156 - 166) 때 창건되었다고 「重修萬福寺碑記」에 기록되었다. 그러나 연대가 기록된 10점의[100] 정중사 조상제기(造像題記)에는 한나라 때의 명기(銘記)가 하나도 출토되지 않았다. 즉 연대를 뒷받침하는 명기(銘記)의 출토가 아직 나오지 않았다는 뜻이다. 제일 빠른 것이 남조의 송나라 원가(元嘉) 4년(424)의 석각불감(石刻佛龕)이다. 아쉽게도 이것은 해외로 반출되었다.[101] 확인할 길이

---

99) ① 『南詔圖傳 · 文字圈』 第7化 참조.

② [元]張道宗, 『紀古滇說集』 卷1, 史 255-152 「 …. 又三年王遣張建成朝唐. 建成乃喜州人也. 入覲過成都大慈寺適寺. 初鑄神鍾以成寺. 僧戒曰, 擊鍾一聲施金一兩. 時建成連扣八十聲, 僧驚問曰, 汝何人連扣如此. 曰, 吾南使張建成也. 僧乃易其名曰, 化成. 成曰, 佛法南矣.」 (史 255-146은 『四庫全書總目』에 따른 번호이다.)

100) 10件 또는 11件이란 調査기록이 있다.

① 勃揚, 「有關成都万佛寺的幾個問題」(『成都文物』 1985 - 1) p.35 「銘刻有年號者共十一件.」

② 袁曙光, 「成都万佛寺出土的梁代石刻造像」(『四川文物』 1991 - 3) p.27 「万佛寺出土有顯記的各代石刻共十件.」

101) 위 논문 참조.

없으나 원가(元嘉) 4년(424) 또는 2년의 명각(銘刻)과 25년의 조상제기(造像題記)가 해외로 빠져나갔다고 하는데 이의 장본인이 왕의 영이다. 그가 3가지를 가지고 북경으로 간 이후 불란서 사람에게 팔아 넘겼다고 한다.102)

사찰의 연혁을 보면 양(梁)나라 때는 안포사(安浦寺)였고, 당·북송 때 정중사(淨衆寺), 송계(松溪)라 불렀다. 당 중기 이후부터는 통칭하여 만불사(万佛寺)라 하였다. 명나라 때는 죽림원(竹林院), 만복사(萬福寺)가 되었다. 명나라 때 사천 안찰사이며, 역사가인 조학전은 정중사가 송나라 때 와서 정인사(淨因寺)로 고쳤고, 명(明)에 와서는 만불사(万佛寺)라 불렀다고 했다[今謂之萬佛寺也.]

당나라 현종(玄宗) 때 신라 고승인 무상 대사가 정중사를 중창하였지만 곧바로 회창법난(會昌法難)을 만나 훼멸되었다. 이후의 만복사(萬福寺)의 '福'자가 된 것은 '佛'의 음과 같기 때문이다.

위에서와 같이 오랜 정중사의 역사와 연혁(沿革)에서 볼 때 분명히 천 년 여의 고찰이었다. 천년고찰이란 남조에서부터 시작하여 명·청나라 말까지 존재한 기간을 두고 말한 것이다.

뿐만 아니라 무상 대사가 정중사에서 선법(禪法)을 열고 있을 때가 바로 초기 검남선종사(劍南禪宗史)에서도 황금시기를 맞았다. 검남선종은 실제로 무상 선사와 무주 선사가 대표된다. 이것이 티베트에 전파 되었고, 특히 무상 선사에 의한 정중종은 남조(南詔)까지 신승(神僧)으로 전파(傳播)되었다. 무주 선사의 보당선파는 티베트(吐蕃)에는 들어갔으나 남조에 전파되지 아니 하였다. 이 대목이 무상 대사를 평가하는 데 주목되는 폭 넓은 홍교(弘敎)이다.

『歷代法寶記』(無相章)에 의하면 장구대부(章仇大夫)의 요청을 받

---

102) 金維諾,『中國美術史論集』中(黑龍江美術出版社, 2004) p.237 참조.

아들여 정천사(淨泉寺)를 짓고 선법(禪法)을 연 이후 20여 년을 오로지 중생을 위한 화도(化導)에만 전념하였다.[103] 말하자면 무상 선사가 정중본원을 중심으로 한 행적이 빛난 것은 장구 대부(章仇 大夫)의 권유와 지원에서 시작된 것이다. 정천사(淨泉寺)는 정중사 (淨衆寺)의 오기(誤記)이다.

이때 정중사(淨衆寺) 신회(神會), 보당사(保唐寺) 무주(無住) 등의 고승들이 와서 무상의 선법을 사사받았다. 정중사가 정중종의 본 원(本院)이 된 것은 이같이 당대(當代)의 고승(高僧)·대덕(大德)· 학인(學人)들이 운집한 데서 비롯 되었다. 무주 선사는 수연(受緣) 기간 동안 3일 3야(三日三夜)를 무상 선사와 가장 가까운 자리에 서 보냈을 것이다. 때문에 마(馬)선사도 이 시기보다 약간 앞서 무 상 대사를 찾았을 것이다.

뿐만 아니라 성도는 중국 내외의 교통 중심지이기 때문에 많은 고승들이 정중사를 찾았다. 이와 같이 무상 선사가 정중사와 만난 인연(因緣)이 곧 큰 불사(佛事)의 족적(足跡)을 남겼다.

위에서와 같이 정중사의 옛 절터가 필자의 머릿속에 잡혀진 후 곧 이를 재구성을 해 보았다. 이곳을 정중본원(淨衆本院)으로 하여, 무량수(無量數)의 자비심과 열정으로 홍화(弘化)의 지평(地平)을 넓 힌 불교활동의 본거지로 삼았다. 『宋高僧傳』(卷19)의 '淨衆本院'은 요즘 말로 정중종의 총본산(總本山)이란 뜻이다. 그 가운데서도 온 정성을 쏟아 부은 '만불존탑'을 손수 찾아 멀리, 바라보는 무상 대 사의 모습이 지워지지 않는다. 만불존탑은 온 정성을 쏟아 부은 불국토의 상징이었기 때문이다. 이와 함께 삼구어설법(三句語說法) 이 정중법문(淨衆法門)을 떠바치는 기초가 되었다. 말하자면 삼구

---

103) 『歷代法寶記』無相章「後章仇大夫請問禪法, 居淨泉寺, 化導衆生, 經二 十餘年.」

심요(三句心要)를 통해 정중종을 넓혀 나갔던 것이다. 예컨대 무주 선사가 저 먼 북영주의 하란사(賀蘭寺)에서 무상의 삼구어를 듣고 큰 관심을 가진 나머지 성도까지 왔던 것이다. 무상 선사는 정중사 다음으로 초당사(草堂寺)에도 자주 가 있었다.[104] 대만의 엄경망은 정중사가 중창되기전에 이미 초당사에 머물었다고 하였다. 순서상 정중사가 먼저 였다면 그렇게 말할수는 없을 것이다. 『四川通志』(卷 38)에 의하면 정중사(淨衆寺) 무상 대사를 '초당사(草堂寺) 무상대사'란 칭호가 있기 때문에 그렇게 말한 것이 아닌지 모른다. 뿐만 아니라 『宋高僧傳』(卷 19)에서 무상 선사가 세운 4개의 사찰 표기에서 정중사가 단연 앞 머리에 들어갔다. 아울러 『歷代法寶記』는 『宋高僧傳』(卷19)에서와 같이 초당사가 나오지 안는다.

무상 선사가 오백나한의 반열에 들어간 이유 또한 무량수의 자비심을 갖고, 정중본원을 중심으로 폭넓게 교화[廣弘]를 했기 때문이다. 이와 같은 실천은 천곡산(天谷山)에서 깨달음을 얻고 중생교화를 받아들였던 행적의 순서에서 찾아진다. 즉 장안에서의 구법심사(求法尋師) → 득도(得道) → 교화(敎化)의 순서이다.

이 같은 순서의 밑그림 속에서 마지막으로 정중본원(淨衆本院)을 교화의 근거지로 건설해 나갔다. 이 점은 『宋高僧傳』(卷19)에는 무상선사가 모건(募建)한 것이 '造淨衆大慈菩提寧國等寺. 外邑蘭若鐘塔不可悉數.'라고 하였다. 본 장은 바로 그러한 흔적을 추적하기 위한 노력에서 묶은 것이다.

앞으로 정중사의 구지(舊址)는 한국사와 접속되는 친숙한 곳이 되어야 할 것이다. 지금은 절터조차 없어졌으니, 대신 덕순사와 대자사만으로도 무상 대사와 연결시켜야 할 것이다. 무상 대사는 오

---

104) 『四川通志』 卷38 寺觀 「諡草堂寺無相大師以質之.」

늘의 한류(韓流)처럼 중국변방의 불교에서가 아니라, 사천선종(四川禪宗)의 중심에서 폭넓게 중국 인민을 교화하였다. 당시 사천(四川)의 정중·보당선파(淨衆保唐禪派)는 초기 중국선종사(初期中國禪宗史)를 대표하고, 주류의 위치에 있었다.

이와 같이 말할 수 있는 문헌에는 『敦煌遺書』가 있다. 이에 의하면 마조(馬祖) 선사를 대표로 하는 홍주종(洪州宗)이 이때만 해도 큰 세력으로 출현하지 않았기 때문이다.[105] 비록 정중종이 중국 서남(中國西南)에서 발원하였지만 독립된 문화를 가진 서남(西南)의 대도시[大都會]이기 때문에 지방의 종파라고 말할 수 없다. 이 점이 산림사원(山林寺院)에만 머물었던 남악 승원(承遠) 선사와 달랐다.

무상이 처적 선사로부터 두타행으로 선법(禪法)을 배워 득도한 후 장구 대부(章仇大夫)의 요청으로 개법하기 위해 정중사[都市寺院]에 내려갔다면, 승원은 처음 처적[唐和尙]으로부터 선법을 전수받고, 옥천사(玉泉寺)에 가서 천태(天台), 율(律)을 배웠다. 그 후 멀리 광주의 라부산(羅浮山)으로 가서 자민(慈愍) 선사로부터 염불삼매(念佛三昧)를 배웠다. 마지막으로 남악(南岳)에 가서 준엄하게 삼매좌선(三昧座禪)을 하였다. 무상의 법맥은 ① 홍인(弘忍) → 지선(智詵) → 처적(處寂) → 무상(無相) ···· 정중사(淨衆寺) = 도시사원(都市寺院)이라면 ② 승원은 홍인 → 지선[詵公] → 처적[唐和尙] → 승원 ···· 미타사(彌陀寺) = 산림사원(山林寺院)이 된다. 승원(承遠)에 대

---

105) 『敦煌遺書』에는 ① 『楞伽師資記』(淨覺 集) ② 『傳法宝記』(杜朏 著) ③ 『歷代法寶記』(작자 미상)가 중요한 문헌이다.
①②는 8세기 초에 ③은 8세기 후반에 편찬되었다. 楊曾文에 따르면 ②가 ①보다 늦게 편찬된 것 같다고 하였다. 시기적으로 開元 4年에서 7年 사이(716－739)로 보고 있다. 모두 초기 禪宗史에 있어서 중요한 資料이다.

해서는 이미 지선(智詵) 선사가 허구적인 인물인가를 두고 언급할
때 말하였다. 지선 선사를 허구적인 인물로 보려는 의도는 혜능(慧
能) → 회양(懷讓) → 마조(馬祖)의 법통을 중시하는 데서이다. 그러
나『佛祖統紀』(卷40)는 분명히 상원 1년(674)에 황실의 중사(中使)
가 칙명(勅命)을 받들고 소주(韶州) 조계에 가서 6조 혜능이 홍은
(弘恩)으로부터 받아간 의발(衣鉢)을 환수 받아 내전(內殿)에 공양
했다. 이 기록으로 보아 5조 의발이 다시 지선(智詵)에게 넘겨졌을
가능성이 매우 크다는 것을 강조하고 싶다. 이를 바탕으로 해서
볼 때 중국 밖의 서남국까지 정중·보당선파가 전파되어 당시 추
앙받는 신승(神僧)의 인물이 되었다. 이 축(軸)은 성도를 중심으로
멀리 중국의 서남국(西南國)까지 퍼져나가게 했다. 여기에는 김화
상(金和尙)의 개인적인 신이(神異)의 숭상이 그를 따르게 하는 중
심요소가 되었던 것이다.

2) 淨衆禪法과 繼承法子

정중사가 정중종의 본원이 되는 데는 무상 대사의 역할이 컸다.
불국토를 조성한 원력이 집중되기도 하였지만 고승·학인·대중들
을 모이게 하는 수연(受緣) 또한 한 몫을 하였다. 다시 말하면 무
상 선사가 정중종을 이끄는 선법에 중생제도(衆生濟道)의 중심 사
상인 삼구어(三句語)가 있었다. 이 삼구어로 인하여 무상 선사가
정중종의 핵심(核心)에 튼튼한 자리를 잡게 하였다. 때문에 그 세력
또한 막중하였다.『圓覺經大疏釋義鈔』를 지은 종밀(宗密)은 선종 7
가(七家)를 서술하면서 무상의 정중종을 당시 영향력이 컸던 제2
가(二家), 그리고 무주의 보당종을 제3가의 선종유파(禪宗流派)로

소개하였다. 작고한 중국의 저명한 철학자인 빙우란(馮友蘭)에 의하면 종밀은 그의 저서『禪源諸詮集都序』에서 중국선종을 3가(三家)로,『圓覺經大疏鈔』에서는 칠가(七家)로 나누었다.106) 필자는 평교수를 '89년 1월에 연남원(燕南園)의 사택에서 만나 뵙었다.

위의 3가는 3종(宗)으로 보면 된다. 평 교수는 제2 가를 정중종으로 소개하였다. 제2 가를 두고 호적(胡適)은 큰 세력을 떨친 대종파(大宗派)라고 불렀다.107) 이 같은 종파(宗派)의 구분은 큰 의미가 없다. 중국의 범문란(范文瀾)은 어떤 경전(經典)에 치우쳐 신봉함으로써 법문(法門)이 세워졌다고 하였다. 이들은 서로의 완고한 편견(偏見)으로만 표시되었다고 하였다.108) 종밀은 화엄종의 5조로 일컬어지며, 무상 대사의 사법제자(嗣法弟子)인 정중사(淨衆寺) 신회(神會)의 법손이다. 다른 법계(法系)는 혜능(慧能)의 남종선 가운데 하택종(荷澤宗)을 이었다고 말하지만 전자가 우세하게 채택되었다.109) 그러나 종밀은 신회가 다른 이인(異人)의 두 사람 즉 정중사(淨衆寺) 신회에 대해서도 동일인듯 한 모호한 태도에서 출발하였다.

(1) 淨衆·保唐禪派의 禪法과 思想

무상의 사상이 풍부하게 농축된 무상선지(無相禪旨)는『歷代法

---

106) 馮友蘭,『中國哲學史(下)』(華東師範大學出版社, 2000) p.185 참조.

107)『胡適手稿』7集, p.338 참조.

108) ① 范文瀾,『唐代佛敎』(人民出版社, 1979) p.69 참조.
　　② [唐] 宗密述,『禪源諸詮集都序』卷上之1에「諸宗禪門, 各有旨趣, 不乖佛意也.」

109) ① 姜義莱,『胡適學術文集』(中華書局, 1997) p.224 참조.
　　② 伊吹敦,『禪の歷史』(法藏館, 2001) p.49 참조.
　　위 ①②는 서로 상반되는 견해이다.

寶記』(無相章), 『圓覺經大疏鈔』(卷3之下)가 상세하다. 이를 실질적 인 이론(理論)과 선행(禪行)의 원칙(原則)을 다듬은 사람이 무상 선 사이다.

그 특색을 종밀은 삼구용심(三句用心)이란 용어로 말하였다. 즉 무억(無憶)을 계(戒), 무념(無念)을 정(定), 막망(莫忘)을 혜(慧)로 삼았다. 이와 같이 무상 선사는 무억, 무념, 막망을 계(戒), 정(定), 혜(慧)와 서로 어울리게 상응시켰다.[110] 종밀은 '相應', '次配'란 용어를 사용하였다.[111] 이 3가지 원칙의 삼구어(三句語)는 달마가 전하는 불법의 총지문(總持門)이라고 하였다. 그래서인지 무상선사 는 스스로 무상오경전(無相五更轉)의 마지막 오경(五更)에서 '一念 이 상응하여, 여래를 본다'고 했다. 저명한 당대(當代)의 학승(學 僧) 종밀(宗密)은 삼구(三句)가 언제나 지혜와 더불어 상응한다고 하였다.[112]

무상 대사가 어째서 삼구어를 달마 대사로부터 전해진 것이라고 말했는지 알 수가 없다. 그러나 두타행(頭陀行)만은 달마 대사로부 터 전해진 능가종(楞伽宗)의 특별한 수행방법이다. 막망(莫忘)은 이 후 무주(無住)에 의하여 막망(莫妄)으로 고쳐졌다. 이로 보아 무주 의 설법(說法)은 스승인 무상이 설파한 원래 뜻을 벗어나지 아니

---

110) ① 高榮燮, 「無相의 無念思想」(『韓國佛敎學』 49, 2007) P.201 참조.
    ② 冉雲華, 『敦煌文献中的無念思想』(『中國禪學研究論集』, 東初出版 社, 1990) p.138에서 柳田聖山이 神會의 無念思想이 아마도 西 蜀禪法에 영향을 주지 안했을까의 문제를 제기하였다.

111) 『圓覚經大疏鈔』 卷3之下 「言三句者, 無憶無念莫忘也. 意令勿追憶, 己 過之境, 勿預念慮. 未來榮枯等事, 常與此智相應. …… 戒定慧者, 次配 三句也.」

112) [唐] 『圓覚經大疏鈔』 卷3之下 「言三句者, 無憶無念莫忘也. 意令勿追 憶, 己過之境, 勿預念慮. 未來榮枯等事, 常與此智應, 不昏不錯, 名莫 忘也. 或不憶外境, 不念內心, 脩然無寄.」

하였다. 종밀(宗密)이 말한 정중과 보당선파의 차이점을 알아보자.

『歷代法寶記』는 무주의 보당종(保唐宗)이 계보에서는 무상의 淨衆宗을 따랐지만 의식에서는 약간 달랐다. 이와 같이 정중·보당선파(淨衆·保唐禪派)가 하나의 종파안에 합치될 수 있었던 것은 무상 대사라는 저명한 선종 대사(禪宗大師)의 출현 때문이다. 다른 하나는 사천이 자리한 검남선종의 독자적인 지리 때문이라고 말할 것이다. 이 두 가지 요건이 두 선종의 종파(宗派)를 동시에 발전시킬 수 있게 하였다. 그러나 보당선파는 무주 선사 이후 쇠퇴하였다.

삼구어(三句語)의 의미를 신회(神會)의 삼학(三學)에서 해석한 사람은 호적(胡適)과 일본의 야나기다 세이잔(柳田聖山)이 대표된다.[113] 간단히 말하면 삼학의 계(戒)는 지키는 계율이고, 정(定)은 바른 마음의 정심(正心)이다. 혜(慧)는 지혜의 선정(禪定)을 말한다. 이 삼학을 힘차게 닦아 나가는 것이 강조되었다. 이 점에서 볼 때 종밀은 일찍이 계·정·혜를 삼구(三句)에 배치시켰다.(戒定慧者, 次配三句也.)

신회 삼학설(三學說)[114]의 문헌적 근거는 혜능의 단경(壇經)에서 비롯된다.[115] 대만의 인순(印順) 법사는 무상의 선법전수(禪法傳授)를 3가지로 나누었다. ① 염불(念佛) ② 개시(開示) ③좌선(坐禪)이다. ①은 대중에게 인성염불(引聲念佛)을 가르치는 것. ②는 무

---

113) ① 『胡適手稿』 7集 pp.295－296 참조.
  ② 柳田聖山, 『初期の禪史Ⅱ』(筑摩書房, 1979, 初版 第2刷) p.21 참조.
114) 胡適, 『神會和尙遺集』(胡適紀念館, 1982 3版) p.229「戒定慧是, 忘心不起名爲戒, 無忘心名爲定, 知心無妄名爲三學等.」
115) [宗寶本] 『六祖大師法寶壇經』 頓漸8, P.141「常迷須知, 一切萬法皆從自性起用. 是眞戒定慧法. 聽吾偈曰, 心地無非自性戒, 心地無癡自性慧. 心地無亂自性定, 不增不減自金剛, 身去身來本三昧.」(『中國佛敎叢書 禪宗編 1』, 1993).

역, 무념, 막망의 삼구(三句)를 털쳐버리는 것. ③은 17, 27(戒法)의 좌선을 닦는 것이다. 이것은 『壇經』의 무념(無念), 무상(無相), 무주(無住)와 서로 비교된다고 하였다.116) 무상의 삼학설(三學說)도 우연의 일치인지는 알 수 없으나 혜능과 신회에 맞닿아 있다. 여기에 대해서는 인순(印順) 법사는 무상 선사가 이미 남종(南宗)의 심요(心要)를 어느정도 읽어 볼 수 있는 기회가 있었을 것이라고 추정하였다. 빙우란(馮友蘭)은 그의 저서 『中國哲學史』(華東師範大學出版社, 2000)에서 무념을 혜능, 신회가 제창한 수행방법으로 주가(근본)된다고 하였다. 알다시피 『壇經』은 혜능 대사의 사상을 대표하는 저술이다. 이 저술에서 가장 중요한 사상이 무념(無念), 무상(無相), 무주(無住)이다. 종보본(宗寶本) 『壇經』에서 나의 법문은 위에서부터 먼저 무념(無念)을 종(宗)으로, 무상(無相)을 체(體)로, 무주(無住)를 본(本)으로 삼았다. 아울러 이의 상호관계는 『六祖壇經』 가운데 '自性'이 만법에서 일어나는 원인으로 파악하였다. 이 '自性'은 사권본(四卷本) 중의 '自性'을 말하는 것으로 '頓見眞如本性'의 선법이다. 이 '眞如本性'이 곧바로 스스로 '淸淨'하고, 생멸이 없고, 자체가 족하고 동요가 없으며 만법(萬法)을 낳는다.117) 이와 다르게는 무주가 의식(儀式)에 대해 비판적이였지만 삼구어(三句語) 사상은 그대로 이었다. 호적의 말을 빌리면 계(戒)는 규율(規律)인데, 작게는 5백, 많게는 5천 가지가 된다고 하였다. 정(定)은 선종 가운데 마음을 다스리는 것으로 '安心息慮'이다. 즉 마음을 고요히

---

116) ① 印順, 『中國禪宗史』(江西人民出版社, 1999) PP.122-123 참조.
　　② 郭朋, 『壇經校釋』(中華書局, 1997 6刷) P.31 「善知識, 我此法門, 從上己來, 頓漸皆立無念爲宗, 無相爲體, 無住爲本.」

117) [宗寶本] 『六祖大師法寶壇經』 行由1, p.121 「善知識 菩提自性, 本來淸淨, 但用此心直了成佛.」

평안하게 가지면 허망도 사라진다는 것이다. 아울러 혜(慧)는 지혜, 이해의 뜻이다.[118) 일본학자 히라노 소죠(平野宗淨)의 『頓悟要門』에 의하면 계(戒)·정(定)·혜(慧)를 분별없이 하나(一體)로 말할 수 있다고 하였다.[119) 인순 법사는 '三學'이 돈(頓)인데 반하여 계, 정, 혜가 나누어져서 차례로 하나 하나 진수(進修)할 때는 점(漸)이 되기 때문이기도 하지만 남종을 벗어나지 못하는 '頓敎'라고 불렀다.

이렇게 본다면 삼구용심(三句用心)이 경계가 없다는 것이다. 또 삼학(三學)도 서로가 먼 거리에 있지 않다. 마치 세 바퀴 달린 마차와 같이 보게 된다.

이와 같이 무상 선사의 선지(禪旨)는 한마디로 삼구용심(三句用心)과 삼학(三學)을 기본 틀로 하여 구성하였다. 하지만 삼구와 삼학은 서로의 구분이 뚜렷하지 않고 경계도 서로 있지 아니하였다. 무주(無住)는 무상 대사의 삼구(三句)와 하택 신회(荷澤神會)의 삼학(三學)을 기초로 하여 또 다른 보당종(保唐宗)을 세웠다. 인순(印順) 법사는 종밀이 하택종(荷澤宗)의 전군대사(殿軍大師)가 되어 하택종과 화엄교(華嚴敎)를 일치시켜 교선일치(敎禪一致)와 남종돈교(南宗頓敎)가 비로소 사라졌다.[120) 이와 동시에 정중·보당선파도 하택종을 받아 들였다. 일본의 이부기 아주시(伊吹敦)가 말한 '정중종(淨衆宗)의 하택화(荷澤化)'란 바로 중간매체(中間媒體)에 무주의 보당종이 생성되었기 때문일 것이다.[121)

그러나 종밀(宗密)이 분류한 선종각파(禪宗各派)를 보면 식종수심종(息宗修心宗)에 북수(北秀)와 보당(保唐)을 포함시켰다.[122) 종

---

118) 姜義華, 『胡適學術文集』(中華書局, 1997) p.145 참조.
119) 平野宗淨, 『頓悟要門』, 禪の語錄 6 (筑摩書房, 1970) p.35 참조.
120) 印順, 『中國禪宗史』(江西人民出版社. 1999) p.258 참조.
121) 伊吹敦, 『禪の歷史』(法藏館, 2001) p.49 참조.

밀은 정중종의 특색을 삼구어로 인식하였다. 때문에 종밀(宗密)이 저술한 『禪門師資承襲圖』에 의거해서 보면 정중종과 보당종의 차이점을 정중종의 삼구용심(三句用心)과 보당종의 교행(敎行)에 구애받지 않고, 이미 아는 바를 접는다(滅識)는 이른바 '교행불구이멸식(敎行不拘而滅識)'을 내세웠다.[123]

이와 같이 종밀은 정중종의 특색을 '非南北'으로 말하였다. 앞에서와 같이 '非南北'은 어느 한쪽에 치우치지 않고 양쪽을 겸비하는 의미가 있기 때문에 어느 점에서는 융통성이 있다고 본 데 반하여 '南北禪'을 잡탕[雜揉]식으로 결합했다는 부정적인 의미도 있다. 즉 좌선(坐禪) 수행은 동산(東山) 법문의 직지삼매(直指三昧)에 가깝고 불립문자(不立文字), 돈오(頓悟)는 남종(南宗)에 가깝다. 『六學僧傳』(卷30)에는 좌선을 '燕坐'라고 하였다.

북종선(北宗禪)의 중요한 자료는 야나기다 세이잔(柳田聖山)이 말했듯이 『眞宗論』, 『要訣』이 있다.[124] 또 그는 남북종의 차이를 북종선(北宗禪)이 이념(離念)을 주장하였고, 신회(神會) 일파는 무념(無念)을 말하였다.[125]

때문에 종밀이 말한 '非南北'의 올바른 해석 없이 사천선종(四川禪宗)을 파악할 수가 없을 것이다. 대만의 이옥민(李玉珉)은 아예 '淨衆寺神會를 북종계인 무상 선사'의 전인(傳人)이라고 말하였다.[126] 일부분의 사람이기는 하지만 또 남종선의 돈오(頓悟)에 가

---

122) 黃速忠, 『宗密的禪學思想』(臺灣, 新文豊出版公司, 1995) p.119 「『都序』의 禪法三宗對照表」 참조.

123) 顔尙文, 『隋唐佛敎宗派硏究』(臺灣, 新文豊出版公司, 1998, 1版 2刷) p.63 참조.

124) 柳田聖山, 「北宗禪の資料」(『印度學佛敎硏究』 19-2, 1971) 참조.

125) 柳田聖山·吳汝鈞譯, 『中國禪思想史』(臺灣商務印書館, 1995. 2版 2刷) p.123 참조.

깝다고 했다. 왜냐하면 『歷代法寶記』는 당시 사람들이 돈교법(頓敎法)이라고 말했기 때문이다. 이 같은 기준에서 보면 무상 선사는 능가종(楞伽宗)을 이은 황매선법(黃梅禪法)을 배워 천곡산(天谷山)에서 두타행(頭陀行)을 행하였다.

『歷代法寶記』(無相章)에 의하면 무상 대사는 매년 12월과 정월(正月)에 신도들을 위한 '受緣'이란 법회를 거행하였는데, 이 자리에 참석한 인원이 자그만치 백천만(百千萬)이라고 하였다. 백천만은 헤아릴 수 없이 많은 중생(衆生)을 두고 말한 것이다. 인순(印順) 법사는 12월과 1월을 2번이란 뜻이 아니고, 12월에서 1월까지의 기간으로 보았다. 이 같이 본다면 『歷代法寶記』(杜相公章)에서 어느 율사(律師)에 가탁(假託)하여 무상 선사가 살았을때 법회(說法)가 많지 않았다는 말은 전혀 맞지가 않다.

『妙法蓮華經』(普門品)에는 백천만억(百千萬億)의 대중이 2번 나온다.[127] 이 숫자의 표현은 헤아릴 수 없이 많은 숫자를 말한 것에서 동일 하다고 할 것이다. 이로 보아 당시 정중사 무상 선사의 가풍(家風)이 사천(四川)에 얼마나 크게 떨쳤는가를 알 수 있다. 당시 정중종이 사천에 떨친 파장이 얼마나 크게 퍼져 나갔는 가를 알 수 있게 한다. 수연에 모인 신도의 숫자가 이를 뒷받침 하기 때문이다.

이때 무상 대사는 도량(道場)을 엄숙하게 설치한 높은 자리에 올라 신도들에게 인성염불(引聲念佛)을 이끌었다.

선지(禪旨)는 먼저 한 목소리의 숨이 다하고, 목소리가 끊어졌을

---

126) 李玉珉,「南詔佛敎考」(『印順導師九秩華誕祝壽文集』, 台北, 東大圖書公司, 1995) p.536 참조.

127) 『法華經』卷7 观世音普門品「若有無量百千萬億衆生」,「若有百千萬億衆生」.

때 지나온 기억을 없애고, 잡념을 두지 말고 털어버리며, 닥쳐올 영고(榮枯)의 망각에 집착하지 말라고 하였다. 바로 무억은 계, 무념은 정, 막망은 혜이다. 이 삼구가 총지문이다(先敎引聲念佛, 盡一氣念, 絕聲停念, 說云, 無憶, 無念, 莫忘. 無憶是戒, 無念是定, 莫忘是惠. 此三句話, 旣是總持門.)

선지(禪旨)의 심요(心要)인 총지문을 쉽게 풀어 보면 한 생각이 일어나지 않는 것이 계문(戒門)이고, 한 생각이 일어나지 않는 것이 정문(定門)이며, 한 생각이 일어나지 않는 것이 바로 혜문(惠門)이다. 생각이 없으면(無念) 바로 계정혜(戒定惠)가 족하게 갖추어진다. 과거, 미래, 현재의 여러 부처도 모두 이 선문(禪門)의 깨달음을 얻었다. 다른 문이 있을 수 없다.

이와 같이 정중종의 수행방법인 인성염불(引聲念佛)은 외수방법(外修方法)이고, 무억, 무념, 막망은 내면수행인 내수방법(內修方法)을 겸하였다. 종밀이 말한 남산염불종(南山念佛宗)의 선법은『圓覺經大疏鈔』(卷3之下)에서 보인다. 그 하나가 예참의식(禮懺儀式)이 김화상 문하(門下)와 동일하다고 하였다. 예참은 부처님에게 참회하고 기도하여 복을 비는 것을 말한다. 염불(念佛)을 방편(方便)으로 한 점은 같으나 전법 때 전향(傳香)을 사자의 신표[資師之信]로 삼은 것이 다르다.128) 전향(傳香)은 보살계(菩薩戒)를 받는 것과 같다. 또 먼저 긴 소리로 성념(聲念)을 내어 점점 낮은 성념으로 자신만이 습득으로 가벼운 성음(聲音)을 내게 된다. 인성열불이 선십종(宣什宗)의 전수선법(禪法傳授)과 유사하다.

지나온 과거의 생각을 끊는다는 것은 축적된 경험에 비추어 나타나는 상(相)을 모두 버린다는 것으로 지난 일들을 추억하지 안

---

128) [唐]『圓覺經大疏鈔』卷3之下「其初集衆禮懺等儀式, 如金和上門下. 欲授法時, 以傳香爲資師之信.」

250

는 것이라고 종밀(宗密)이 말하였다. 호적(胡適)은 종밀의 말대로 삼구용심(三句用心)의 억(憶)은 추억하지 않고, 지나온 경계에서 미래의 영고(榮枯)도 바라보지 않는다. 항상 이것들과 상응하는 지혜를 가질 때 어두운 마음이 혼미하지 않고, 틀리지 않는다. 이를 막망(莫忘)이라 하였다.[129]

종밀은 그의 『圓覺經大疏鈔』에서 마음과 생각이 떠난다면 모든 경계의 상은 없다[若離心念, 則無一切境界之相.]고 한 것을 되씹어 볼 일이다. 그가 배휴(裴休)가 묻는 오조게(五祖偈)에 대하여 말하기를 "망념이 본래 공이고, 심성은 본래 청정하다. 깨달음이 깊게 철저하지 않는데 어찌 수행이 진이라고 말 할것인가(忘念本空, 心性本淨, 悟旣未徹, 修豈稱眞.)[130] 어떤 일에도 집착(執着)하지 말고 망념을 털어 버려야만 한다. 따라서 용심(用心)이란 3마디 말속에는 마음을 다스린다는 뜻이 들어가 있다. 삼구용심(三句用心)이란 말은 종밀(宗密)이 처음 사용하였다.

『歷代法寶記』(無相章)에서는 먼저 인성염불(引聲念佛)을 가르켜 한소리(一聲)의 숨을 다 내쉰 뒤에 소리도 끊고, 생각을 끊는 삼구어(三句語) 즉, 총지문(總持門)을 설하였다.

위의 일성(一聲)은 한번 내는 목소리로 호흡과 함께 천천히 길게 내쉬는 소리로 사람들을 무념의 선정(禪定)으로 이끌기 위해 인성염불(引聲念佛)을 가르쳤다고 해석된다. 이것은 무상의 실천적 행법(行法)이다. 호적은 삼구용심(三句用心)을 크게 홍교(弘敎)한 사람이 바로 무상 대사라고 하였다. 그러나 카나다의 쟌운화(Jan Yun-Hua)는 선종의 간략한 불학(佛學)을 근본적으로 하나로 모아

---

129) 『胡適手稿』第7集 p.339 참조.
130) [唐]『中華傳心地禪門師資承襲図』(『中國佛敎叢書 禪宗編 I 』) p.287 참조.

중시했던 것은 김화상에 의해 완성되었다고 하였다.

『金剛經』에는 무릇 비추어 나타나는 상(相)은 모두 허망(虛妄)(凡有所相皆是虛妄)이라고 하였다. 그리하여 『歷代法寶記』(無相章)에서와 같이 독특한 염불방식인 절성정념(絕聲停念)의 형식을 취하였다. 이를 인성염불(引聲念佛)이라 하였다. 인성염불이 종래 동산문하(東山門下)의 염불선(念佛禪)이 '念佛淨心'[131]에 있었던 구행방편보다 더 적극적이고 실천적이다. 염불정심(念佛淨心)은 도신(道信)의 선법(禪法) 가운데 가장 기본적인 방법이다. 염불을 어떻게 할 것인가를 '떨쳐 버리'는 입장에서 보면 적극적이고, 목표를 설정한 수행방편(修行方便)이 되어 염불(念佛)과 선(禪)을 하나로 묶었다. 즉 염불과 선이 각기 2개가 있는 것이 아니라는 데서 달마선(達摩禪)을 계승하였다. 그 방편을 보면 먼저 인성염불을 가르치고 숨이 다할 때 생각을 끊고 소리도 끝낸다.

이 형식에서 보면 당시 성행했던 '念佛淨心'과 같은 것으로 볼 것이다.[132] 왜냐하면 무상 선사의 염불도 결국 '음성구념(音聲口念)'을 중시하였기 때문에 5조 도신(道信) 이래의 '無相心念'의 전통을 이었다고 보게 된다. 이 같은 염불은 여러 유파로 나누어진다. 위에서와 같이 남산계(南山系)가 대표이다.

남산계는 염불을 의식화(儀式化)하여 발전시켰다. 중국의 공휴(龔携)에 의하면 무상 선사의 '念絕聲停'이 형식에서는 당시 성행하였던 '念佛淨心'에서 나왔고, 실제로는 김화상의 염불이 '音聲口

---

131) 印順, 위의 책 P.36 「'念佛淨心'是本于道信.」

132) ① 『圓覺經大疏抄』(卷3之下)에 「初引聲由念, 後之漸漸沒聲徹聲, 乃至無聲.」

② 『楞伽師資記』 第5 道信禪師 「大品經云, …念佛即是念心, 求心即是求佛. 所以者何, 識無形, 佛無相貌, 若也知此道理, 即是安心. 常憶念佛, 攀緣不起, 則泯然無相.」 참조.

念'을 중시한 데서 도신(道信) 이래 '無相心念'의 전통을 이었다는 것이다.[133] 우이 하꾸쥬(宇井伯壽)는 인성염불(引聲念佛)이란 일성(一聲)을 내는 것으로 무상 선사에 의해 발명(發明)되었다고 하였다. 그가 무념(無念)을 종(宗)으로 삼아 일체 중생이 본래부터 청정하고(一切衆生本來清淨), 본래부터 원만(本來圓滿)하기 때문에 보탤것도 없고, 뺄것도 없는 달마조사(達摩祖師)의 기본생각이 무상 선사의 가르침속에 녹아 있는 것으로 지적하였다.[134] 이 점에서 보면 인순 법사는 무상 선사의 선법을 간단히 말해 먼저 인성염불에서 단기간 익힌 후에 식념(息念, 三句用心)의 좌선(座禪)을 시도하였다.(無相所傳的禪法, 先引聲念佛, 然后息念(無憶無念莫忘)坐禪.) 이 선법의 방편(方便)을 삼아 일제히 염불을 해서 마음을 고요하게 잡는데 있다고 했다.(齊念佛, 令淨心.)

무상 대사는 스스로 삼구어는 달마 선사가 전한 본래의 교법(敎法)이지, 결코 지선(智詵), 처적(處寂) 선사로부터 말해진 것이 아니다(我此三句語, 是達摩祖師本傳敎法, 不言是詵和上, 唐和上所說.)라고 강조하였다.

이 말은 정중종이 도신의 '無相心念'을 바탕으로 정립(定立)하였다는 뜻이다. 그 중심에 3구용심이 과거 – 현재 – 미래를 모두 놓아버리는 마음 공부를 조합(組合)했기 때문에 그렇게 말한 것이 아

---

133) 龔携, 『禪史鉤沈』(生活·讀書·新知三聯書店, 2006) p.283 참조.
134) ① 宇井伯壽, 『禪宗史研究』(岩波書店,1966 4刷) p.184-185 참조.
　　② 印順, 『中國禪宗史』(江西人民出版社, 1999) P.124 「無相可能見到了『壇經』古本, 而更可能是‥從(東山門下)不知名的禪者, 受得這一禪法. 這與慧能所傳得的, 是同源而別流的禪法.」
　　③ 『楞伽師資記』 第5 道信禪師 「大品經云, ‥‥ 念佛即是念心, 求心即是求佛, 所以者何, 識無形, 佛無相貌, 若也知此道理, 即是安心. 常憶念佛, 攀緣不起, 則泯然無相, 平等不二.」

닌가 생각된다. 때문에 삼구교(三句敎)라는 말을 부치기도 한다. 이와 같이 무상 선사는 정중선파(淨衆禪派)의 선법(禪法)을 처음으로 창립(創立)하고 발전시켰다.

수연법회(受緣法會)를 보면 무상 대사가 얼마나 엄숙한 의식(儀式)을 중시하였는가를 엿보게 한다. 마치 구족계를 받는 계단(戒壇)처럼 엄설도량처(嚴設道場處)인 단장(壇場)을 만들어 엄숙하게 하였다. 이와 비슷한 의식은 돈황에서 강경(講經)을 할 때 법사(法師)와 도강(都講)이란 두 스님이 높은 좌석에 오른 후 칠언시(七言詩)를 선창하면 아래에 있는 청중들이 따라한 데서 찾을 수 있다.[135] 이같은 단장은 당시 설법의 통속화(通俗化)된 것이지 결코 권위적인 것만이 아니다. 의식의 엄숙함을 나타낸 것이다. 혜능(慧能) 대사도 높은 자리(高座)에 올라 설법하였다.[136]

이것은 무주(無住)와 확실히 다른 점이다. 그렇다고 무주(無住)가 고하(高下), 귀천(貴賤)의 분별심에 의거하지 않은 데 비하여, 무상(無相)이 권위적이었다는 것으로 대비할 수는 없다.[137] 왜냐하면 무상이 평등과 자비심으로 대중에 다가 갔기 때문이다. 이의 근거는 무상오경전(無相五更轉)에 나온다. 필자는 『歷代法寶記』가 더욱 무주 선사 편에 서서 무상 대사와의 차별화를 만들어 낸 전수의식(傳授儀式)이 아닌가 본다. 또 무상 대사는 망념(妄念)을 문자(文字)로 설명하는 데는 철저히 부정하였다. 실례를 들자면 『歷

---

135) 榮新江, 『敦煌學十八論』(北京大學出版社, 2001) p.283 참조.
136) 『壇經校釋』P.1 「惠能大師, 於大梵寺講堂中, 昇高座, 說摩訶般若波羅密法, 授無相戒.」
137) 『圓覺經大疏鈔』卷3之下「其傳授儀式, 與金門下全異 …… 不受禁戒. 至於礼懺轉讀畫佛寫經, 一切毀之. 皆爲妄想. 所住之院不置佛事. 故云敎行不抱也」

代法寶記』는 무상 선사가 외국번인(外國蕃人)으로, 불법이 없고, 생존시에는 설법이 많지가 안했다고 했지만 실제는 맞지가 않다. 왜냐하면 길게는 12월-1월에 걸친 수연(受緣)이 계속 되었을 뿐만 아니라 설법도 이어졌기 때문이다. 필자는 이를 묶어 무상어록을 다른 장에서 다루었다. 즉 비단이 본래는 실타래인데 문자가 없다. 공교롭게 실타래가 풀어져 짜여지면 곧 문자가 되는데, 후에 빠개면 본래 모습인 실타래로 되돌아간다.[138] 이와 유사(類似)한 것은 다음과 같다. "물은 파도를 떠날 수 없고, 파도는 물을 떠날 수 없다. 파도는 망념에 비유되고, 물은 불성(佛性)에 비유된다. 생각을 일으키지 않으면 거울 면과 같고 만상(萬象)을 비춘다. 생각이 일어나면 거울 뒷면과 같은 것으로 비추어 볼 수가 없다."[139] 또 물(水)이 파도를 떠날 수 없고, 파도는 물을 떠날 수가 없다. 파도는 망념에 비유되고, 물은 불성에 비유된다.(水不離波, 波不離水, 波喩妄念, 水喩佛性.)

위의 수연의식(受緣儀式)은 일본승 엔닌(圓仁)이 산동(山東)의 적산원(赤山院)에 갔을 때 강경의식(講經儀式)을 목도한 것도 그러하였다. 즉 강사(講師)와 도강(都講) 두 사람이 입당(入堂)하면, 강사는 북쪽 자리에 오르고, 도강(都講)은 남쪽 자리에 올랐다.[140] 또 하나는 동경하택사 신회화상(東京荷澤寺神會和上)도 매월 단장(壇場)을 만들어 대중을 위해 설법하였다.[141] 이렇게 본다면 엄설도량

---

138) 『歷代法寶記』 無相章에 「綾本來是絲, 無有文字, 巧兒織成, 乃有文字, 後折却還是本絲, 絲喩佛性, 文字喩忘念」

139) 『歷代法寶記』 無相章에 「水不離波, 波不離水, 波喩妄念, 水喩佛性」 또 「念不起, 猶如鏡面, 能照萬像, 念起, 猶如鏡背, 卽不能照見.」

140) 『入唐求法巡禮行記』 卷2 開成4年 12月 22日 「講師上堂, 登高座間, 大衆同音稱嘆佛名, 音曲一依新羅不似唐音 …… 其講師登北座, 都講登南座了, 讚佛便止.」

처(嚴設道場處), 즉 단장(壇場)은 설법에서 일반적인 것이지 무상 (無相) 선사만의 권위적인 것으로 무주의 개혁 대상이 된 것은 아 니라고 본다. 결국 무주 선사는 청정선(淸淨禪)을 깨뜨리고 여래선 (如來禪)을 세웠다.

최근『歷代法寶記』에서와 같이 무주(無住)가 스승인 무상(無相) 의 전수의식(傳授儀式)을 따르지 않았을 뿐만 아니라 '不受禁戒', '敎行不拘', '不置佛事' 등을 개혁한 점에서 무상법계의 계승자로 보지 않으려는 경향이 있다.

더욱 보당종의 법계를 앞에서와 같이 종밀은 홍인(弘忍) → 노안 (老安) → 진초장(陳楚章) → 무주(無住)로 이어진 데 비하여, 『歷 代法寶記』는 홍인(弘忍) → 지선(智詵) → 처적(處寂) → 무상(無相) → 무주(無住)로 말하였다. 마조도일 선사가 처음에 무상선사의 제 자임을 일관되게 강조한 종밀의 계보는 정중신회(淨衆神會)→성수 남인(聖壽南印)→도원(道圓)→종밀(宗密)로 이어지는 사세상승(四 世相承)이다. 무상 선사와 무주의 사자관계를 『歷代法寶記』가 거 리를 두고 서술하였지만 다른 부분에서는 긍정의 이중적인 관계가 나타나고 있다. 즉 무주 선사를 중심으로 한 『歷代法寶記』의 내 용에서 무상과 무주의 사자관계(師資關係)는 뚜렷하다. 물론 무주 선사가 무상 대사를 참방하기 위해 북영주의 하란산(賀蘭山)을 내 려와 성도에 찾아간 것은 분명히 검남의 상인 조양(曹瓌)으로부터 무상 선사의 선법에 관한 이야기를 듣고, 어떤 교법(敎法)인지에 관심을 가지고 찾아간 것이다. 먼 은천(銀川)의 하란산에서 성도까 지 갈 때는 구체적으로 무상 선사의 삼구어가 흥미를 돋궜기 때문 이다. 마치 무상이 5조 홍인 문하의 10대 제자인 지선(智詵)을 찾

---

141)『歷代法寶記』에「東京荷澤寺神會和上, 每月作檀場, 爲人說法, 破淸 淨禪.」

은 것과 같은 목적이다. 더욱 무주 선사가 성도(成都)에 가기 위해 문첩(文牒)을 발급받을 때 풍녕군사(豊寧軍使)에게 분명히 김화상을 참알(參謁)하기 위한 목적을 말했다. 이후 두상공(杜相公)과의 문답에서 "일찍 臺山의 抱腹寺·汾州寺 및 賀蘭山에서 머물(坐) 때 김화상이 頓敎法을 설한다는 이야기를 들었기 때문에 멀리서부터 의지하였노라"고 답하였다.

더욱 무주가 무상을 스승으로 삼은 까닭이 속인 신초상에게 법을 이어받은 사실이 알려질 경우 교화에 막대한 지장을 줄 것을 염려한 나머지 잠시 김화상을 스승으로 삼아 인정을 받으려 했다는 종밀(宗密)의 언급은 여러 각도에서 검토해 볼 만한 대목이다.[142] 분명히 김화상(金和上)을 예견(禮見)하고, 마침내 지류(止留)까지 하였다. 『歷代法寶記』(無住章)의 내용을 살펴보면 다음을 찾게 된다. ① 하란산(賀蘭山)을 나와 북영주(北靈州)에 와서 행문(行文)이 나와 검남(劍南)으로 가서 '金和尙'을 예견하고 머물렀다. 마량(馬良)의 답변이지만 무상의 의발(衣鉢)을 무주 선사가 받았기 때문에 승후제자(承後弟子)라고 했다.[143] ② 건원 2년(759) 안건(安乾) 선사를 함께 만나 무상 선사를 인견(引見)하였다. 무주 선사를 보고 대단히 기뻐하였다. ③ 동선(董璿) 거사편에 신차(茶芽)반근을 봉상(奉上)하면서 김화상이 묻거든 산에서 나오지 안는다고 전하게 하였다.

①②는 2번에 걸친 예견(禮見)이 아니라 ①이 총론으로 강조하였다고 본다. 이외 ① 무주 선사로부터 기유신래(旣有信來), ⑪ 오

---

142) ① 『圓覺經大疏抄』 卷3之下 참조.
   ② 鄭性本, 『中國禪宗의 成立史 研究』(民族社, 2000) p.697 참조.
143) 『歷代法寶記』 杜相公 「馬良答 ····· 有無住禪師, 得金和上衣鉢, 是承後弟子·」

법무주처거(吾法無住處去), ⑪ 묵연입산(黙然入山) 등이다.

위 ①②③은 두 사람의 사자관계(師資關係)를 엿보게 하는 대목
이다. 특허 ⑪의 배경 설명은 무주에게 인연이 닿지 않아 산으로
들어가는 것이 무슨 이익인가? 여기서 무상이 각고의 준엄한 수행
을 통해 얻은 원대(遠大)한 원력(愿力)을 엿보게 된다. 이것으로
볼 때 무주 선사가 깨닫지 못하는 것을 보자 답답하여 고성창언
(高聲唱言)이 나왔던 것이 아닐까? 『歷代法寶記』의 작자가 무주
선사의 제자계보(弟子系譜)에서 저술(著述)된 것이기 때문에 자기
계보의 스승과 차별화(差別化)를 가한 것이 아닐까? 긍정적으로는
최근에 작고한 대만의 인순(印順) 법사가 정중종의 삼구용심(三句
用心)을 동산법문(東山法門)에서 분출(分出)되었고, 발전을 거듭한
것으로 보았다. 중국의 홍수평(洪修平)은 정중 · 보당선파(禪派)를
선종(禪宗)에서 분화(分化)된 것이라고 말하였다.[144] 아울러 혜능
의 반야파라밀경(般若波羅密經)과 신수(神秀)의 오방편(五方便)을
중국 선종의 요체로 파악하였다.[145]

위에서와 같이 정중본원은 무상 대사가 항상 주석하면서 선법을
이끄는 정중선문(淨衆禪門)의 본부요, 화도(化導)의 중심자리였다.
이와 같이 무상 대사는 신라승으로서 중국에 건너가 중국 인민을
위해 오로지 교화에 힘썼을 뿐만 아니라, 변방(邊防)불교가 아닌
중국 검남선종(劍南禪宗)의 중심에서 활약하였으며 선법의 발전에
서도 꽃을 피웠다. 검남선종은 당시 중국선종의 주류적인 위치에
있었던 거대한 세력의 종파였다.

그러면 앞으로 돌아가서 『景德傳燈錄』(卷4)에 입전(立傳)된 장송

---

144) 洪修平,「略論禪宗的分化與四川禪系的禪法特色」(『峨嵋山與巴蜀佛敎』,
2004) p.339 참조.
145) 印順,『法海微波』(臺灣, 正聞出版社, 1993) p.261 참조.

산(長松山) 마(馬)선사에 관한 원사료(原史料)는 아마도 종밀(宗密)이 저술한 『圓覺經大疏鈔』일 것이다. 왜냐하면 '長松山馬'란 이름이 무상 대사의 제자 속에 들어 있기 때문이다. 『景德傳燈錄』(卷4)에는 무상 대사의 법사(法嗣)가 5명인데 1인이 견록(見錄)이다. 장송산 마선사와 마조 선사가 동일인임에도 불구하고 중국의 진경부(陳景富)는 어떤 견해(見解)를 따랐는지는 알 수 없으나 각기 다른 이인(異人)으로 보았다.146) 『景德傳燈錄』에는 '見錄'(卷4)과 '立傳'(卷6)에서 내용을 약간 다른 시각으로 말하였다. 그 이유는 마조 선사와 무상 선사의 초기 사자관계를 지우지 않을 려는 신중한 태도라고 보기 때문이다.

마선사가 출현한 시대배경과 상황이 동일할 뿐만 아니라 이를 잘 파악하고 있는 문헌이 다름 아닌 『四川通志』(卷38)이기 때문이다. 여기서 마선사는 곧 개원(開元)시대의 마조 선사라고 말하였다.147) 필자가 보기에도 초기의 마선사는 정중 무상으로부터 법을 배웠던 것을 믿고자 한다.

위의 ③에서 또 무주 선사가 백애산(白崖山)으로 들어간 시점도 그가 보당종을 창립한 이전이기 때문에 이 시기는 정중종의 계보에 포함시켰다고 본다. 그러나 대력연간(大歷年間‥766-778)에 와서 보당종(保唐宗)을 세우자 정중종(淨衆宗)을 이탈하는 움직임이 『歷代法寶記』에서 찾아진다고 해서 무상 대사와 무주 선사의 사자관계를 부정적으로 단정해서는 안된다.

앞에서 이미 종밀(宗密)이 정중종(淨衆宗)을 남북종(南北宗)에 치

---

146) 陳景富, 『中韓佛敎關係一千年』(宗敎文化出版社, 1999) p.250 「無相禪師傳法世系表」 참조.

147) 『四川通志』 卷38 寺觀 長松寺 「在州西北長松山上, 一名衍慶寺, 本蠶叢廟址. 唐開元中, 爲馬祖禪師所建.」

우치지 않는 '非南北'의 유연성, 탄력있는 것으로 말하였다. 『歷代法寶記』(杜相章)에서도 혜억(惠憶) 선사를 '亦不南亦不北, 亦不入作, 亦不出作.'으로 말하였다. 즉 남북종(南北宗)의 돈·점문(頓漸門)을 모두 가졌다는 뜻이다. 이같이 정중·보당선파의 특이한 성격의 배경에는 남북종의 대립 즉, 배타의 영향을 받지 않고 독자적으로 발전하였다. 따라서 보당선파가 생겨 난 후에는 자연히 남종에 가깝게 되었다.

위에서와 같이 무상 선사는 정중종의 선법(禪法)을 아주 간단히 먼저 인성염불을 습득시켜 무념(無念)을 최고의 경계까지 끌어올리도록 실천하였다.

필자가 조사한 무상 대사의 제자로는 Ⓐ 당사소(當寺김), Ⓑ 장송산 마선사(馬禪師), Ⓒ 축주계(逐州季), Ⓓ 통천현계(通泉縣季), Ⓔ 무주(無住), Ⓕ 신회(神會), Ⓖ 혜광(惠廣), Ⓗ 안승(安僧), Ⓘ 양승(梁僧), Ⓙ 신청(神淸), Ⓚ 혜오(慧悟), Ⓛ 가섭현자(迦葉賢者), Ⓜ 소김사(小金師), Ⓝ 융(融), Ⓞ 왕두타(王頭陀), Ⓟ 무계(武誡), Ⓠ 신휘(愼徽) 등 비교적 많은 편이다.

그러나 ⒶⒷⒺⒻ를 제외하고는 어떤 인물인지를 알 수 있는 기록이 없다. Ⓒ는 극유(克幽) 선사를 지칭했는지도 모른다. 극유 선사는 또한 무주(無住)이기 때문이다.[148] 『中華傳心地禪門師資承襲圖』에는 '保唐李了法'이라고 하였다. 그러나 신중한 고증이 더욱 요구된다. Ⓞ는 『錦江禪燈目錄』(卷1)의 운정(雲頂) 왕두타(王頭陀)이다.

위 ⓅⓆ는 무주와 함께 무상 대사의 사법 제자 5인에 들어갔다. 이 가운데 사천을 연고지로 한 인물은 『錦江禪燈目錄』(卷1)에서와

---

148) 『廣德寺志』(遂寧市地方志叢書, 1988) p.145 「寺開山闡敎第一和尙克幽禪師, 師又名無住, 俗姓李.」

같이 ⒺⒻⓄ 등 3인이다. 『錦江禪燈錄』(卷 16)에는 왕두타(金水縣), 운정(石城山)이 들어가 있다. 그러나 무주 선사는 봉상인(鳳翔人)이고, 왕두타와 운정은 동일인으로 『경덕전등록』(권 4)에서와 같이 『錦江禪燈目錄』(卷 1)도 말하였다.[149] 무상 대사의 문하에 학자(學者)들이 모여든 가장 큰 요인은 종밀(宗密)이 말했듯이 처적의 전법을 크게 깨우쳤기[大和此敎] 때문이다.[150] 이 화(和)자를 크게 홍양(弘揚)했다는 쪽으로 해석하는 사람도 있다.[151]

처적 대사와 무상 대사의 공통점은 신이적(神異的)인 행동과 두타행(頭陀行)에서 찾을 수 있다. 두 선사는 모두 『神僧傳』에 수록되었다. 다만 차이점은 처적의 입정(入定)이 7일인 데 반하여 무상의 용맹정진은 5일이다. 두 선사의 두타행(頭陀行)과 깨달음이 서로 상통되었음이 『歷代法寶記』에 실려 있다. 즉 무상이 입사(入寺)하여 예견(礼見)을 채 마치기도 전에 당(唐)화상이 물었다.

"그대가 천곡산(天谷山)에서 어떤 일을 했느냐(汝於天谷山作何事業)?"

"한 가지 일[一物]도 못 했지만 바쁘지는 않았습니다(一物不作只沒忙)."

당화상이 답하기를, "그대가 그곳에서 바빴다면 나 또한 바빴을 것이다." 당화상은 뜻을 알았으나 중인(衆人)은 알아차리지 못했다. (唐和上報吾. 汝忙, 吾亦亡矣. 唐和上知衆人不識.)

주석(註釋)은 <Ⅶ篇-7> 무상어(無相語)에서 다시 총체적으로 모았다.

위에서 일본의 야나기다 세이잔(柳田聖山)은 일물(一物)＝총(總),

---

149) 藏經書院版, 『卍續選輯 史傳部』15册, p.0501 참조.
150) 『圓覺經大疏鈔』 卷3之下(『續藏經』 14册) pp.555－556 참조.
151) 洪修平, 『禪宗思想的形成與發展』(江蘇古籍出版社, 2000) p.178 참조.

망(忙)＝망(茫)으로『大正藏』(51卷)에 수록된『歷代法寶記』를 교주(校注)하였다. 즉「一物」을 總,「忙」을 茫으로 진전시켰다.[152]

그러나 앞뒤의 해석에서는 오히려「一物」「忙」을 그대로 둔 채 해석하는 것이 맞게 된다. 필자가 참고한 간본(刊本)은『中國佛敎叢書 禪宗編』(Ⅱ)의 필사본『歷代法寶記』(江蘇古籍出版社, 1993)와『大正藏』(51卷)에 의거하였다.

필자의 이 같은 시도가 옳은지를 선학(先學)인 김구경(金九經)의 교정(校定)에서 찾아보자. 그는 이 대목에 아무런 주석(注釋) 없이『大正藏』에 의거하였다. 즉 '汝於天谷山'으로 '天谷山' 다음에 구두점(句讀点)을 찍었다.[153]『歷代法寶記』의 돈황사본(敦煌寫本)은 현재까지 7본(本)으로 알려지고 있으나, 최근 대만의 불타교육기금회(佛陀敎育基金會, 1990)에서 영인(影印)한 간본(1990)도 참조할 만하다.

(2) 禪法繼承의 法子

『원각경대소초』(卷3之下)에는 무상 대사의 문하에 ① 당사소(當寺召), ② 장송산마(長松山馬), ③ 축주계(逐州季), ④ 통천현계(通泉縣季) 등 4인이 거명되었을 뿐이다.

『원각경대소초(圓覺經大疏鈔)』에서 말한 무상 대사 제자들의 이름에는 잘못 쓰인 오기(誤記)가 보인다. 즉 소(召) → 석(石), 계(季)

152) 柳田聖山,『初期의 禪史Ⅱ』(筑摩書房, 1979 初版 第2刷) p.171「汝於天谷山, 作何事業. 吾答, 總不作, 只沒茫」

153) ① 柳田聖山은 '一物' 대신『大正藏』(51卷)대로 '總'을 사용하였다.
② 金九經,『校刊歷代法寶記』(沈陽出版社, 1935) 卷下 p.10「唐和上便問. 汝於天谷山, 作何事業. 吾答. 一物不作只沒忙. 唐和上報吾。汝忙吾亦忙矣. 唐和上知象衆人不識.」

→ 이(李), 축주(逐州) → 수주(遂州)가 되어야 한다. 축주(逐州)란 지명이 없기 때문이다. 이 문제는 『속장경』본 이외 7본의 두루마리 필사본을 대조해 보아야 확실해질 것이다.

①은 『宋高僧傳』(卷9) 신회전(神會傳)에서 그가 '본래 서역인으로 그의 성씨가 석(石)'임을 알 수 있다. 『中華傳心地禪門師資承襲圖』에는 익주석(益州石)으로 기록하였다. 아울러 보당(保唐) 이요법(李了法)은 무주(無住)를 말했을 것이다. 그의 속성은 이(李)씨이다. 무상 선사의 제자가 이렇게 많은 것은 그 세력이 막강하였음을 보여준다. 법호(法號)를 묶어 다시 개별적으로 이설(異說)에 포함시켜 살펴보자.

1) 가섭현자(迦葉賢者), 小金師, 體無知

3인 모두 『歷代法寶記』에 실려 있다. 그러나 가섭현자를 제외한 율사(律師)들은 김화상이 입적한 후 김화상을 비방하고 반대하는 태도를 보이고 있어서 비록 정중사에 머물렀다 하더라도 김화상의 제자에 포함시킬 수는 없다. 더욱 이들 중에는 무상 대사의 선법을 배웠는지를 따지는 데는 어려움이 있다. 이들은 김화상이 세운 선원(禪院)을 도앙낭중(都昻郎中)에게 부탁하여 율원(律院)으로 고쳤다. 위 가섭현자, 김소사, 체무지를 제외한 장대사(張大師)가 율사로 정중사 율원(律院)에 머문것은 확실하다. 『歷代法寶記』에는 신회가 형주(荊州)에 있을 때 가섭을 만나 김화상을 아느냐고 물었을 때 스스로 김화상(金和上)의 제자라고 답하였다. 이 신회는 낙양의 하택사(荷澤寺) 신회를 말한다. 가섭현자는 서국인(西國人)이다. 당사(當寺)는 정중본원(淨衆本院) 또는 본찰(本刹)을 가리키는 말이다. 이른바 소김사(小金師)가 누구인지 알 수 없으나, '小金

師'라고 부른 점으로 보아 같은 나라 출신에서 붙여진 이름으로 볼 것이다. 체무지(體無知)는『歷代法寶記』(體無師章)에 '金和上弟子'라고 폄하하는 훼언(毀言)이 있다. 장 대사(張大師)는 남조(南詔)의 장유충(張維忠)을 지칭한 것이 아닐까? 운남 선종(雲南禪宗)의 계보(系譜)를 따져 보아야 할 것이다.[154] 또 체무지 화상은 김화상의 제자[體無知和上是金和上弟子]이다. 이들이 모두 정중사(淨衆寺), 영국사(寧國寺)을 아울러 관리한 것으로 보아 두 사찰이 가까운 거리에 있었다고 보게 된다. 뿐만 아니라 성도(成都)의 영국사(寧國寺)도 큰 사찰이었을 것이다.

2) 무주(無住)

무상 대사와의 관계에 있어서는 만난 적이 없다고 말하는 것이 중국인의 일반적인 해석이다.[155]『歷代法寶記』(無相章)는 수연(受緣)을 멀리서 바라보았고, 무상 대사가 알아듣지 못하는 큰 소리를 외쳐대자 좌우제자(左右弟子)조차도 괴이하다고 하자 무주 선사는 말없이[黙然] 백애산(白崖山)으로 들어가고 말았다. 여기서 우리는 그 과정을 원문(原文)에 밀착시켜 해석해야 한다. 그 까닭은 다음과 같다.

---

154) 雲南省社會科學院宗教研究所,『雲南宗教史』(雲南人民出版社, 1999) p.44에는 '張維忠을 荷澤神會의 3世인 南印'이라고 했으나 필자는『北山錄』에 의거하여 淨衆 神會의 제자로 보려 한다. 왜냐하면『北山錄』은 무상 계보의 제자에 의거 同時代에 編纂되었고,『宋高僧傳』『五燈會元』은 宋代에 편찬되었기 때문이다.

155) ① 杜斗城,「敦煌本『歷代法寶記』與蜀地禪宗」(『敦煌学辑刊』 1993 - 1, p.57「無住 … 或者說, 他是否爲無相的親事弟子, 仍是有疑問的.」
② 鄭性本,「淨衆無相禪師研究(『淨衆無相禪師』, 佛教映像會報社, 1993) p.149 참조.

① 무주 선사가 북영주(北靈州)의 하란산(賀蘭山)에서 검남의 상인(商人) 조양(曹瓛)으로부터 무상 대사의 얼굴을 많이 닮았다는 이야기와 함께 무상 선사의 무억, 무념, 막망의 삼구용심(三句用心)을 듣고 성도를 찾은 것. ② 지금도 운수승(雲水僧)이 어느 사찰에 도착하면 어디서 왔다는 이야기를 말한다. ③ 무상 대사가 매일 사부대중 앞에서, 어찌하여 이 같은 인연이 갑자기 나왔느냐고 큰 소리로 외쳐대자 주위의 제자늘조차 괴이하게 여기자 누수 선사는 말없이 묵묵한 모양으로 입산하였다.

위 ①②는 문장 구성상의 진행, 배경이고 ③은 결과이다. 즉 무상 대사와 무주 선사의 차별을 보여준다고 할 수 있다. 그러나 묵묵하게 입산했다는 말은 이미 절주지에게 떠난다는 인사를 했어야만 하는 상황이라는 것을 전제로 말하고 있다. 문장의 순서에서도 무상 선사가 안건(安乾) 선사를 통해 무주 선사를 접견했을 때 대단히 기뻐했다고 한 것처럼 무상 대사가 제자들을 친절하게 환영하는 모습을 보여준다. 이 때 무상 선사는 안건으로 하여금 주인(主人) 노릇을 하도록 했다(金和上遣安乾師作主人. 安置在鐘樓下院住…『歷代法寶記』). 여기서 우리는 무상 선사가 얼마나 인자한 성품인가를 알게 한다.

이 같은 상황에서 보면 무주 선사가 미리 떠나겠다는 인사를 했다고 보게 된다. 더욱 무주 선사로부터 무상 선사한테 편지가 왔다는 것은 이전에 만난 적이 있음을 암시해 준다. 『歷代法寶記』(無相章)에서도 무주 선사가 하란산(賀蘭山)에서 성도에 도착했을 때 무상대사를 예견한 대목(對目)을 뒤쪽에 끼워 넣었다. 앞에서 안건(安乾) 선사의 경우처럼 고승의 접견은 주지가 직접 접견하게 된다. 그럼에도 불구하고 무상과 무주와의 대면은 처음부터 신기하게 검남의 상인으로부터 무상에 관한 이야기를 듣고 찾아왔지만 뚜렷한 접견 장면은 피하고 뒷쪽에 끼워넣었다. 그것은 『歷代法寶記』(無住章)를 잘 검토하면 이 기록에 앞서 김화상을 예견(禮見)하고, 머물렀음을 알게 한다.156)

종밀이 말한 무주의 법계가 홍인(弘忍) → 혜안(慧安) → 진초장(陳楚璋) → 무주(無住)로 이어 무상 대사와 전혀 다른 별개의 법맥 때문인지 모른다.157) 이와 같이 『歷代法寶記』는 무주 선사가 김화상(金和尙)을 배알(拜謁)하여 스승으로 삼았으나, 곧 독자적인 보당 선파(保唐禪派)를 창립하면서부터 정중사(淨衆寺) 김화상(金和尙)을 이탈해 나갔다. 그 실증적 바탕에 정중사의 중심인물인 신회(神會) 화상을 『歷代法寶記』가 전혀 주목하지 않았기 때문이다.

뿐만 아니라 『景德傳燈錄』(卷4), 『圓覺經大疏鈔』(卷3之下), 『錦江禪燈』(卷1)에는 분명히 마조 선사가 무상 대사로부터 법을 얻은 제자라고 하였다.158) 최근에 출판된 『巴蜀禪燈錄』(成都出版社, 1992)에는 무상 대사의 사법(嗣法)에 ① 보당사 무주, ② 정중사 신회, ③ 수주 극유를 두었다. 극유는 당나라 대종(代宗)이 무주

---

156) 『歷代法寶記』無住章에 「遂乃出賀蘭山, 至北靈州, 出行文, 往劍南禮金和上, 遂被留.」

157) ① 伊吹敦, 『禪の歷史』(法藏館, 2001) p.49 참조.
　　② 鈴木哲雄, 「保唐寺無住の'無念'」(『印度學佛敎學硏究』 18-1) p.272 참조.

158) ① 『圓覺經大疏鈔』 卷3之下 「有一僧名無住, 遇陳開示領悟. 亦志行孤勁. 後遊蜀中, 遇金和上開禪, 亦預其會 …… 遂認金和上爲師.」
　　② 『歷代法寶記』 「緣何忽出此言, 無住和上, 黙然入山.」
　　③ 『景德傳燈錄』 卷4 「益州保唐寺無住禪師, 初得法于無相大師.」
　　④ 『五燈會元』 卷2 「益州保唐寺無住禪師, 初得法於無相大師.」
　　⑤ 『五燈全書』 卷4 「益州保唐寺無住禪師, 初得法於無相大師. 乃居南陽白崖山.」
　　⑥ 『錦江禪燈』 卷1 「益州保唐寺無住禪師. 初得法於無相大師.」

266

선사에게 내린 사호(賜号)임에도 불구하고 수주 계(季)로 말했는 지 알 수가 없다. 그러나 『中華傳心地禪門師資承襲圖』에 보이는 보당(保唐) 이요법(李了法)은 무주 선사를 가리켰다고 본다. 속성에 따라 이승(李僧)이라고도 불렀다.

3) 융(融), 왕두타(王頭陀), 신휘(愼徽)

『景德傳燈錄』(卷4)의 표복(標目)에는 무주와 함께 5인이 기재되 었다. 왕두타(王頭陀)는 『景德傳燈錄』(卷4), 『錦江禪燈目錄』(卷1)에 보이는 한주(漢州) 운정산(雲頂山) 또는 운정(雲頂) 왕두타(王頭陀) 이다. 위 5인은 무주 선사 이외 형주(荊州) 명월산(明月山) 융 선 사, 전계(磚界) 신휘(愼徽), 무계(武誡), 한주 운정산 왕두타 4인으 로 기연어구(機緣語句)가 없다.

조사업(趙嗣業)이 지은 「大唐克幽禪師塔記」에는 극유(克幽) 선사 가 성도(成都)의 정거사(淨居寺) 무상 대사 김화상에 의지(依止)하 였는데, 스승과 제자의 도(道)가 다르지 아니하여 매번 날카로운 문제를 던져 합하였다고 하였다.159)

4) 신회(神會), 남인(南印), 혜광(惠廣), 안승(安僧), 양승(梁僧)

『北山錄』(卷6)에 기록되었다. 즉 신회는 '付法門人'이고, 나머지 는 선법(禪法)의 중심인물인 '宗禪法'이라고 말하였다. 남인(南印)은 『宋高僧傳』(卷11)에 실려 있다. 이에 의하면 조계(曹溪)의 심지(深 旨)를 얻었으나 인정(認証)을 얻지 못해 정중사 신회(神會)를 스승 으로 찾았다. 그럼에도 불구하고 남인을 포함시킨 것은 다음 <Ⅷ

159) 趙嗣業, 「大唐克幽禪師塔記」 『巴蜀佛教碑文集成』(巴蜀書社, 2004) p.135 「往依成都淨居寺無相大師金和尚, 而師資道合, 投針相契, 就削 發圓. 無相即授以心要.」 참조.

篇-Ⅱ>에서 서술한 남조도전(南詔圖傳)과 관련되기 때문이다. 남조
선종(南詔禪宗)의 조사(祖師)인 남인(후에 聖壽)과 장유충(張惟忠)이
동일인이라면 무상의 법손(法孫)이 된다. 따라서 무상의 정중종(淨
衆宗)이 남조대리(南詔大理)까지 전파되는 계기가 된다. 또 종밀(宗
密)에 따르면 남인(南印)은 무상의 증손(曾孫)이 되고, 정중사(淨衆
寺) 신회(神會)를 기준으로 해서 보면 무상의 법손(法孫)이 된다.

호적(胡適)은 신회 화상의 전법세계(傳法世界)를 분명히 하였는
데, 그곳에도 성도성수사(成都聖壽寺) 남인(南印)이 있다. 당사석(當
寺石)은 바로 정중사의 석화상 신회(石和尙神會)이다. 그러나 종래
종밀(宗密)은 결코 당사(當寺) 석화상의 법명(法名)이 신회(神會)라
는 것을 밝히지 않았다. 당사는 정중사를 말한다. 또 호적(胡適)은
하택 신회(荷澤神會)와 정중사 신회(淨衆寺神會)를 혼동시키기 위해
『歷代法寶記』의 저자가 의도적으로 구분하지 않았다고 지적했다.

5) 신청(神淸)

『北山錄』의 저자이다. 『宋高僧傳』(卷6)에는 무상 대사를 직접
예참하였다고 했지만 약간의 시차가 있기 때문에 직접 전법(傳法)
을 받은 법자(法子)로 채택하기 어렵다. 또 정중 신회와 다른 법계
로 말해진다. 만약 무상 선사가 창건한 영국사(寧國寺)가 재주(梓
州) 현무현(玄武縣)에 있었고, 또 시간이 맞는다면 영국사 신청이
아닐까?

6) 혜오(慧悟)

무상 대사가 성도에 세운 보리사(菩提寺)에도 있었다. 단문창(段文
昌)이 지은 「菩提寺置立記」에는 무상 대사의 '升堂法子'라고 하였
다.160) 또 『四川通志』(卷38)에는 이 절의 처음 이름이 보리사(菩提

寺)인데, 중창이 채 완성되기도 전에 무상 대사가 팽주(彭州) 천저산 (天筋山) 혜오 선사(慧悟禪師)를 맞아들여 머물게 하였다.[161]

7) 도우(道遇)

중국 대종(代宗) 광덕(廣德) 2년(764)에 불공(不空)이 황궁(皇宮)에 나아가 올린 '請置大興善寺大德四十九員' 가운데 '成都府淨衆寺僧道遇'의 이름이 있다.[162] 대종(代宗)의 뜻에 따라 주청(奏請)한 광덕 2년 1월 23일은 무상 선사가 입적한 지 2년이 채 안된 시점이기 때문에 대덕(大德) 도우(道遇)는 무상의 제자임을 알 수 있다. 입적한 2년 후란 큰 변화가 있을 수 없는 짧은 시간이기 때문이다. 광덕 2년은 안사난(安史亂)의 잔당을 아직도 평정 못 하고 있을 때이다.

이상 마조도일 선사가 무상 대사의 엄연한 초기 제자라고 한 문헌이 존재함에도 불구하고, 혜능의 이른바 '再傳子'로 확립시키는 법계도를 바꾸고 말았다.[163]

무상 대사의 제자들을 여러 선종전적(禪宗典籍)곳에서 찾을 수 있다. 이른바 '付法門人' '宗禪法' '升堂法子' '左右親事弟子' '禮足爲師' '承後弟子'들을 한곳에 묶어 도표(圖表)로 만들면 다음과 같다.

---

160) 위 책, p.56 참조.
161) 『四川通志』 卷38 寺觀 菩提寺 「此寺刱名. 修建未就, 乃迎彭州天筋山惠悟禪師以居焉. 禪師即無相大師升堂之法子也.」
162) 『大正藏』 52卷 p.830 「代宗朝贈司空大辨正廣智三藏和上表制集」 卷1 참조.
163) 지금까지 작성된 「淨衆法系圖」(『無相禪師傳法世系』)가 몇 가지 있다. 그러나 많은 제자가 포함되지 못하였다. 참조해서 볼 일이다.
   ① 佛敎映像會報社 『淨衆無相禪師』(1993) p.147 참조.
   ② 陳景富, 『中韓佛敎關係一千年』(宗敎文化出版社, 1999) p.250 참조.
   ③ 本章, 「無相大師의 法子」에서 찾아볼 수 있다.

(五祖) 弘忍── 智詵── 處寂

無相

神會
無住
長松山馬(馬祖道一禪師)
神淸
惠廣
安僧
梁僧
逐州季
通泉縣季
慧悟
迦葉賢者
小金師
體無知
融
無誠
雲頂 王頭陀
愼徽
道遇

〈표 5〉無相大師의 法子

3) 成都의 寺院重創과 無相 禪蹤

무상의 선종불적(禪宗佛蹟)을 찾는다면 그가 창건한 아래의 사찰에서 족적(足蹟)을 찾게 된다.

(1) 川西의 叢林 大慈寺

위치는 성도시 촉도대도동풍로(蜀道大道東風路) 남쪽에 자리하였다. 이 길은 1957년 당시 교통 혼잡으로 인하여 새로 확장되었다. 그 이전은 민국시대까지 내려왔던 야시장거리[夜市街]였다. 대자사

앞 야시장의 잠시(蠶市)는『四川成都府志』(卷34)에 기록되었다.[164]
또 같은 시대에 편찬된 [明] 曹學佺,『蜀中名勝記』에는 시(詩)에
수록되었다.[165]

〈사진 36〉 大聖慈寺

최근 새로 절이 중창되었기 때문에 종래의 문은 밤에 내부인(內
部人) 출입의 후문으로 사용되고 있다. 정문이 반대 방향으로 났기
때문에 주소가 변경되었을 것으로 본다.

본래의 이름은 대성자사(大聖慈寺)이다. 당·송시대는 규모가 성
도에서 가장 컸을 뿐만 아니라, 천서(川西)의 사대총림(四大叢林)
가운데 하나였다. 지금의 대자사는 당송(唐宋)시대의 규모보다 100

---

164) 譚繼和『巴蜀文化辨思集』(四川人民出版社, 2004) p.273에는 成都는
　　每年 1~12월 전문성의 임시 시장이 개설되었는데, 1月은 燈市, 2
　　月 花市, 3月 蚕市, 4月 綿市 ⋯⋯등이 열렸다.

165) [明]『蜀中名勝記』卷2 成都太守 田況의『七月六日晚登大慈寺閣觀
　　夜市詩』참조.

분의 1에 불과하다고 한다.166) 대자사의 창건은 무상 대사의 모건
(募建)에 의해서였다.167) 이때 규제(規制)를 세우도록 칙명을 받고,
전우(殿宇)는 96원(院) 8,500구(칸)를 만들었다.168) 당나라 황실사
원인 법문사(法門寺)가 24원(院)인 데 비추어 보면 엄청난 규모임
을 알 수 있다. 또 당의 명황(明皇)은 '大聖慈寺'란 사액을 직접
써서 내렸고, 아울러 사전(賜田) 1천무(一千畝)도 내렸다. 뿐만 아
니라, 당나라 때의 대자사 벽화는 전국 사찰 가운데 으뜸이고, 질
적으로 회화예술(繪畵藝術)에서 최고봉으로 알려져 있다.169) 명황
을 따라 많은 화가들이 성도에 모여들었기 때문이다. 이와 달리
정중사는 조각(彫刻), 조상(造像)이 특이하였다. 이와 같이 정중사
의 조각(彫刻), 대자사의 회화(繪畵)는 단연 중국 사찰에서 으뜸이
었다.

피난 온 명황(明皇)은 국운의 융성을 위해 성남(城南) 영간(英幹)

---

166) 古大慈寺의 面積은 11,530㎡이다.

167) 『宋高僧傳』 卷19 참조.

168) 『佛祖統紀』 卷41 참조.

169) ① [宋] 范成大, 『成都府古寺名筆記』(『天啓新修成都府志』卷44)에
　　　「成都畵多名筆, 散在諸觀, 見於大聖慈寺者爲多, 今猶具在, 總而記
　　　之左庶幾觀者可考.」(p.646)

　　② [宋] 李之純, 『大聖慈寺畵記』(『天啓新修成都府志』卷43) p.643에
　　　「擧天下之言唐畵者, 莫如成都之多, 就成都較之, 莫如大聖慈之盛」.

　　③ 王衛明, 『大聖慈寺畵史叢攷』(文化藝術出版社, 2005) p.44 참조.

　　④ 金維若, 『中國美術史論集』(黑龍江美術出版社, 2004) p.21 참조.
　　　위에서 주목되는 것은 중국이 安史亂 이후 많은 畵家들이 成都
　　　로 모여들었는데, 寺院壁畵에 영향을 준 화가는 張彦遠, 吳道玄,
　　　吳道子, 吳家樣, 閻立本 등이다. 晩唐화가 張彦遠은 大慈寺 벽화
　　　에 영향을 준 吳道玄를 예로 들면서 형상이 온전히 기골이 닮
　　　았다(形似須全其骨氣)고 하였다. 袁有根, 『歷代名畵記』(北京圖書
　　　館出版社, 2002) p.21 참조.

스님의 간청을 받아들여 노상에서 죽을 끓여 가난한 백성에게 베풀었을 뿐만 아니라 또 부동(府東)에 숭복사(崇福寺)를 세웠다. 피난 온 1년 반 동안의 보위(寶位)는 영주(靈州)에 피난 간 태자에게 넘어갔기 때문에 『佛祖統紀』가 숙종(肅宗)의 편년(編年)에 맞추어 사액(寺額)을 지덕(至德) 2년 조(條)에 기록할 수밖에 없었다. 그러나 기록상의 내용을 명황(明皇)이 성도에서 행한(『佛祖統紀』에 의하면 '上皇說御書, 大聖慈寺額') 사액(賜額)임을 분명히 해야 한다. 당 현종이 안사난(安史亂)을 피해 성도에 있었던 시점이 지덕(至德) 1년~2년(756~757)이기 때문이다. 그럼에도 불구하고 최근 중국인 학자의 저술에서는 창건과 내용을 숙종과 연관시키는 착오가 생겨나고 있다.[170] 『天啓新修成都府志』(卷3)에 의하면 명나라 천계(天啓)때 장세옹(張世雍)이 편찬할 때만 해도 玄宗이 쓴 '大聖慈寺'란 4글자가 남아 있었다고 기록하였다. 또 『大明一統志』(卷67)에도 '唐至德間, 建玄宗書大聖慈寺, 四字尙存'이라 하였다.

대자사와 정중사의 관계는 무상 대사의 모화(募化)에 의해 함께

---

170) ① 『蜀中名勝記』卷2 成都府 2 「大慈寺, 唐至德年建, 旧有肅宗畵 '大聖慈寺'四字, 蓋敕賜也.」. 明代의 史學家인 曹學佺은 蜀의 125州縣을 발품을 들면서 많은 地方史의 저술을 남겼는데, 아무 근거 없이 賜額을 내린 황제를 숙종으로 말했는지 알 수가 없다. 더욱 '舊有肅宗書'는 믿을 수가 없다. 이러함에도 불구하고, 그의 언급은 많은 영향을 주고 있다. 즉 이후의 사람이 의거하는 문헌적 근거가 되고 있다.

② 『中國歷史文化名城詞典』(上海辭書出版社, 1985) p.994 「據『蜀中名勝記』載, 創建于唐至德年間. 廟門前的匾額"大聖慈寺"爲唐肅宗親題.」

③ 任宝根 等, 『中國宗敎名勝』(四川人民出版社, 1989) p.190 「創建于唐至德年間, 門前'大聖慈寺'匾額爲唐肅宗親題.」

④ 『佛敎文化百科』, (天津人民出版社, 2005)p.51 『門前大聖慈寺匾額爲肅宗親題.』

중창되었다는 사실이다. 단월(檀越)이란 시주(施主)에 의해 사찰이
중창되었다는 뜻이다. 계섬림(季羨林)에 의하면 범문(梵文)과 파리
문(巴利文)의 다나파티(danapati)를 의역(意譯)으로 시주(施主)라고
번역하였다.[171]

그러나 무종(武宗)의 폐불(廢佛) 때는 거종(巨鐘)이 대자사에 잠
시 갔다가 이후 선종(宣宗) 때 와서 불교가 중흥하자 정중사도 재
건되어 다시 돌아왔다. 이후 다시 신종(神鐘)이 주조(鑄造)되어 남
조(南詔)까지 법연(法緣)이 이어졌다. 남조에 전해진 거종(巨鐘)의
전설(傳說)에서 주조된 내력이 명확하지 않으나 ‘神鐘’이라고 한
것으로 보아 종래의 이른바 ‘巨鐘’이 아님을 알 수 있다.

거종(巨鐘)이 대자사에서부터 정중사로 다시 옮겨질 때 부강(府
江)을 거슬러 운반되었는데 종이 너무 커서 이틀이 걸렸다. 주목되
는 것은 인력(人力)으로 운반된 것이 아니고, 무상 대사의 사리(舍
利)를 나누어 소상(塑像)한 진용(眞容)에서 흘린 땀을 보고 무상
대사의 신통력(神通力)이 배를 끌었다고 믿고 있다.[172] 『宋高僧傳』
(卷19)에는 사리(舍利)를 나눈 진형(眞形)의 조상이라 하였다. 『蜀
中廣記』(卷82)에도 ‘眞形’이라 했으니 소상(塑像)일 가능성도 있다.
이미 <1篇-2>에서 말한 바와 같이 영당(影堂)에는 영정(影幀)을 그
린 이른바 ‘寫形’이 따로 있었다고 볼 수 있다.

그러나 무상이 입적한 지 100여 년 지났을 때 성도의 무상영당
을 찾은 신라승 행적(行寂)에 따르면 사진(寫眞·진용을 그린 그

---

171) 季羨林, 「商人與佛教」(『第16屆中国学者論文集』, 1985) p.166 「梵文
和巴利文都是 danapati, 意譯施主, 音譯陀那鉢底, 旦那, 檀越等.」

172) 『宋高僧傳』卷19 「先是武宗廢敎, 成都止留大慈一寺, 淨衆例從除毁.
其寺巨鐘乃移入大慈矣. 洎乎宣宗中興釋氏, 其鐘却還淨衆以其鐘大隔
江, 計功兩日方到. ……咸怪神速非人力之所致也. ……乃知相之神力自曳
鐘也. 變異如此, 一何偉哉.」

274

림)이었다고 하였다. 아마도 이 두 진용(眞容)은 입적후에 모두 영당(影堂) 안에 모셨다고 본다. 즉 진용을 그린 그림도 모셔졌고, 소상(塑像)도 함께 영당 안에 모셔졌다고 생각된다. 이 같은 진형(眞形)이나 사진(寫眞)은 일시 정중사(淨衆寺)가 율사(律師)들에 의해 부분적으로 함께 쓰였지만 근본은 크게 변동되지 않았을 것이다. 또 큰 종도 무상 대사의 원력(願力)이 컸던 만큼 주조 준비에서부터 무상 대사가 관련되었을런지도 모른다. 아쉽게도 명문(銘文)이 있는지의 여부가 궁금하다. 이 거종은 현재 문수원(文殊院) 창고에 소장되어 공개되지 않고 있다고 해서[173] 마침 잘 아는 방장 종성(宗性) 스님을 만나 사실 여부를 확인했더니 그러한 종은 없고, 현재 문수원(文殊院)의 금종루(金鐘樓)에 있는 종이 가장 오래된 것으로 청나라 때의 것이라고 했다. 뿐만 아니라 대자사의 종은 앞에서와 같이 『南詔圖傳』에서도 나타나는데, 처음 주조한 이른바 '巨鐘'인지 또 새로 주조한 '新鑄'인지 알 수 있는 문헌이 없다. 따로 다른 거종(巨鐘)이 신주(新鑄)되었다고 한다면 무상 선사가 입적한 후로 보게 된다. 대자사 신종(神鐘)에 얽힌 이야기가 남조국(南詔國)까지 전해졌다.

『佛祖統紀』(卷40)에는 구화산(九華山)으로 들어간 김교각(金喬覺) 스님이 성도의 대자사(大慈寺) 주지로 있었던 또 다른 전화상(全和尙)인지의 문제가 있다. 전화상(全和尙)은 김화상(金和尙)의 오기(誤記)일 것이다. 이것은 정중사의 김화상과 김교각 스님에 대해 『佛祖統紀』(卷40)의 작자(作者)가 처음부터 혼란을 일으킨 착오

173) 四川省文史館, 『成都城坊古蹟考』(四川人民出版社, 1987) p.401 「新羅僧無相至成都, 重興此寺(筆者注: 万佛寺), 寺有巨鐘, 唐武宗毀天下佛寺, 鐘移入大慈寺. 宣宗再興佛教, 鐘仍還万佛寺, 至淸雍正(1723－1735)時遷置于鼓樓(解放后移貯文殊院).」

의 결과가 아닌가 생각된다. 물론 성도에는 정중 무상 선사와 또 다른 익주 김화상이 있기는 했지만 내용이 뒤섞혀 있기 때문에 그렇게 보게 된다.『佛祖統紀』(卷40)가 어느 새로운 원사료(原史料)에 의거한 것이 아니라면 외국 인명(人名)에 대해 스스로 혼란에 빠진 결과로 볼 것이다.174)

『佛祖統紀』의 저자가 '寂照塔碑銘'을 보았을 리가 없지만, 이것을 제외하고 당시 존재하였던 유사한 원사료(原史料)를 채택할 때 혼란을 일으킨 것으로 보게 된다. 대자사에는 무상 대사가 아닌 또 다른 전화상이 있었다고 보게 되는 기록은 최치원(崔致遠)이 지은 「寂照塔碑銘」 때문에 유추하게 된다. 그러나『佛祖統紀』(卷40)에 실려 있는 내용을 검토해 보면 전(全) 선사와 무상 대사를 혼돈하고 있다. 즉 ① 대성자사액(大聖慈寺額), ② 입규제(立規制)의 부분을 김(金)화상이 아닌 전(全)선사와 관련시켜 말하였다. 그렇다면 김화상이 아닌 또 다른 신라의 전화상이 주지(住持)로 있었다고 보게 된다. 하지만 결과적으로 무상 대사가 구화산(九華山)으로 들어간 장본인으로 혼란을 일으켰다.『佛祖統紀』(卷40)의 후반부 대목은 무상 선사와 익주 전(全)화상이 뒤섞혀 있기 때문에 내용검토와 아울러 내적비판(內的批判)이 요구되는 부분이다.175)

---

174)『朝鮮金石總覽』上, p.90「鳳巖寺智證大師寂照塔碑」참조.

175) 卞麟錫,「『佛祖統紀』에 나타난 金地藏에 관한 몇 가지 문제」(『韓國佛敎學』40, 2005) p.179 참조. 이후「寂照塔碑銘」에서 '靜衆無相, ⋯益州金, 鎭州金者'를 각기 다른 사람으로 列擧하였음에도 불구하고,『佛祖統紀』의 作者가 이 대목에 대해 결과적으로 混淆錯亂을 일으켰다고 필자는 보았다.

(2) 西郊의 草堂寺

성도시 서쪽의 완화계반(浣花溪畔)에 위치한 두보초당(杜甫草堂) 동쪽 언덕에 자리하였다. 지금은 동쪽 언덕이 초당에 흡수되어 한 울타리가 되었지만 청나라 때까지만 해도 동쪽에 언덕이 있었다고 보게 된다. 두보초당(杜甫草堂)은 글자 그대로 안사난으로 유랑 중에 두보가 살았던 집을 말한다.

예부터 불린 이름은 범안사(梵安寺)이지만 속칭으로 초당사라고 부른다. 창건 연대는 2가지설이 있다. 하나는 남조시대 창건되었다는 것과 다른 하나는 당나라 때 무상 선사가 창건했다는 것이다. 무상 선사가 '草堂寺無相大師'라고 부른 것으로 보아 초당사에 자주 멀물었음을 알 수 있다.[176] 필자가 두보초당에 10여 차례 다니면서 본래 초당사가 자리하였던 곳을 추정해 보면 다음과 같다. 지금의 초당 정문에 들어서면 남쪽에서 북쪽으로 배치된 중축선(中軸線)의 건물에 주목하게 된다. 즉 대해(大廨), 시사당(詩史堂), 공부사(工部祠) 등이다.

지금은 동쪽에 언덕이 없어졌으나 본래의 위치가 공부사에서 왼쪽으로 난 외곽길을 따라가면 냇물을 만난다. 이 냇물가에 산화루(散花樓)를 세워졌다. 옛날에는 동문(東門)의 명승(名勝)으로 유명하였다.[177] 청 말에 지은 천왕전(天王殿), 대웅보전(大雄寶殿), 계당(戒堂), 장경루(藏經樓)는 철거되었고, 초당사(草堂寺)란 편액이 붙은 대웅전 만이 남았다. 이곳 어딘가에 무상 선사가 초당사를

---

176) ① 『四川通志』 卷83 寺觀條 참조.
  ② 趙嗣業, 『大唐克幽禪師塔記』(『巴蜀佛敎碑文集』, 巴蜀書社, 2004) pp.135-136

177) 『蜀中名勝記』 卷2 「東門之勝 …‥ 禹廟, 大慈寺, 散花楼, 合江亭, 薛濤井, 海云寺其最著者.」

창건하고 머물었으리라 생각된다.

〈사진 37〉少陵草堂碑   〈사진 38〉散花樓

『蜀中名勝記』(卷2)는『方輿勝覽』을 인용하여 "梵安寺는 成都縣
南에 위치하며, 두보초당(杜甫草堂)과 인접하였다. 매년 4월 중 하
루를 택해 완화계반(浣花溪畔)에서 태자(太子)가 베푸는 연희가 있
었다. 여대방(呂大防)이 초당(草堂)을 세우고, 두보상(杜甫像)을 그
렸다."178)『益州談資』에는 무후공부(武侯工部) 두사(二祠) 가운데 사
원이 있었는데 하나가 초당(草堂)이고, 다른 하나가 중사(中寺)이다.

---

178)『方輿勝覽』卷50의 내용을『蜀中名勝記』卷2에서 인용된 文章과
　　비교하면 '每歲四月中浣前一日'을 '每歲四月中澣前一日'이라 했다.
　　原寫本이 어떤지 조사되어야 하겠지만 沿字本에서는 浣花溪의 浣이
　　맞다.

(3) 城南의 二江合流 위쪽의 菩提寺

『四川通志』(卷38)에는 보리사가 현남(縣南)에 자리하였다고 했다. 두 강이 합류하는 윗쪽(上)에 있었다. 지금은 강폭이 좁혀지면서 도시화가 되었지만 당나라 때는 현종이 사냥을 나갈 만큼 강변이 언덕으로 이어져 나무가 우거졌다고 하였다. 원래 부하(府河)와 남하(南河)가 합쳐지는 곳에 합강정(合江亭)을 세워 놓았으나 지금의 지점이 아니다. 지금의 동풍대교(東風大橋)에서 합수(合水) 지점 넘어서까지 넓은 범위로 보면 된다. 지형도 지금과는 달랐다.

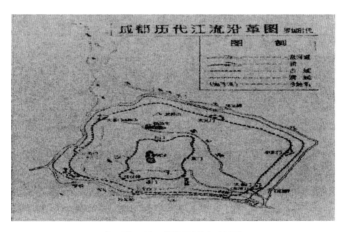

〈그림 16〉成都歷代江流圖

(4) 寧國寺

무상 선사가 모건(募建)으로 지은 사찰 가운데 지금까지 그 위치를 전혀 알 수 없는 사찰이 바로 위의 보리사와 영국사이다.『歷代法寶記』에는 무상 선사가 입적(入寂)한 후 두상공(杜相公)이 무상 선사의 종적(縱蹟)을 찾기 위해 무상 대사의 친사(親事) 제자와

함께 이틀 동안 동시(昨日)에 형산(衡山) 영국사(寧國寺)와 정중사
(淨衆寺)를 둘러본(觀望) 것으로 보아 두 사찰의 거리가 그다지 멀
지 않았음을 알 수 있다. 때문에 영국사를 잠애관서(蠶崖關西)의 백
애산중(白崖山中)에 있었던 것이 아닌가 추측해 볼 수 있다.『歷代
法寶記』『宋高僧傳』『佛祖歷代通載』(卷14)의 형산은 남악(南岳)을
지칭한 것이 아님을 알게 한다. 문제는 성도 근처에 형산이 없다는
것이다. 앞으로 더욱 산명(山名)의 변천을 조사해야 할 것이다.

그러나 무상 선사의 활동 영역과 그의 제자 소김사(小金師)가
영국사와 정중사를 함께 관리한듯한 것으로 보아 두 사찰은 성도
외곽에 있었던 것으로 볼 수 있다.179)

---

179) ① 『歷代法寶記』杜相公章「初到成都府日, 聞金和上不可思議. 金和
上既化, 合有承後弟子, 遂就淨泉寺, 衡山寧國寺觀望, 見金和上在
日縱跡.」
② 『上同』,「和上在日, 有兩領袈裟, 一領衡山寧國寺, 一領留在淨泉
寺供養.」
③ 『佛祖歷代通載』卷14「宰相杜鴻漸, 出撫巴蜀. 至益州遣使詣白崖
山請禪師無住入城問法.」

第 VI 篇

『歷代法寶記』에 보이는
白崖山과 保唐寺

『歷代法寶記』속의 白崖山과 保唐寺

보당사(保唐寺) 무주(無住) 선사와 깊이 관련된 백애산이 어디에
있는지는 현재로서는 전혀 알 수가 없다. 아직까지 유지(遺址)조차
찾지 못했기 때문이다. 아울러 무주 선사가 창립한 보당사(保唐寺)
도 어떠한 문헌에 보이지 않는다. 대만의 저명한 엄경망(嚴耕望)이
성도사원(成都寺院)을 모은 논문에서도 영국사(寧國寺), 보당사(保
唐寺)는 빠져 있다.[1] 뿐만 아니라 『四川省宗敎志』(四川人民出版社,
1998), 『成都市宗敎志』(四川辭書出版社, 1998)에서도 전혀 언급되
지 아니 하였다.

1. 白崖山

백애산은 무주 선사가 처음 무상 대사로부터 법을 얻고 머문 곳
이다.[2] 『歷代法寶記』에 나타나는 전후사정을 검토해 볼 때 성도와
그다지 멀지 않는 곳으로 보게 된다. 잠애(蠶崖)는 관명(關名)인데,

---

1) 嚴耕望, 「唐代成都寺觀考略」(『大陸雜誌』 63卷 3期, 1981) PP.1-6 참조.
2) 『景德傳燈錄』 卷4 益州保唐寺無住禪師 『初得法于無相大師. 乃居南陽
   白崖山 … 學者漸至, 勤請不己.」

관현(灌縣)의 서북쪽에 있다.『元和郡縣圖志』(卷33)에 의하면 백애
산은 처현(郪縣)의 남쪽 15리에 있다고 하였다.3)『大淸一統志』(卷
384)에는 숭경주(崇慶州) 서북쪽이라 하였다.4) 그럼에도 같은 책
(卷 296) 소흥부(紹興府 3)의 선석(仙釋) 혜충(慧忠) 조(條)에는 남
양 백최산에 머물었다(……居南陽白崔山)고 잘못 기록하였다. 옮겨
쓸 때 오기(誤記)를 범했다고 본다.

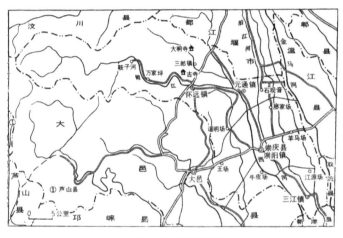

〈그림 17〉崇慶縣圖

이와 달리 『景德傳燈錄』(卷4), 『五燈會元』(卷2)에는 무주 선사
(無住禪師)가 '居南陽白崖山'이라고 한 지명을 붙였다. 『歷代法寶記』
는 무주 선사가 득도(得道)한 곳으로 빈번히 나온다. 가장 확실히
말한것이 잠애관서(蠶崖關西)에 위치한 백애산중(白崖山中)이라고
말한 것이다. 이 근처에 영국사(寧國寺)가 있은 듯하다. 왜냐하면

---

3)『元和郡縣圖志』卷33 郪縣「白崖山在縣南十五里.」
4)『大淸一統志』卷384 成都府 1「白崖山在崇慶州西北. 元和志, 在永康故
縣西二十里.」

무상 선사가 입적한 후 전의가사(傳衣袈裟)의 향방을 찾는데 무주(無住) 선사가 머물었던 잠애관서(蠶崖關西)의 백애산(白崖山)이 나오기 때문이다. 『佛祖統紀』(卷41)에는 두홍점(杜鴻漸)이 처음 파촉(巴蜀)을 무마하기 위해 사신을 백애(白崖)에 보내 무주 선사가 성(城) 안에 들어 오도록 청하였다. 무마의 작은 목적은 무주 선사로부터 법문(法問)을 듣고자 하는데 있었을 것이다. 즉 두홍점이 익주(益州)에 와서 백애산에 사신(使臣)을 보내 입싱하도록 한깃은 백애산이 멀지 안는 익주(성도) 교외에 자리하였다는 것을 말해준다고 할 것이다. 또 다른 가능성은 지금의 창융현(昌隆縣)에도 백애산이 있다. 즉 『續高僧傳』(卷 18)에 의하면 면주, 창융의 백애산에 도사 문보선(文普善)이 기록하였다.5) 거리는 위의 장애관서와거의 비슷하다. 하지만 방향이 동쪽의 면주(綿州)에 속했을 뿐이다. 결국 『역대법보기의 기록과 『續高僧傳』에 담겨진 기록가운데 어느 것을 신빙할 것인가에 대한 문제가 남는다. 필자는 전자가 더 신빙성이 있다고 본다. 이와 달리 『景德傳燈錄』(卷4)의 기록은 자연히 배제된다. 그 이유는 남양이 너무 멀리 떨어져 있기 때문이다.

즉, 백애산이 멀리 하남(河南) 남양에 있었다고 볼 수 없는 이유는 성도에서 이곳에 가려면 너무나 험난한 장애물이 가로막고 있기 때문이다. 그 로정(路程)을 보면 다음과 같다.

성도(成都) → 중경(重慶) → 대파산(大巴山) → 한수(漢水) → 노하구(老河口) → 남양(南陽)에 비로소 도착된다. 필자가 남양 백애산을 답사하기 위해 2번 남양을 찾았으나 확실한 백애산은 찾지 못하였다. 그러나 지금의 단강구수고(丹江口水庫)를 서북쪽으로 1시

---

5) 『續高僧傳』卷18 釋法進 「有綿州昌隆白崖山道士文普善者.」

간 정도 가로질러 도착하여 다시 승용차로 20분 정도 가면 속칭 백애산이 나온다. 한번은 승용차로 석천현(淅川縣)을 서쪽으로 서안(西安)가는 국도(國道)를 따라 가다가 왼쪽으로 빠지면 단강구수고(丹江口水庫)의 상류이기 때문에 작은 하류(河流)의 다리를 건너 내려가면 된다. 이곳은 수고(水庫)의 반대편 즉, 남양(南陽)에서 서안(西安)가는 고도(古道)이다. 이미 성도와는 멀리 떨어졌고, 서안(西安)에 가깝다.

〈그림 18〉「南陽府志圖」, 淅川縣은 있으나 香嚴山은 나와 있 지 않다. [明]『嘉靖南陽府志校注』1册에서 轉載

그러나 이곳 당자곡(党子谷)은 혜충(慧忠) 선사의 본거지이기 때문에 무주 선사가 머물렀을 가능성이 높지 않다.6) 『景德傳燈錄』(卷5)에는 혜충이 '自受心印, 居南陽白崖山党子谷.'이라고 했지만 실제는

6조의 심인을 받았다. 무엇보다 자중(資中)에서 여기까지 오는 데는 장애가 많고 거리가 멀다는 것이다. 그럼에도 불구하고 석천현 사지 판(淅川縣史志辦)은 지역이기주의(地域利己主義)에서 벗어나지 못 한 채 더욱 문물(碑記)의 발견 없이 백애산이 향엄사(香嚴寺)라고 주장한다.[7] 그러나 성도에서 여기까지 오는 데 너무 먼 거리이다.

2. 保唐寺

무상 선사가 봉상인(鳳翔人)이고 보면 보당사가 장안에 세워지지 말라는 법은 없다. 『長安志』(卷8), 『唐兩京城坊巧』(卷3)에는 동시(東市) 서쪽의 평강방(平康坊)의 '南門之東'에 보당사가 자리하였다. 보리사(菩提寺)가 보당사란 이름으로 바뀐 시점이 852년(大中6)이다. 필자는 『巴蜀佛敎碑文集成』(巴蜀書社, 2004, p.54)에 '大歷保唐寺'가 '성도의 平康里'에 있다고 한 주석 때문에 많은 시간을 낭비한 적이 있다. 보당사가 장안과 성도에 각기 하나씩 있었다고 믿는 근거는 다음의 두 문헌 때문이다.[8]

① ……「益州保唐寺無住禪師」(『景德傳燈錄』卷4)

② ……「此際, 不遠千里至於上都, 尋蒙有司特具事由. 秦聞天聽降勅宜令, 左街寶堂寺孔雀王院安置大師所喜神居駐.」(『新羅國故兩朝

---

6) 『景德傳燈錄』卷5「西京光宅寺慧忠國師者, 越州諸暨人也. 姓冉氏, 自受心印, 居南陽白崖山党子谷, 四十余祀, 不下山門, 道行聞于帝里.」

7) 陶善耕・明新勝, 『中州古刹香嚴寺』(中國致公出版社, 2001) P.155에서 『佛祖歷代通載』(卷 14)의 긴 文章을 그대로 옮겼으나 이와 같은 문헌은 『경덕전등록』(권 4)에서도 찾게 된다.

8) 卞麟錫, 『당장안의 신라사적』(한국학술정보(주), 2008) p.283 참조.

國師教謚朗空大師白月栖雲之塔碑銘并序」,『朝鮮金石總覽』上 p.181;
『全唐文』卷1.000 참조)

　위에서 ②는 거리가 멀고, 보당사(寶堂寺)의 개명 시기가 약간 늦
을 뿐이다. 이와 달리 ①은 보당사(保唐寺)가 성도(成都)에 있었다는
것이 확실해진다. 이를 강하게 뒷받침하는 것이 동시대(同時代)에
저술(著述)된『歷代法寶記』에도 '劍南城都府大曆保唐寺無住和上'이
다. 역(曆)은 역(歷)의 착오일 것이다. 그럼에도 불구하고 ① 평강리
(平康里), ② 광덕사(廣德寺), ③ 자주(資州) 등으로 멀리 잡고 있다.
①은 용현소(龍顯昭)가 주편한『巴蜀佛敎碑文集成』에 수록된 「保唐
寺毗沙門天王灯幢贊并序」이다. 작자는 유철(柳澈)이고, 시대는 대력
(大歷) 11년 (776)이다. 그런데 성도에 평강리가 있었던 문거(文據)
가 확실치 않다. ②는 수주(遂州) 광덕사(廣德寺)에 개산조(開山祖)
무주선사탑(無住禪師塔)이 있기 때문이다. 무주 선사가 입적(入寂)하
자 보당사와 분사리(分舍利)하여 탑을 세웠다고 본다면 가벼운 무게
를 갖는다고 할 수는 없을 것이다.9)

　③은 일본학자가 보는 견해이다. 자주(資州)의 보당사가 무주도
량(無住道場), 보당파 근거지(保唐派根據地)라고 하였다.10)

　그러나 성도(成都)를 벗어났다는 것은 시기적으로 당(唐)나라 선
종사상(禪宗史上) 매우 중요한 지역을 벗어 났다는 의미가 되기
때문에 고려해 볼만 하다.

　성도 가까운 곳에서 찾을 때 쌍류현(双流縣)에도 보당사(保唐寺)
가 있다. 그러나 무주 선사의 행적(行蹟)과 별 관계가 없는 장이사
(張二師)의 신통력이 전하고 있을 뿐이다.11)

---

9) 『廣德寺志』 P.145 참조.

10) 『新版 禪學大辭典』(大修館書店, 2000 新版6刷) P.1329 附錄(禪宗史蹟
　　地圖) 참조.

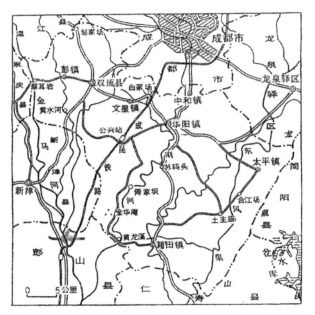

〈그림 19〉雙流縣圖

11)『太平廣記』卷424 참조.

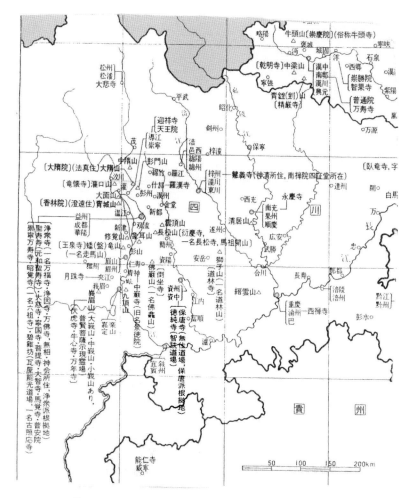

〈그림 20〉『新版 禪學大辭典』(大修館書店, 2000)의 잘못 된 保唐寺 位置

劍南禪宗의 티베트[吐蕃]
왕실에의 傳播와 南詔의 영향

Ⅰ. 淨衆禪派의 티베트[吐蕃]왕실에의 전파

1. 티베트(吐蕃)와 신라구법승

역사연구에 있어서 가정(假定)을 말하는 것은 금물(禁物)이지만 정치가 어지러울 때는 위대한 정치인물, 문화대사(文化大師), 종교대사(宗敎大師)를 생각하게 되는 것은 어쩔 수 없다.

지난 2008년 3월 14일 라사(Rhasa)에서 시작된 티베트의 분리독립(分離獨立)의 소요는 신라구법승 김화상(金和尙)을 생각나게 하는 기회가 되었다. 왜냐하면 김화상이 토번국(吐蕃國) 권신(權臣)의 독단으로 인하여 불교가 탄압받고 있을 때 그를 찾은 사절단(使節團)에게 신기하게도 앞을 내다보는 신통(神通)으로 해결해 주었기 때문이다.

이와 같이 김화상은 당(唐)나라 때 티베트[吐蕃]와 밀접한 관계를 갖는 제4번 째의 신라구법승(新羅求法僧)이다. 김화상의 경우는 비록 직접 토번국의 땅을 밟지는 않았지만 그가 정립(定立)한 검남선종(劍南禪宗)의 선법(禪法)이 토번에 전파되어 퍼져 나갔다. 검남선종의 발전은 삼부경(三部經)의 번역과 함께 왕에서 선강(宣講)한 데서 비롯 되었다.

그러면 토번에 간 신라구법승을 알아보자.

1. 토번에 간 신라구법승 가운데 가장 먼저 도착한 분은 혜륜(慧輪)과 현각(玄恪)이다. 이들은 당나라 태종의 조명(詔命)을 받들고, 문성공주(文成公主)가 티베트[吐蕃]에 시집갈 때 동행하였다. 특히 혜륜(慧輪)은 현조(玄照)의 시자(侍者)에 충임(充任)되었다. 『海東高僧傳』(卷2)에 의하면 석(釋) 현조 또한 신라인이라고 했지만[1]『大唐西域高僧傳』(卷上)에는 태주선장인(太州仙掌人)으로 말하고 있어서 의정(義淨)이 엮은 저술에 따르는 것이 옳다. 더욱 당나라 태종이 신라승 혜륜을 현조 시자로 봉한 대목을 두고 볼 때 같은 신라인일 수가 없다. 현각은 당에 간 신라 구법의 고승일 뿐만 아니라, 현조와 주거니 받거니 선문답을 하면서[相隨] 크게 깨달았다. 이를 확연철오(廓然徹悟)라고 보아야 할 것이다. 그러나 갑자기 질병을 얻어 이역에서 생을 마감했다. 이때 세수가 불혹의 40을 넘기지 아니하였다. 아쉬운 것은 토번에서의 행적(行蹟)을 알 수가 없다는 것이다. 다만 공주 일행이 지금의 청해(青海), 박해(泊海: 지금의 扎陵湖)에 당도하였을 때 송찬간포(松贊干布)가 군신(群臣)을 이끌고 와서 영접하였다.

때문에 포달라산(布達羅山)의 궁궐에 머물지 않았다고 하더라도 궁궐 출입이 자유스러웠다고 본다. 공주의 보살핌을 받았다고 보기 때문이다. 포달라궁은 7C 송찬간포(松贊干布)가 문성공주(文成公主)를 맞기 위해 지었다. 이후 17C의 5세 달라이라마가 다시 중건하였다.

실제로 현조 일행이 북천축국(北天竺國)에 갈 때까지 문성공주로부터 후한 보살핌을 입었다.[2] 문성공주는 불심이 돈독하였을 뿐

1)『海東高僧傳』卷2「玄照者, 亦新羅之高士也.」

만 아니라 당에서 가져온 석가불상(釋迦佛像)을 안치하기 위해 소소사(小昭寺)를 지었다. 지금의 대소사(大昭寺) 앞에 있는 버드나무가 바로 공주가 심었다는 전설이 전한다. 송찬간포는 다섯 왕비를 거느렸는데 토번출신의 왕비를 위해 창건한 것이 대소사(大昭寺)이다. 다섯번째 왕비가 문성공주이다.

2. 현태(玄太)법사가 있다. 법사(法師)는 당나라 고종 영휘(650 - 661) 때 토번도(吐蕃道)를 따라 네팔[泥波羅]을 거쳐 중인도(中印度)에 갔다.[3] 7 - 8C 장안에서 서역 가는 길은 토번(吐蕃)을 경유하였다. 그 루트는 ① 대발율(大勃律), ② 여국(女國), ③ 토번 - 네팔 - 중천축국(中天竺國), ④ 토번 - 실립(悉立) - 장구발(章求拔) - 중천국 등의 통도(通道)였다.[4]

3. 혜초(慧超)가 인도를 떠나 파밀(蔥領)을 넘어 안서(安西)에 도착한 해가 개원 15년(727) 11월 상순이다. 그가 지은 『往五天竺國傳』에 의하면 토번에 이르러 보니 사원도 없고 승려도 없으며, 불법이 없다(至于吐蕃, 無寺無僧, 總無佛法.)고 하였다. 토번에서 출가 승려는 쌍야사(桑耶寺) 창건부터이기 때문에 혜초가 목도(目睹)한 말은 맞다. 이로부터 28년이 지난 후 토번은 적송덕찬(赤松德贊)이 즉위하여 성도의 김화상으로부터 받은 삼부경(三部經)으로 인하여 정중선파의 싹을 틔웠다. 4번 째가 김화상이다.

---

2) 『大唐西域求法高僧傳』卷上 「吐蕃國蒙文成公主送往北天.」
3) 『大唐西域求法高僧傳』卷上 「永徽年內取吐蕃道. 經泥波羅到中印度.」
4) 王小甫, 「七八世紀之交吐蕃入西域之路」(『北京大學百年國學文粹』, 史學卷, 北京大學出版社, 1998) p.708 참조.

2. 淨衆禪派의 티베트(吐蕃) 전파

성도의 김화상이 끼친 불교의 영향은 매우 크다. 중국내에서는 정중종의 선법을 창립하고, 불사를 일으켰다. 대외적으로는 중국서남국에 정중종을 심은 영향이다. 이의 실증적 문헌으로 잘 알려진 『拔協』와 『南詔圖傳』이 있다. 『南詔圖傳』의 김화상 관련 문헌은 내외 학계에 아직 소개된 바가 없다. 전자는 일본 학자에 의하여 처음으로 제기되었을 뿐, 본격적인 문헌의 내용분석은 없었다. 후자는 처음으로 필자가 주석(注釋)을 붙인 바가 있기 때문에 『拔協』도 그러한 방법에 따랐다. 이와 같이 역사연구에 있어서 새로운 문헌의 발견이나 신사료(新史料)의 검토는 연구사에 있어서 소중한 가치를 갖는다. 뿐만 아니라 선행연구(先行硏究)에서 선구자로 우뚝 서게 된다.

앞에서와 같이 역사연구에 있어서 문헌(文獻)이 갖는 의미는 매우 크다. 전부라 해도 과언이 아니다. 그러나 불교사의 연구는 불교를 가지고 역사를 설명할 수 있는 것이 아니라, 오히려 역사배경에서 그 시대의 불교사를 설명하게 된다.

이 같은 관점에서 볼 때 중국 서남국의 강국인 티베트[吐蕃]와 남조(南詔)에서 김화상이 갖는 의미가 매우 크다. 이 점에서 필자는 『拔協』와 『남조도전』을 고찰하였다. 그 이유는 토번(吐蕃)과 남조(南詔)에 검남(劍南)선종이 도입(導入)되는데 모두 김화상의 손을 빌렸다는 데 놀라지 않을 사람이 없다. 여기서 김화상의 손을 빌렸다는 말은 바꾸어 말하면 검남선종(劍南禪宗)이 토번에 전파되는 데 주역이라는 뜻이다. 이 점에서 무상 선사는 분명히 '傳燈大禪師'임에 틀림이 없다. 전자는 이미 잘 알려진 『바세(拔協)』

296

란 고장문(古藏文)의 문헌이고, 후자는 필자가 처음으로 소개하고 주석(注釋)을 붙인 『남조도전(南調図傳)』(文字卷)의 김화상 관련 기사이다. 김화상이 한족화상(漢族和尙)인줄 알았기 때문이다. 총 2,363자 가운데, 김화상 관련의 문자는 146자이다. 전체의 1/16이다.

국내에서는 토번의 역사를 연구하는 전문가가 없기 때문인지 잘 모르겠으나 유일한 『淨衆無相禪師』(佛敎映像社, 1993)의 편저(編著)에 수록된 논문을 보면 무상 선사의 어록(語錄)이 P.T. 혹은 S.T.의 편호(編號)를 아무런 검토 없이 나열하였다. 예컨대 P.T. 116에는 무상어록을 단정 짓기가 어렵다. P.T.116은 124엽(葉)이나 되기 때문에 자세한 내용분석이 요구된다. 더욱 P.T.116(Ⅶ - a)(f.173, l. 3 - f.174, l. 1)의 『무주사(無住師)의 선경(禪經)』에는 『역대법보기(歷代法寶記)』(S.T.516, P.T.2157, 3717)의 무상선사 어록인 삼구어(三句語) 마저도 무주가 말한 것으로 잘못 알려졌다.[5]

비록 무상어록이 실존한다고 해도 이미 『大正藏』에 수록된 『역대법보기』가 있기 때문에 여기서 무상어를 찾을 수밖에 없다. 무상선사의 연구는 두 가지가 있다.

하나는 새로운 자료의 발굴이고, 다른 하나는 『역대법보기』에서 새로운 과제를 찾는 일이다. 전자는 획기적인 연구에 보탬을 줄 것이기 때문에 기대가 크지만 필자가 알기로는 무상게(無相偈)가 별도의 권자(卷子)가 아니고, 무상오경전(無相五更轉)을 게(偈)의 범위에 두었다고 생각된다. 그 이유는 다음 <그림 21> S. 6077에서와 같이 '無相五更轉 無相偈'가 동격으로 나란히 씌여져 있는데서 알 수 있다. 후자는 무상 연구에 있어서 보고(寶庫)가 『역대법보기』이기 때문에 새로운 과제를 찾을 수 있다고 본다.

5) 木村隆德, 「敦煌チベット語禪文獻目錄初稿」(『文化交流硏究施設硏究紀要』 4, 東京大學文學部, 1980) p.102 참조.

『바세』의 내용분석에 있어서도 지금까지 중국인이나 일본인은 '金和尙'이란 명칭이 없는 대신 '神和尙', '神通和尙', '尼瑪和尙'으로 지목해 왔을 뿐이다. 일본 학자는 한국과 달리 할 수 있는 데까지 파고든다. 이 같은 연구사에서 볼 때 필자가 최초로 『바세』에 나오는 '吉木和尙'(GIM)이 본명 그대로 '金和尙'임을 밝혔다.

필자는 무상 선사에 관한 새로운 문헌을 ①『南詔圖傳』, ②『바세』, ③『歷代法寶記』 등에서 찾아냈다. ①은 처음으로 소개하고 주석(註釋)을 붙였다. ②는 일본 학자에 의하여 제기된 이후 『바세』의 내용분석이 없었기 때문에 철저히 검토하였다. ③은 『歷代法寶記』에 지대한 업적을 남긴 학자가 야나기다 세이잔이다. 『歷代法寶記』는 사실 야나기다 세이잔(柳田聖山) 이후 새롭게 발견된 과제를 통해 무상 대사의 행적(行蹟)을 풀어 나갔다. 위 ②의 김화상(金和尙)인 '吉木和尙'의 출처를 찾는 데 있어서 중국 학자를 비롯하여 야부기 게이기(矢吹慶輝), 야나기다 세이잔(柳田聖山), 야마구찌 쯔이호(山口瑞鳳) 등이 모두 소홀히 하였다. 야마구찌 쯔이호는 최초로 「티베트 佛敎와 신라의 김화상(チベット佛敎と新羅の金和尙)」이란 제목을 다루면서 본질이 아닌 상징의 지엽적인 nyi ma hva shang에만 주목하였다. 그러나 최초로 구미어(歐美語) 논문을 이용하여 티베트에 불교를 전파시킨 신라 김화상(金和尙)을 다룬 것은 높이 평가된다. 한마디로 김화상은 nyi ma hva shang(尼瑪和尙)이 아니고 상징적인 태양의 이름을 빌려 붙인 것이다. 니마(尼瑪)는 김화상을 두고 말한 상직적 칭호일 뿐 김화상을 가리킨 음석(音釋)과는 거리가 멀다. 그러면 김화상은 어디서 찾을 수 있을까?

필자는 야마구찌 쯔이호가 주목하지 아니한 한자(漢字) 표기의 김(吉木和尙)이 바로 『바세』에 나오는 김화상임을 처음으로 밝혔다.

298

무상 선사의 어록 또한 『歷代法寶記』나 『無相五更轉』에서 찾아야 할 것이다. 필자가 찾은 어록만 해도 5가지가 된다. 만약 『景德傳燈錄』(卷4)의 저자가 『歷代法寶記』를 보았다면 어록(語錄)에 포함시켰을 것이다.

본고가 기도하는 바는 바로 성도의 김화상을 축으로 하는 중국 서남국과의 불교전파이기 때문에 한국과 중국 서남국의 교류사도 산접석이는 하지만 티베트[吐蕃]와 남조(南詔)까지 잇게 된다. 이같은 목적을 달성하기 위해 고장문(古藏文)으로 편찬된 김화상 관련의 『바세』와 『포돈불교사』의 기사(記事)를 면밀히 검토하는 작업이 요구된다. 아울러 한수(漢水)를 통한 섬남(陝南)의 한중(漢中)이 남조(南詔)와 토번(吐蕃)에 들어가는 신라인의 교두보가 되었음을 새롭게 발견하였다.

3. 『바세(sBa – bžed)』와 『布敦佛敎史大寶藏論』에 나타난 김화상

돈황문서 가운데 티베트에 관한 문헌은 모두 해외로 빠져나갔다. 여기에는 두 가지가 분류된다. 하나는 장문문헌(藏文文獻)이고, 다른 하나는 한문문헌(漢文文獻)이다. 이것이 거의 프랑스 『파리국가도서관장(藏) 돈황장문사본목록(藏文寫本目錄)』과 영국이 편찬한 『印度事務部圖書館藏 돈황장문사본목록』에 수록되어 있는 편호만 해도 5000건 이상이 된다. 그러나 다행히 해외로 유실(流失)된 돈황고장문(敦煌古藏文)이 앞에서와 같이 대부분 정리되었다.

『바세(拔協)』의 출현은 12C 초에 찬술(撰述)된 사지류(寺志類)의 저작이다. 이를 '상야고사지(桑耶古寺志)' 또는 '상연고사지(桑鳶古寺志)'라고도 부른다. 편찬 연대는 14C로 보는 것이 일반적이다. 그러나 12C설(說)이 강하다.[6] 그러나 저자의 생몰(生沒) 연대에 맞지 않는 약점이 있기도 한다.

『바세』의 편찬목적이 적송덕찬 시기의 역사와 쌍야사 창건 이후 불교가 전파되는 상황을 주로 구성하는 데 중점을 두었다. 『불교사대보장론(佛敎史大寶藏論)』은 일명 『포돈불교사』라고도 부른다. 편찬된 시기는 14C로 『拔協』보다 약간 늦다. 일반적으로 『拔協』의 '파'는 저자인 파새랑(拔塞囊)을 가리키고, 협(協)은 주장, 견해의 뜻이다. 『바세』(增補譯本)에 따르면 저자 파새랑(拔塞囊) 이외 상시(桑喜)도 『바세』 저술의 한 사람으로 지목하였다. 이에 따르면 쌍시(San si)는 본래 그의 부친이 당조(唐朝)의 중신이었는데 토번에 파견되어 정착[安家]하였기 때문에 두 나라 언어에 능통했다고 했다. 그의 큰 공적은 적송덕찬을 도와 불교가 토번에서 창행(昌行)하는 데 큰 역할을 하였다. 그를 통해 검남선종이 빛을 발하였다. 그런데 어떻게 해서 여기에 신라왕자 김화상(金和尙)에 관한 전승(傳承)이 수록(收錄)되었던지? 또 서장(西藏) 학자였던 포돈(布敦, Bu-ston: 1290~1364)의 『불교사대보장론(佛敎史大寶藏論)』에는 어째서 방문단을 보낸 왕과 그 인수(人數)가 다르게 나타났는지?

이 점은 두 저술(著述)이 편찬된 시대가 약간의 시차를 두고 다른 분위기를 보인다. 즉 『拔協』는 한장문화(漢藏文化)가 중시된 시기에 편찬되었다. 때문에 검남선종(劍南禪宗)을 중심으로 한 교류가 강조되었다. 『布敦佛敎史』는 『拔協』에서 언급한 김화상 관련의 내용을 취사(取捨)하여 저술에 담았다.

---

6) 王堯・陳慶英, 『西藏歷史文化辭典』(西藏人民出版社, 1998), p.10 참조.

성도(成都)의 김화상을 만난 사실이 우연이 아닌 것은 토번으로 귀국하는 로정(路程)에서 볼 때 사실로 받아들여진다. 김화상을 만난 것은 이들이 귀국길에 성도(成都)를 둘러야 하는 로정(路程) 때문이다. 이것은 마치 『南詔圖傳·文字圈』에서와 같이 그들의 정체성(正體性)을 가미하는 의도가 들어 있는 것과 같다. 실제로 티베트[吐蕃]에서는 김화상(Kim hva‑Sang)을 신승(神僧) 또는 태양(太陽)으로 높이 숭상(崇尙)하였기 때문이다. 뿐만 아니라 성도 김화상(金和尙)을 예견(禮見)하였을 때 소년시기에 있었던 적송덕찬(赤松德贊)을 보고 김화상이 ① 사자(使者) 중에 한 분이 보살화신(菩薩化身)이라고 말한 것, ② 예언으로 미리 불경을 감추어 두도록 일러 준 것 등은 모두 무상의 신이(神異)적 권위에 가탁(假託)할 만한 가치가 있었기 때문이라고 말할 수 있다.[7] 김화상의 신통력을 알리는 것만이 아니라 그 권위에 의탁하여 그들의 정체성도 높이는 데 있기 때문이다. 이 점에서 ②는 티베트[吐蕃]와 남조(南詔)의 두 문헌이 갖는 배경이 같다. 이 같은 역사적 배경은 파 씨(拔氏) 즉 파새랑(拔賽囊)과 푸돈(布敦)이 저술한 두 문헌을 통해 김화상 관련의 기록을 확실히 말할 수 있다.

① 『拔協』(增補譯本, 四川民族出版社, 1990, p.6)에는 김화성의 한자(漢字) 표기를 '吉木和尙'으로 적었다. 이것은 본래 고장문의 음석이다. 즉, 진(Gin), 김(Kin) = 김화상이다. 이것들은 매우 유사한 발음이다. 토번왕(吐蕃王) 적덕조찬(赤德祖贊)이 쌍희(桑希 San si)를 당나라에 보내 불교경전을 구하였다.

당황제(唐皇帝)는 남지(藍紙)에 금침(金針)으로 쓴 불경(佛經) 1,000권을 증송(贈送)해 주었다. 금침으로 글씨를 쓸 수 있는지는

---

7) 『佛敎史大寶藏論』(民族出版社, 1986) p.171 참조.

의문이다.『바세』(增補譯本)는 필자를 위해 한역(漢譯)해준 티베트
인 까(尕) 교수와 달리 '藍紙上寫以金字的佛經'이라고 번역하였다.
『바세』(增補譯本, p.6)에는 다음과 같이 말하였다. "國王便派桑喜和
另外四人作爲使臣携帶信函, 到中原去求取漢族經典."

아울러 김화상이 신이(神異)한 신통력을 발휘하여 예언으로 몰
래 은닉해 둘 것을 미리 알려 주었다. 즉『바세』는 이에 관하여
다음과 같이 말하였다.

① '기무 즉 김(吉木)화상'이 말해 준 대로 어느 시기에 가서 국
왕에게 불법을 선강(宣講)할 것.

② 신기하게도 '기무화상'이 삼부경(三部經)을 건네주면서 그대
가 장차 불경을 강설할 것을 말하였다. 또 이미 찬보(贊普)가 죽었
다는 사실도 신통력으로 알려 주었다. 사자(使者)의 인수(人數)는
5인이다. 이후 편찬된 [明]『청사(靑史)』에도 파쌍시(巴桑西)와 파새
랑(巴賽囊) 두 사람이 후에 중국 내지에서 1,000부를 구득하였다.[8]
적송덕찬이 성장하여 친정(親政)을 장악하자 쌍시(桑西)를 아리(阿
里)지구에 보내 귀양 간 파새랑 대신(大臣)을 모셔 와 불교중흥에
힘썼기 때문에 중국에 파견되었을 가능성도 있다.『靑史』는 갈거
파(噶擧派)의 명승(名僧)인 곽·선노패(郭·宣奴貝)의 저작으로 장
전불교(藏傳佛敎)의 창건과 발전을 주도한 내용으로 구성하였다.
그 체재는 편년(編年)과 기사본말(紀事本末)의 기술이다. 장전불교
사(藏傳佛敎史)의 연구에 있어서는 대만이 많은 자료와 사전을 출
판하였다.

여기서는 12C에 편찬된 『바세』와 원(元)나라 지치(至治) 3년
(1323)에 하로파(夏魯派)의 창시자이며 불교학자 포돈·인흠(布敦·

---

8) 王繼光,『中國西部民族文化硏究 2003年卷』(民族出版社, 2003) p.163
   참조.

仁欽)이 저술한 14C『포돈불교사』를 주로 하여 비교 검토하였다.

사절들이 돌아오는 길에 성도(成都)까지 가서 니마(尼瑪)화상, 즉 신화상(神和尙)을 만나 삼부경(三部經)을 받았다. 아울러 닥쳐올 귀족권신[瑪香仲巴杰]의 불교 탄압을 피하는 방안까지 신통(神通)으로 말해 주었다.9) 적덕조찬(赤德祖贊 704－755)은 재위 52년으로 755년 서거하였다. 재위 기간에는 대신 마상중파걸(瑪尙仲巴杰)의 독단으로 불교가 탄압받았다. 탄압내용은 무참하였다.10)

아들 적송덕찬(赤松德贊)이 찬보(贊普)의 지위를 계승하였다. 재위기간(755－797)은 43년이다. 그가 불교를 일으킨 데는 3가지의 업적이 있다. ① 사찰을 세운 것, ② 탁발승을 배출시킨 것, ③ 불경번역이다.

위 ①～③의 뜻이 담겨진 최초의 사찰이 쌍야사(桑耶寺)이다. 더욱 그는 한승(漢僧)을 대표로 하는 마가연(摩訶衍)의 돈문파(頓門派)와 인도승 적호(寂護), 그리고 연화생(蓮花生)이 벌린 '頓漸之爭'을 참관하였다. 앞『拔協』의 한역(漢譯) 쪽수는 장문판(藏文版, 北京民族出版社, 1982)에 의거하였고, 또『바세』(增補譯本)도 활용

---

9) ① 尕藏加 교수가 필자에게 抄譯해 준 古藏文의『바세』쪽수는 p.8이다.
   ②『拔協』(增補譯本, 四川民族出版社, 1990) p.7 참조.
      ⓐ 위의 책 p.7「和尙以其先知神通觀察後, 答道, 贊普已經去世, 王子 尙未成年, 信奉黑業(指反對佛敎, 信奉苯波敎)的大臣們掌權.……」
      ⓑ 위의 책 p.11「漢族吉木和尙預言的該向國王宣說佛法的時機到了.」
   ③『佛敎史大寶藏論』(民族出版社, 1986) p.171 참조.「'赤松德贊'在少年時曾同'尙喜'(譯音)等一行四人派到內地去取求佛法. 那時, 有一具有神通的和尙, 事先說西藏派來的使者中, 有一位是菩薩化身.」

10) ① 布敦, 위의 책, p.172 참조.
   ②『拔協』의 제1차 滅佛運動『中國西部民族文化硏究 2003年卷』 p.165 참조.
   ③ 尕藏加,『雪域的宗敎』上(宗敎文化出版社, 2003) pp.210~212 참조.

하였다. 서로의 쪽수는 같지 않다.

pelliot. 116에는 제선사(諸禪師)의 선경(禪經)이 더러 있는데 확실히 밝혀진 바는 아니지만 김화상인 듯한 이름이 보인다. 즉 P.T.116(Ⅶ－a)(f.173, l. 3－f.174, l. 2)의 『김후사(Kim hu 師)의 禪經』(또는 Kim hun 禪師)이 『바세』에 나오는 성도의 정중사(淨衆寺) 김화상(Kim hva－san)인지는 확실치가 않다.[11]

필자의 생각으로는 한자(漢字)의 김화상이 고장문의 『바세』에 나오는 '吉木和尙'으로 착음(借音)된 것과 비교해서 보면 해답의 거리가 좁혀진다. 더욱 Kim hu(또는 hun)은 이중국(二重國) 언어로 거듭 환역(還譯)되었기 때문에 발음이 먼 것으로 보이지만 기본이 된 '金和尙' 이 모두 'GIN', 'KIN'에서 나왔다고 보아야 할 것이다. 김후(Kim Hu) 또는 김훈(Kim Hun) 선사가 정중사의 김화상인가는 위에서와 같이 유사하지만 또 『역대법보기(歷代法寶記)』가 고장문(古藏文)으로 번역되었다면 이를 통해 오기(誤記), 착오(錯誤)가 찾아질 것이다. 그러나 그럴 가능성은 없다.

이 경우 김후(Kim Hu 또는 Kim Hun) 선사가 김화상이 아니라고 전적으로 배제할 수 없다. 왜냐하면 『바세』에는 김화상을 '吉木和尙'이란 착음으로 환역 되었기 때문에 앞에서와 같이 최근에 음석한 기무(吉木)와 Kim Hu(Hun)는 꽤 유사하다. 『역대법보기』는 정중무상 선사를 속성에 따라 '김화상(金和上)' 또는 '김선사(金禪師)'라고 불렀다. 그러나 일시에 불린 이름이 아니고 속성(俗姓)에 따라 불려진 것이다. '김화상(金和尙)'은 중국 음석(音釋)으로 진(GIN), 긴(KIN)의 두 경우가 모두 한문음석인 것으로 보이지만 원래는 방언(方言)대로 불렀던 음석으로 전해졌다고 본다. 끝의 MU

---

11) 木村隆德, 「敦煌チベット語禪文獻目錄初稿」(『文化交流硏究施設硏究紀要』4, 1980) p.102 참조.

(木)의 모음이 지(吉) 아래로 올라가 합쳐져서 김(KIM)이 되었다.

②『불교사대보장론(佛敎史大寶藏論)』(民族出版社, 1986)에는 적 송덕찬(赤松德贊)이 태자로 있을 때 사절을 당에 보내 불교(불경)를 구하였다. 『바세』에는 적송덕찬이 금성공주가 낳은 유일한 왕자라 고 하였다.12) 그러나『불교사대보장론』에서는 다르게 말하였다.13)

사절의 구성인원은 쌍시(桑希 San si)를 대표로 하는 일행 4인 이다. 귀로에 성도에 가서 김화상을 만나 불경 3부를 받았다. 포돈 (布敦)은 학식이 높은 당시 티베트불교계를 대표하는 인물이며 역 사학자이다. 논저가 200여 종인데 이 가운데『불교사대보장론(佛敎 史大寶藏論)』이 가장 유명하다.

위 ①, ②는 대체로 두 가지 차이점이 있다.

첫째, 티베트[吐蕃]가 이른바 '內地取經'을 위한 목적은 같으나 사절을 파견한 주체가 다르다. 즉 '찬보', '소년시기에 있었던 왕자 적송덕찬(赤松德贊)이 포함된 사절', '사절의 구성 인수' '역경장 소' 등이 다르다. 이 같은 이견은 전해 오는 저자의 생몰 연대가 각기 다르기 때문이다.

---

12) ①『拔協』(增補譯本, 四川民族出版社, 1990) pp.4-5「由此大臣們確信 王子是公主生的.」

② [明]『西藏王臣記』p.189「戊午, 按赤松德贊之母爲金城公主. 此戊 午年當在金城入藏庚戌年後的戊午, 即開元元年(718), 與『敦煌本歷 史』說赤松德贊生于壬午(742)相差兩個小甲子有矛盾」. 즉 金城公主 가 己卯年(739)에 사망했음에도 赤松이 壬午年(742)에 태어났다 는 이야기는 성립되지 않는다. 실제로『바세』所載의 卯年은 增 補譯本 p.4「在卯年, 金城公主生了一位王子. 當時, 正住在扎瑪爾 翁布國宮中. 卯年孟春月十三日那天, 國王供養的漢族和尙對國王說, "大王, 您的王妃已經生了一位菩薩化身的王者."」

③ 王繼光,『中國西部民族文化硏究 2003年卷』(民族出版社, 2003) p.164 참조.

13)『佛敎史大寶藏論』(民族出版社, 1986) p.178 참조.

위 ①, ② 가운데 찬보와 태자가 함께 정사를 보는 자리가 있을
수 있기 때문에 시차는 큰 문제가 안 된다. 왜냐하면 경우에 따라
서는 또 시차가 겹쳐질수 있기 때문에 사실을 규명한다는 것은 쉽
지가 않다. 결과는 기록에 대한 시차가 좁혀지기보다 더욱 혼란만
낳을 뿐이다.

둘째, San - si(桑希)는 상사(上師) 또는 상서(桑西)로도 표기된다.
쌍시(桑希 San si)가 중국인지 또는 티베트[吐蕃]인지는 아직도 정
론(定論)이 없다. 그러나 『바세』(譯序)에는 중국인으로 말하였다.
두 문헌이 모두 12-14C에 편찬되었지만 시간적으로 몇십 년 늦게
편찬된 『오부훈교(五部訓敎)』에서 쌍희(桑希, San si)가 파씨상선
(巴氏上禪)의 아들이라고 말했기 때문에 티베트[吐蕃]인일 가능성
이 높다. 상선은 선사(禪師)를 뜻한다.

어쨋든 쌍희(桑希 San si)는 성도의 정중사(淨衆寺) 무상 선사
(無相禪師)로부터 선법을 배우고, 아울러 3부경을 증여받고 이를
번역하였다. 불교역경(佛敎譯經)은 적송덕찬(赤松德贊)의 명에 따라
쌍시(桑希)와 매과(梅果) 등이 해보산(亥保山)의 동굴 안에서 착수
하였다. 뿐만 아니라 찬보(贊普)에게도 강설하였다.

이와 같이 정중선파는 티베트 왕실에서부터 전파되어 유행되었
다. 쌍시는 정중선파가 가장 융성했을 때 이를 티베트에 뿌려서
싹을 틔운 주역이다. 그 후에는 마가연(磨訶衍)이 중국선종을 직접
티베트에 가서 전파, 발전시켰다.

다시 말하면 정중본원(淨衆本院)에서 시작된 한 방울의 물, 빛난
등불이 비춘 법연(法緣)이 티베트의 왕실에 전파되었다. 그 실증적
바탕에 두홍점(杜鴻漸)이 무상 선사가 입적한 후 정중사를 찾아와
선사의 행적(行蹟)을 찾아 살핀 데서 알 수 있다. 그는 삭방(朔方)

절도사에 있으면서 토번과 싸웠기 때문에 무상 선사에 관한 명성을 이미 알고 있었다고 본다. 위에서와 같이 무상 선사의 등보(燈譜)가 성도 뿐만 아니라 중국의 서남국 - 티베트와 남조까지 광범위하게 전파되어 나간 점이 다른 신라고승과 다르다.

1) 敦煌 출토 古藏文에 보이는 김화상

김화상(金和尙)을 통한 전중선파의 티베트[吐蕃] 왕실의 교류는 직접 티베트에 들어가면서 이루어진 것이 아니다. 교류의 내용을 들여다 보면 토번왕실이 불교경전[取經]을 구하기 위해 당(唐)에 파견한 쌍희(桑希, San si) 등의 사절(使節)이 귀국길에 김화상을 만난 인연을 계기로 정중선파(淨衆禪派)가 토번왕실에 전파되고, 이후 왕권을 견고히 하기 위한 국가대사(大事)였기 때문에 티베트[吐蕃]의 고사서(古史書)인 『바세』에 수록된 것이라고 보아야 할 것이다. 『바세』는 파족(拔族 즉 拔桑西와 拔賽囊 등)의 진술(陳述)이란 뜻이다.

문제는 김화상이 어떻게 해서 티베트[吐蕃]까지 폭넓게 숭상(崇尙)의 신이적(神異的) 고승으로 전파되었는지를 밝혀야 할 것이다. 김화상의 신승(神僧) 기록은 중국의 『僧傳』에 기재되었기 때문에 『바세』의 기록과 일치하지만 중국 밖의 티베트[吐蕃]와 남조(南詔)까지 외연(外延)으로 확대되어 나간 데 대하여 놀라지 않을 수 없다.

이 같은 과제를 풀기 위해 ①『神僧傳』에 수록된 신승(神僧) 무상 선사, ②『南詔圖傳·文字圈』에 보이는 김화상, ③『바세』에 나타난 김화상, ④『歷代法寶記』에 보이는 김화상 등의 관련 기사를 구체적으로 나누어 고찰하였다.

　여기에는 Pelliot.116의 김선사(金禪師)에 관한 기록을 제기한 초기 유럽학자들의 업적이 뚜렷함에도 불구하고, 오랜 시간이 지난 탓인지 우리는 마치 일본 학자들의 공적으로 잘못 알고 있기 때문에 확실한 초기의 연구사를 정리할 필요가 있다. 그래서 본 절(本節)을 달아 간략히 살펴볼 작정이다.

　뿐만 아니라 검남선종의 전파력이 매우 신속하여 적어도 중국의 서남국(西南國)인 티베트[吐蕃]와 남조국이 지리적으로 가깝기 때문에 다른 선종의 종파(宗派)보다 앞서 영향을 끼친 대표 주자(走者)의 역할을 하였다.

　중국선종의 티베트[吐蕃] 전파는 돈황에서 라사(Rhasa)에 들어간 마가연(摩訶衍)에서부터 시작되는 것으로 말하는 것이 일반적이지만 알고 보면 그가 티베트에 들어간 A.D.781(建中 2)은 김화상이 입적한 보응원년(寶應元年)‥762)에서 보면 20여 년 뒤가 되는 시차가 있다. 그는 신회(神會)의 문인으로 티베트[吐蕃]에 들어갔다.[14]

　위에서와 같이 검남의 정중선파는 당나라의 학승(學僧) 종밀(宗密)이 정중종을 선종의 제2 세력일 뿐만 아니라 대표라고 말한 것에 걸맞게 가장 먼저 티베트에 들어간[入藏] 점에서 큰 의미를 갖는다. 정중종이 제2의 세력임은 무상 선사의 제자가 많이 배출된 데서도 알 수 있다. 마가연(摩訶衍)이 인도에서부터 티베트에 들어간 연화생(蓮花生)과 함께 쌍야사(桑耶寺)에서 왕이 지켜보는 자리

14) ① 饒宗頤, 「神會門下摩訶衍之入藏」(『香港大學五十周年紀念論文集』1, 1964) 참조.
　② [法] 戴密微・耿昇譯, 『吐蕃僧諍記』(西藏人民出版社, 2001)pp. 143-203 『摩訶衍的第1-3圖表疏』 참조. 저자는 불란서의 漢學家이다. 불란어판은 1952년에 출판된 名著이다.
　③ 『續藏經』 2卷 釋摩訶衍論 10卷 참조.

에서 3년간 종론(宗論)을 펼친 승쟁(僧諍)으로 유명하다.[15] 이 종
론은 단순한 '頓門派'와 '漸門派'의 논쟁이 아니라 실제로는 너 죽
고 내가 사는 티베트(吐蕃)의 정권내부, 즉 왕실과 구귀족 간에 벌
린 격렬한 정치적 싸움으로 연결되었다.[16] 마치 중국선종이 활태
(滑台)에서 '南北宗'의 격렬한 쟁론(諍論)을 벌였던 것과 같았다.
진남(陳楠)은 또 『十善法經』, 『金剛經』, 『稻杆經』이 서로 관련될
뿐만 아니라 『三部經』의 견행(見行··見解와 行爲)이 모두 바른
'正淨'임을 찬보(贊普)가 느꼈다고 말하였다. 위 『三部經』의 연관
성은 『바세』에서 잘 말하고 있다.

그러나 논쟁(論爭)의 결과에 대해서는 한지불교(漢地佛敎)와 인도
불교(印度佛敎)가 다르게 말해진다. 즉, 한장문(漢藏文)의 사료(史
料)에서 돈·점문파(頓·漸門派)의 승리가 서로 차이가 있다는 것
이다.[17]

『바세』에는 무주선사(Bu-Cu Sen si)의 이름이 전혀 나오지 않
는다. 그러나 『歷代法寶記』와 일치되는 '諸禪師'와 '諸禪經'이 수
록된 pt.116의 고장문(古藏文)이 출토되어 불란서의 투치(Tucci)
교수가 처음으로 지적한 바가 있다.[18]

---

15) ① Stein.468 摩訶衍禪師入禪定之門 참조.
　② 上山大峻, 「敦煌出土チベット文マハエン禪師遺文」(『印佛研』19-2,
　　　1071) p.123 참조.
　③ 木村隆德, 「敦煌出土チベット文寫本 pelliot. 116研究(その一)」(『印
　　　佛研』23-2, 1971) p.281 참조.
16) 陳楠, 「吐蕃時期佛教發展與傳播問題考論」(『中國藏學』1994-1) P.62
　　참조.
17) ① 才讓, 「從『五部遺敎』看禪宗在吐蕃的傳播和影響」(『西藏研究』2002-
　　　1) PP.40-41 참조.
　② 위 각주<14>이 ② 참조.
18) ① Stein, R. A., La civilisation tibetaine, Paris, 1962.

문제는 '諸師의 禪經'에 들어 있는 '無住禪師의 禪經'에 있지 않
고, 과연 'Kim hun' 또는 'kim huhi'가 『바세』에 나오는 김화상을
지칭한 것인지는 엄격한 검토를 거쳐야 할 것이다. 지금까지의 연
구결과는 동일인물(同一人物)인지가 밝혀지지 않았다. 가능성을 제
기했을 뿐이다. 필자가 잘 아는 영신강(榮新江‥ 北京大歷史系) 교
수로부터 귀중한 고장문(古藏文)의 『바세』와 pt.116의 복사물을 건
네받았지만 한역(漢譯)해 줄 사람을 찾지 못하다가 2년 전 까장쟈
(尕藏加‥ 中國社會科學院)의 도움을 얻어 겨우 『바세』의 김화상
관련 부분만 번역을 하였다. 솔직히 말해 그때는 pt.116까지는 눈
을 돌리지 못했다.

pt.116 고장문의 전체적인 윤곽을 소개한 문장 또한 일본 학자
에서부터 나왔다.[19] 이 가운데 김화상과 관련되는 듯한 부분이 두
곳이다. 주목되는 것은 처음으로 '검남(劍南)의 김화상'일 뿐, 결코
'신라왕자 구법신승(神僧) 김화상'이라고는 말하지 않았다.

필자가 알기로는 늦게나마 야나기다 세이쟌(柳田聖山)이 처음으
로 '新羅僧'으로 말한 것이 아닌가 생각된다. 위 'Kim hun', 'Kim
huhi'가 김화상(金禪師 引用)을 지칭한 것인지는 지금까지 명확히 말
하지 않았지만, 필자는 『바세』을 통해 명확한 답을 내릴 수가 있었

---

② Tucci, R. A., Tibeten Painted, 3vols., Roma, 1949.

19) ① 上山大峻, 「敦煌出土チベット文禪資料の研究」(『佛教文化研究所紀
要』13, 1974) 참조.
② 小畠宏允, 「チベットの禪宗と『歴代法寶記』」(『禪文化研究所紀要』6,
1974) p.154 참조.
③ 木村隆德 「敦煌チベット語禪文獻目錄初稿」(『東京大學文學部文化交
流研究施設研究紀要』4, 1980) P.102 참조.
위 ①은 지식인을 위한 槪說書이고, ②는 전문가를 위한 研究書이다.
모두 古典的인 가치를 가진 名著로 일컬어진다.

다. 이 같은 작업을 위해 『바세』의 내용분석이 요청되었다.

2) 『바세』의 金和尙 관련 本文分析

『바세』의 김화상 관련 기사에 관해서는 중국 학자들은 별반 관심을 두지 않았다. 때문에 유럽·일본 학자들처럼 'kim(金)화상'이라 지칭하지 않았고 고장문의 음석(音釋)에 따라 최근에 비로소 '吉木和尙'으로 표기하였다. 본래 '吉木和尙'은 한음(漢音)을 고장문으로 'KIN', 'GIN'으로 받아들여 음석한 것인데, 이를 다시 환역(還譯)함에 따라 '吉木和尙'으로 표기된 것이다.

최근 『바세』의 한역(漢譯)을 보고 느낀 점은 초기에 유럽인이 제기한 문제를 참조하여 폭넓은 주석(注釋)을 달았더라면 금상첨화로 좋았을 것이다. 주석이 하나도 없는 것이 아쉽다.

이 점에서 『바세』 김화상 관련의 내용분석이 절실히 요청된다. 내용은 다음과 같이 찾아진다.

ⅰ) 『拔協』

신통(神通) - 2곳
김화상(漢族吉木和尙 1곳, 吉木和尙 1곳) - 2곳
니마화상(尼瑪和尙) - 1곳
예언(預言) - 2곳

ⅱ) 『불교사대보장론(佛敎史大寶藏論)』에서는 신통화상(具有神通的和尙) - 1곳 뿐이다.[20]

4. 硏究史의 整理

1) 日本

토번(티베트)에 관한 역사연구는 일본 학자들이 1900년부터 선점(先占)하기 시작하여 지금까지 그 자리를 이어 가고 있다. 선점이란 20C 초 돈황문서(敦煌文書)의 약탈에 마지막 참가한 오다니(大谷)를 기념하는 용곡대학(龍谷大學), 대곡대학(大谷大學), 천리대학(天理大學)의 도서관, 연구기관 등이 소장 자료를 정리하고 연구해서 열람자들에게 편리를 제공한 것을 두고 말한다. 이들 기관이 엮은 자료가 적지 않다.

이들이 쌓은 최근 학문적 업적을 나누면 다음과 같다. ① 논문, ② 초역(抄譯), ③ 목록(目錄), ④ 정기간행물 등이다. ①에서 김화상에 관련된 논문과 보조 공구(工具)는 다음과 같다.

(1) 論文

① 山口瑞鳳,「チベト佛敎と新羅の金和尙」(『新羅佛敎硏究』, 山喜房佛書林, 1973).

② 同上,「古代チベト史考異」(『東洋學報』 49 - 3 · 4, 1966 - 67).

③ 上山大峻,「敦煌出土チベト文禪資料の研究について」(『佛敎文化研究所紀要』 13, 1974).

---

20) 郭和卿,『佛敎史大寶藏論』(民族出版社, 1986) p.171『'赤松德贊'在少年時曾同'尙喜'(譯音)等一行四人派到內地去求佛法. 那時, 有一具有神通的和尙, 事先說西藏派來的使者中, 有一位是菩薩化身, 他的相貌是這樣, 說後捏出了面相.』

④ 上山大峻,「敦煌出土チベト文寫本の資料」(『日本西藏文學會會報』21, 1975).

⑤ 木村隆德,「敦煌チベト語禪文獻目錄初稿」(『東京大學文學部文化交流研究施設研究紀要』4, 1980).

⑥ 小島宏允,「古代チベトにおける頓門派(禪宗)の流れ」(『佛敎史學研究』, 18-2, 1976).

⑦ 阿部肇一,「蜀地の禪宗」(『駒澤大學文學部研究紀要』46, 1988).

⑧ 田中良昭,「敦煌禪宗資料分類目錄初稿」(『駒澤大學佛敎學部硏究紀要』27, 1969).

⑨ 『講座敦煌』敦煌佛敎と禪(大東出版社, 1980).

위 ⑧은 선문파(禪門派), 관심론(觀心論), 요론(要論), 방편오문(方便五門), 사승(嗣承), 문헌목록(文獻目錄) 등의 주제를 3가지로 나누어 기본적으로 ① 이록(移錄) ② 논문(論文) ③ 약기(略記)로 소개하였다. ⑥의 기본사료는 『바세』와 『佛敎史大寶藏論』이다.

(2) 초역(抄譯)

山口瑞鳳,「チベト佛敎と新羅の金和尙」(『新羅佛敎硏究』, 山喜房佛書林, 1970) pp.8-9 참조.

(3) 資料整理

① 宇井伯壽『德格版西藏經總目錄(上·下)』(台北, 華宇出版社, 佛匿 2529年).

② 『龍谷大學所藏古經現存目錄』(1914).

③ 矢吹慶輝,『鳴沙餘韻』(岩波書店, 初版; 臨川書店, 1980 再版).

④ 『大谷文書集成(2冊)』(京都, 1984, 1990).

⑤ 私設機關으로는 ⅰ 京都法藏館, 『西域文化研究』 1卷(敦煌佛敎資
  料, 1958) ⅱ 京都有鄰館, 『藤井氏所藏敦煌殘卷簡目』(1954)이
  있다.

(4) 일본서장학회(日本西藏學會, 1954 創刊). 간칭해서 『Jatis會
  報』라고 부른다.

위 (3)-①은 세계불학명저 300책 가운데 제30번 째로 출간되었다.
또 원문(原文)을 검토하는 데 있어서도 필수적이다. 쌍희(桑希)
등 5인이 성도의 김화상으로부터 얻어 간 3부경(三部經)이 장문(藏
文)으로 번역되었기 때문에 감주이(甘珠爾)에 속하는지 혹은 단주
이(丹珠爾)에 속하는지를 조사하는 일이 중시된다. 이 두 분류는
장문 『대장경(大藏經)』을 나눈 것이다. 앞에서와 같이 『靑史』에는
쌍시(桑希)와 파새랑(拔賽囊) 두 명승이 당나라에 파견되었다.

동양문고(東洋文庫) 티베트연구실 안에 둔 일본서장학회의 기관
지로는 『日本西藏學會會報』가 있다. 경도에는 용곡대학(龍谷大學)
의 『서역문화연구(西域文化研究)』(西域文化研究會)가 있다. 각 분
야에 걸친 핸드북(Hand Book)이 착실하게 정리되어 연구논문과
함께 가고 있는 점 또한 우리와 다르다.

2) 中國

『바세』는 티베트 적송덕찬(赤松德贊) 때의 일이 전승(傳承)으로
담겨진 사서(史書)이다. 대단히 가치 있는 자료로 평가된다. 본래
대, 중, 소의 3종이 있었다. 이 가운데 『대바세(大拔協)』는 민족출
판사(1980)가 고장문을 공개적으로 출판하기 이전에는 16C에 편
찬된 『현자희연(賢者喜宴)』에도 수록되었고, 『중소파세(中小拔協)』

는 파새랑(巴賽囊), 『拔協』(民族出版社, 1982)의 장문판(藏文版)에
실렸다. 본래 『바세』는 수초본(手抄本)이었다. 민족문화궁(民族文化
宮) 도서관 소장(所藏)의 수초본(手抄本) 등 여러 이본(異本)이 내
려왔다. 이와 같이 중국은 티베트의 대사기년(大事紀年), 번역, 전
기(傳記)에 지대한 업적을 남겼다.

(1) 자료정리

① 『敦煌遺書總目索引新編』(敦煌研究院, 中華書局, 2002).
② 『國家圖書館藏敦煌遺書』(北京圖書館出版社, 2007) 52冊.
③ 『法藏敦煌西域文獻』(上海古籍出版社, 2002) 22卷.
④ 『英藏敦煌文獻』(四川人民出版社, 1994). 14卷
⑤ 『俄藏黑水城文獻』(上海古籍出版社, 1996). 11冊
⑥ 『敦煌禪宗文獻集成』3冊(復制中心, 1998) 上冊, p.195에 『歷
   代法寶記』가 수록되었다.
⑦ 『欽浦目錄』, 『旁塘目錄』, 『丹喝目錄』.
⑧ 永昌巴姆, 『中國藏學論文資料索引(1996－2004)』(中國藏學出
   版社, 2006).

돈황유서(敦煌遺書)의 소장처는 북경의 국가도서관(國家圖書館)과
상해도서관, 그리고 북경대학 중문과도서실(北京大學 中文系圖書室)에
많다. 문제가 되는 <S.6077 無相五更傳 無相偈>는 위 ④의 第10卷
p.71에 수록되었다. 또 위의 책, 권수는 출판이 진행중인 것도 있다.

(2) 논문

① 張廣達, 「唐代禪宗的傳入吐蕃及有關的敦煌文書」(『學林漫錄』 3,
   中華書局, 1981).

② 榮新江, 「敦煌本禪宗燈史殘卷拾遺」(『周紹良先生欣開九十秩慶壽文集』(中華書局, 1997).

③ 榮新江, 「有關敦煌本歷代法寶記的新資料」(『戒幢佛學』 2, 2002).

④ 林世田, 「敦煌禪宗文獻研究概況」(『北京圖書館館刊』 1995－1·2 合輯).

⑤ 冉雲華, 「敦煌遺書與中國禪宗歷史研究」(『中國唐代學會會刊』 4, 1993).

⑥ 卞麟錫, 「『南詔圖傳·文字圈』에 나타난 金和尙」(『延邊大學韓國傳統文化論文集』 8, 2007).

⑦ 劉進寶, 「近十年來大陸地區敦煌學研究概述」(『中國唐代學會會刊』 4, 1993).

위 ③은 기존의 국내외 학자들이 이룩한 연구사를 번호를 부쳐가면서 정리하였다. ⑥은 『歷代法寶記』의 등장과 김화상을 다룬 부분이 있다. 김화상의 지위가 외연적(外延的)으로 퍼져 나간 실증적 고찰이 담겼다.

3) 台灣

(1) 資料整理

① 黃永武, 『敦煌遺書最新目錄』(臺灣, 新文豐出版公司, 1986).

② 王重民 等, 『敦煌遺書總目索引』(臺灣, 新文豐出版公司, 1985).

③ 黃永武, 『敦煌叢刊初集』(臺灣, 新文豐出版公司, 1985).

④ 羽田亨, 『敦煌遺書』(臺灣, 新文豐出版公司, 1985).

⑤ 神田喜一朗, 『敦煌秘籍留眞』(臺灣, 新文豐出版公司, 1985).

⑥ 饒宗頤, 『敦煌曲續論』(臺灣, 新文豊出版公司, 1996).

⑦ 『敦煌寶藏』140册(臺灣, 新文豊出版公司, 1986; 서울, 驪江出版社, 1989).

⑧ 榮新江, 『英國圖書館藏敦煌漢文非佛敎文獻殘卷目錄』(臺灣, 新文豊出版公司, 1994).

(2) 著書

① 榮新江, 『鳴沙集 − 敦煌學學術史和方法論的檢討』(臺灣, 新文豊出版公司, 1999).

② 劉進寶, 『敦煌文書與唐史硏究』(臺灣, 新文豊出版公司, 2000).

(3) 期刊雜誌

① 敦煌學(敦煌學會) 1〜25輯.

(4) 論文

① 冉雲華, 「敦煌文獻中的無念思想」(『中國禪學硏究論集』, 台北, 東初出版社, 1990) pp.138〜159.

② 冉雲華, 「東海大師無相傳硏究」(『中國佛敎文化硏究論集』, 台北, 東初出版社, 1990). pp.42 − 64.

③ 冉雲華, 「東海大師無相傳硏究」(『敦煌學』 4, pp.47〜61 再收錄).

대만에 있어서 돈황학의 출판은 중국인, 일본인을 가리지 않고, 출판되었다. 경우에 따라서 초판도 있다. 신문풍출판공사(新文豊出版公司)의 공적이 크다.

4) 歐美

구미지역에서 이룩한 목록(目錄), 편목(編目)은 앞에서와 같이 이미 대부분 중국인에 의해 한문으로 정리되었기 때문에 생략하기로 한다.

5) 韓國

『淨衆無相禪師』(불교영상회보사, 1993)가 유일하다. 편저(編著)에 묶여진 논문은 다음과 같다.

1. 鄭性本, 淨衆無相禪師 硏究.
2. 韓基斗, 無相의 傳記를 통해 본 試論.
3. 李萬, 智詵禪師.
4. 韓明熙, 四川의 佛敎와 文人.
5. Jan Yun‒Hua(冉雲華)에 의한 Mu‒sang and His Philosophy of No‒Thougt, 1977. 『淨衆無相禪師』(불교영상회보사, 1993) pp.178‒216 再收錄.

5. 原文抄譯의 검토

『바세』에 나타난 김화상 관련의 기록은 단순한 전승(傳承)으로 돌리기에는 너무 사실적이다. 때문에 기재된 내용을 그대로 받아들일 수 있는 문장을 긍정·부정의 어느 한쪽에 치우치지 않고 파악해야 한다. 적어도 무상 선사와 관련된 기사만은 역사적 배경에

318

서 중시되는 기년(紀年)과 맞추어야 한다. 핵심과제는 먼저 주석
(注釋)부터 붙이는 일이다. 그 범위는 ① 사절파견, ② 당황제의
예견(禮見), ③ 사경(賜經), ④ 귀로에 김화상 접견과 앞을 내다본
예언, ⑤ 불경 은닉을 신통(神通)으로 해결, ⑥ 석굴(石窟)에 불경
은닉을 했는지의 여부, ⑦ 번경(翻經)의 내용 등을 교류사의 연표
(年表) 위에서 하나 하나 검토한다. 이울러 원문(原文)의 전후 사
정도 기년(紀年) 위에 포함시킨다.

그 방법은 필자가 처음 시도했던『南詔圖傳·文字圈』에서와 같이
김화상 관련의 티베트문헌(吐蕃文獻)도 주석부터 풀어 가려 한다.
또 기년(紀年)은『敦煌本吐蕃歷史文書』(民族出版社, 1980)가 개원
(開元)에 끝났기 때문에 독자적으로 살펴야 한다.

〈사진 39〉尕藏加 敎授와 함께, 그가『拔協』를 抄譯해 주었다.

6. 原文抄譯의 試釋

① 使節派遣

적덕조찬(赤德祖贊)이 어려서 찬보(贊普)의 보좌(寶座)에 즉위하였다. 당나라 경용(景龍) 4년(710)에 중종(中宗)의 양녀(養女)인 금성공주(金城公主)와 혼인을 맺은 후 여러 차례 사절을 당에 보내 화친(和親)을 지속하면서 호시(互市)도 열 것을 청하였다. 화친(和親)과 무역(貿易)은 둘이 아니고 하나이다.

이 같은 사절의 빈번한 파견에서 볼 때 『拔協』에 보이는 취경구법(取經求法)을 위한 사절의 파견이 사실일 수 있다고 보게 된다. 그러나 캐나다 맥마스터(Macmaster) 대학에서 교편을 잡았던 Jan Yun－Hua(冉雲華)는 사절이 설법(說法)을 들었다는 시점(日期)에 대하여 문제가 있다고 들고 나왔다. 그가 말하는 시점이란 무상 선사가 입적한 이후이기 때문에 설법자는 무상 선사가 아니고 그의 제자인 무주 선사일 것이라고 말하였다.[21]

따라서 필자는 설법 시점에 대하여 엄격히 따져 볼 필요가 있다고 생각하였다. 여기에는 다음의 3가지 문제가 있다.

1. 무상 선사의 입적과는 무관하다는 것.

『歷代法寶記』(無相章)에 따르면 무상의 입적이 762년(寶應 1년)이다. 이 해는 티베트 적송덕찬(赤松德贊) 8년에 해당된다. 또 다른 문헌인 『宋高僧傳』(卷19)에 따르더라도 무상 선사의 입적이 756년(至德 1년)이니 적송덕찬(赤松德贊) 2년 즉 재위 2년에 해당된다. 『歷代法寶記』에 의하면 보응 원년(762)이기 때문에 적송덕찬은 재

---

21) 冉雲華,「敦煌遺書與中國禪宗歷史研究」(『中國唐代學會會刊』4, 1993) p.63 「藏文資料中, 提到無相和尚向西藏入唐大臣說法一事, 然日期却在無相 去世以後, 日本學者懷疑說法者可能是無相的弟子無住.」

320

위 8년째가 된다. 때문에 염운화 교수가 말하는 무상 선사와 티베트 사절이 만난 시점이 입적 후가 된다는 말은 맞지가 않다. 다시 말하면 실증적(實證的)인 설득력이 없다.

2. 『拔協』에는 사절이 파견된 기년(紀年)이 없다는 것.

3. 필자가 과문한 탓인지 모르나 일본 학자 중에는 위에서와 같이 무상 선사의 입적 후에 사절이 파견되었다는 글은 본 적이 없다. 고장문(古藏文)의 『諸禪師禪經』에는 부주 선사가 있다.

위 1~2는 역사적 사실이기 때문에 염운화 교수가 말하는 것은 설득력이 없다.

② 唐皇帝의 賜經

당제(唐帝)로부터 받은 불경 1,000권이 티베트[吐蕃]에 와서 장문(藏文)으로 역경되었기 때문에 이의 확인을 『甘珠爾』, 『丹珠爾』에서 찾아야 할 것이다.

③ 成都의 金和尙

당나라 때 김화상은 모두 6명이다. 4인이 신라인(① 無相禪師, ② 鎭州金, ③ 全和尙, ④ 金師)이고, 1인이 중국인(西河 王씨)이고 1인이 불확실하지만 법호가 김소사(金小師)인 점으로 미루어 보아 신라인일 가능성이 있다. 김소사는 『歷代法寶記』(無相章)에 수록되었고, 김사(金師)는 『神會傳』(卷6)에 수록되었다. 그는 초양(瞧陽)에서 활동하였다. 정중사 무상 선사의 제자이다. 모두 당대(當代)의 고승이다.

위 ①, ②의 신라인이 함께 기재된 한국측 자료는 최치원(崔致遠)이 찬(撰)한 『大唐新羅國故鳳巖山寺敎謚智證大師寂照之塔碑銘并序』

이다.22) ②는 중국 문헌 어디에서도 없다. 그런데 『輿地紀勝』(卷154)에 보이는 부국진 신라승(富國鎭新羅僧)을 가능성에 넣을 수 있다.23) ③은 구화산으로 간 김교각(金喬覺)스님을 전화상(全和尙)이라고 불렀던 『佛祖統紀』(卷 40)가 있다.24) ④는 『神僧傳』(卷6)에 나오는 신라인 화상이지만 활동지역이 초양(瞧陽)이다.

중국인 김화상은 『宋高僧傳』(卷30)에 실려 있다. 속성(俗姓)이 왕씨(王氏)인 그를 『宋高僧傳』(卷30)에서는 '釋金和尙'이라고 하였다.25) 그러나 활동무대가 서하(西河)이기 때문에 성도의 김화상과 무관했을 것으로 보아도 좋을 것이다. 성도 정중사 무상 선사를 당나라 때 속칭 '金和尙'이라 불렀다.26)

이 밖에 중국문헌에 나타난 김화상이 정중사(淨衆寺) 무상 선사를 지칭하였음을 이미 필자가 『南詔圖傳·文字圈』의 주석에서 밝혔다. 전자는 여러 '金和尙'을 문헌 속에서 모았고, 후자는 '정중사 김화상'만을 따로 모은 것이다.

④ 귀국길의 成都

티베트 사절이 성도에 간 것은 오로지 귀국길에 김화상을 예견

---

22) ① 『朝鮮金石總覽』上, p.90 寂照之塔碑銘「西化則靜衆無相, 常山慧覺 禪譜, 益州金, 鎭州金者.」
　　② 『佛祖統紀』 卷41 참조.
　　③ 변인석, 「『佛祖統紀』에 나타난 金地藏에 관한 몇 가지 問題」(『韓 國佛敎學』40, 2005) p.191 참조.

23) 『輿地紀勝』卷154 潼川府路 참조.

24) 卞麟錫, 「『佛祖統紀』에 나타난 金地藏에 관한 몇 가지 問題」(『韓國 佛敎學』40, 2005) p.182 참조.

25) 『宋高僧傳』卷30 釋金和尙「金和尙者, 姓王氏, 西河平遙人也.」

26) 『歷代法寶記』 無相章「俗姓金, 時人號金和上也.」

322

(禮見)할 목적을 세웠던 것이다. 지금의 천장공로(川藏公路)가 옛 천장차마고도(川藏茶馬古道) 위에서 확장하여 개설되었다. 출발지점은 성도에서 북쪽으로 난 213국도를 따라 승용차로 2시간 정도 달리면 문천(汶川)이 나온다. 여기서 서쪽으로 티베트까지 난 길이 대략 3.000㎞이고, 해발 4,000㎞의 준령을 넘는다. 문천은 천장차마고도의 시발점이고, 북쪽이 구채구(九寨泃) 가는 길이다. 티베트 사절이 장안(長安)을 떠나 검문관(劍門關)을 통해서 성도(成都)에 들어갔다면 다시 북상하여 서쪽의 문천(汶川)까지 가야만 했다. 그렇지 않으려면 성도에서 남서의 쌍류(雙流)를 거쳐 창도(昌都) 근처에 이르면 문천에서 출발한 길과 서로 만난다.

이들이 북방(北方)의 서역 실크로드를 통하지 않고 험난한 천장고도를 택한 것은 오로지 김화상을 만나기 위해 예정된 목적이었다고 보아야 한다. 북방서역의 실크로드를 통해 티베트에 들어간 신라 구법승 가운데 앞에서 말한 혜륜(慧輪)과 현각(玄恪)이 있다. 혜륜은 당나라 태종(太宗)의 명을 받아 현조(玄照) 스님의 시자(侍者)에 충임되어 문성공주(文成公主)가 티베트에 시집갈 때 동행하였음을 앞에서 이미 말하였다. 동행한 현각 스님은 갓 불혹의 나이를 넘긴 시기였다. 현조 스님과 함께 행각(行脚) 중에 서로 주거니 받거니 하는 선문답 속에서 크게 깨달음을 얻었지만[相隨而至大覺], 아쉽게도 질병을 얻어 사망하였다.27)

---

27) ① 『大唐西域求法高僧傳』 卷上,「玄恪法師者, 新羅人也. 與玄照法師 貞觀年中相隨而至大覺. 旣伸禮敬遇疾而亡. 年過不惑之期耳.」
　　② 同上「沙門玄照法師者, 太州仙掌人也. ‥‥遠跨胡疆到吐蕃國蒙文成公主送往北天.」 그러나 『海東高僧傳』 卷2에는 「玄照者, 亦新羅之高士也.」라고 했다. 필자는 전자가 맞을 것으로 본다.
　　③ 『大唐西域求法高僧傳』 卷上「慧輪師者, 新羅人也. ‥‥奉勅隨玄照師 西行以充侍者.」

『대당서역구법고승전(大唐西域求法高僧傳)』(상권)에 의하면 신라 구법승 현태(玄太) 법사도 이후 고종 영휘(650~655) 때 토번도(吐蕃道)를 따라 네팔(泥波羅)을 거쳐 중인도(中印度)에 들어갔다.

토번도(吐蕃道)는 앞의 <Ⅶ편-Ⅰ-1>티베트(吐蕃)와 신라 구법 승을 참조하기를 바란다.

⑤ 김화상의 신통

필자가 관심을 갖고 모은 신이(神異)한 신통사례(神通事例)를 참조하기 바란다(<Ⅳ편-2>). 그러면 신라 왕자 김화상을 지칭하는 고장문(古藏文)의 표기를 찾아내기 위한 범위를 『바세』에서부터 면밀히 살펴보면 앞에서와 같이 신통(神通) 1곳, 김(吉木)화상 2곳, 니마화상(尼瑪和尙) 1곳, 예언(預言) 1곳이다. 그리고 『佛敎大寶藏論』에는 신통화상(神通和尙) 1곳 뿐이다.

⑥ 桑耶寺 주변의 석굴

필자가 2002년 여름 라사(Lhasa)에 갔을 때 뜻하지 않았던 고산 병 때문에 예정된 산남(山南) 찰랑현(札囊縣)에 가지 못하고, 1주 일간 고생만 하고 돌아왔다. 들기에 쌍야사 울 밖의 뒷산에는 불 경을 은닉할 돌산의 절벽, 석굴이 있다고 한다. 이를 『拔協』(p.18) 와 『西藏王臣記』(p.37)에는 청포암동(靑浦岩洞)이라 하였다. 보통 저서에는 『拔協』의 흠보(欽補; mchims-phu)대로 부른다.[28] 또 진포(秦浦)로 음역(音譯)하기도 한다.[29]

쌍야사(桑耶寺)는 8세기 중엽 적송덕찬(赤松德贊) 때 창건된 전형

---

28) 王森, 『西藏佛敎發展史略』(中國社會科學出版社, 1997) p.7 참조.
29) 陳楠, 「吐蕃時期佛敎發展與傳播問題考論」(『中國藏學』 1994-1) P.62 참조

적인 티베트[吐蕃] 불교사원이다. 사원이 자리 잡은 국(局)이 독수리 와 거북이가 함께 누운 형국인데 중간 복부(腹部)에 오자대전(烏孜 大殿)을 세웠다. 아래층이 티베트 양식, 2층이 중국식, 꼭대기 3층이 인도양식이다. 쌍야사(桑耶寺)의 건축은 문헌에 따라 다르지만 763 년에 시작하여 774년까지 12년에 걸쳐 완성되었다.[30] 『拔協』에는 쌍야사가 준공된 후에 연화생(蓮花生) 대사와 적호(寂護) 대사가 공 동으로 성대한 의식을 주관하였다고 했다.[31] 8세기 말에 와서는 쌍 야사(桑耶寺)에서 적송덕찬(赤松德贊)이 참석한 자리에서 인도의 중 관론사(中觀論師)와 중국선사(中國禪師) 간에 변론회(辯論會)가 열렸 다. 이것이 유명한 승쟁(僧諍)이다. 패자는 희생이 따랐다. 상야사는 연화생(蓮花生) 대사와 적호대사(寂護大師)가 주지를 맡았을 때가 가장 성황을 이루어 티베트[吐蕃] 불교문화의 중심이 되었다.[32]

⑦ 번경(翻經)

쌍시역사(桑希譯師)가 성도로부터 가져온 3부경(三部經)의 한문 불경이 대신(大臣)의 독단 때문에 때가 아님을 알고 은닉하였다. 즉 왕자가 성년이 되어 왕위에 오르자 선조(先祖)의 사전(史傳)을 펼쳐 보았는데 거기에 홍법의 뜻이 있었기 때문에 성도에서 가져 온 불경이 이미 흠박(欽朴) 암석에 숨겨 두고 있는 것을 기억해 내고 꺼내어 번역하였다. 역경처(譯經處)는 쌍야사가 아닌 해보산 (亥保山)의 동굴(山洞)로 말한다. 여기서 쌍시(雙希)와 매과(梅果) 등 3人이 10여 년간 역경에 종사하였다. 『바세』에 의하면 반불대 신(反佛大臣)이 정치를 독단하고 있을 때 불법의 홍양(弘揚)을 금

---

30) 陳慶英·高淑芬, 『西藏通史』(中州古籍出版社, 2003) p.72 참조.
31) 才讓牛宏, 『西藏佛敎』(甘肅人民出版社. 2007), p.37 참조.
32) 『바세』(增補譯本) p.44 참조.

지했기 때문에 중국에서 가져온 불경 1,000부와 무상 선사가 준 3
부경은 흠박(欽朴) 암산의 석굴에 숨겨 놓았다가 왕자가 왕위에
오르자 왕명을 받들고 해보산(亥保山)의 암동(岩洞) 안에서 불경번
역을 시작하였다.[33] 즉 불경을 감춘 장소와 역경처가 다르게 표기
되었지만 같은 음석이라는 것이다. 흠박암산(欽朴岩山)은 쌍야사와
가깝게 붙어있다. 티베트(吐蕃)의 역사(譯師)는 송찬간포(松贊干布)
때 도미쌍보찰(圖弥桑補扎)부터 륵비낙탁(勒比洛卓)까지 192명이
다.[34] 현재까지 알려진 한역(漢譯)된 경전명(經典名) 안에는『能断
金剛般若釋』(金剛經釋)을 제외한 이부(二部)는 찾아지지 않았다.

최근에 필자가 중국에 가서 사진을 볼 기회가 있었는데 놀랍게
도 정말 쌍야사(桑耶寺) 뒷산은 돌산으로 이루어졌고 꼭대기에는
최근에 세운 백탑(白塔)이 있었다. 3부경이 석굴에서 나와 마지막
번경의 마무리를 상야사 번경전(翻經殿)에서 끝내고 적송덕찬(赤松
德贊)에게 바쳐졌다. 번역은 티베트에 머물고 있었던 중국승 맥과
(麥果)가 담당하였다. 이가 적송덕찬의 장인으로 말해지고 있다.[35]
3부경은 ①『십선경(十善經)』, ②『금강능단경(金剛能斷經)』, ③『불
설도간경(佛說稻秆經)』이다.

적호 대사는 인도의 저명한 불학대사(佛學大師)인데 적송덕찬(赤
松德贊)이 초청하였다. 그는 찬보를 위해 12인연(十二因緣) 등의
기본이론을 강의하였다. 연화생 대사는 적호 대사의 추천에 의해
인도에서부터 왔다. 그는 중관론(中觀論)에 밝아 돈황의 저명한 마
가연(摩訶衍)과 승쟁(僧諍)을 벌였다. 『불교사대보장론』은 인흠쌍
파(仁欽雙波) 이전 토번에는 역사(譯師)가 55명이고, 적송덕찬(赤松

---

33) 『拔協』 P.11「桑喜遵命和梅果等三人便在亥保山的岩洞中開始翻譯佛經」.

34) 『佛敎史大寶藏論』(民族出版社, 1986) PP.199 – 206 참조

35) 劉立千 譯注, [明]『西藏王臣記』(民族出版社, 2000) p.191 참조.

德贊) 때는 9명의 대역사(大譯師)가 있었다.[36] 까(尕) 교수는 지금 3부경 간본(刊本)이 있다고 해도 본래 어느 사찰에 소장(所藏) 되었던 것인지는 알 길이 없다고 한다.

이 밖에 당 말에서 송 초(宋初)에 이르는 시기에 신라 원측(圓測)법사의 『해심밀경소(解深密經疏)』가 장문(藏文)으로 번역되었다.[37] 불경의 주소(注疏), 논저는 단주이(丹珠爾)에서 찾아진다. 그러나 쉽게 찾아지지 않았기 때문에 다시 복록을 찾아야 했다. 『解深密經』은 현장(玄奘)이 번역하였다. 주소(注疏)는 위에서와 같이 원측(圓測)의 소(疏) 10권이 있으나, 현재 남은 것은 9권 뿐이라고 하였다. 이외 영인(令因)의 소(疏) 11권, 현범(玄範)의 소(11권)가 있다. 원효(元曉)의 소(疏)는 망일(亡佚)되고 말았다.[38] 『韓國佛教全書』(東國大學校出版部, 1979)에 수록된 원측의 『解深密經疏』(卷10)에는 간해기(刊行記)가 없어 서지(書誌)적 배경을 알 수가 없다. 필자의 생각에는 이것이 혹시 금능각경처(金陵刻經處)에서 인행(印行)한 단행본(單行本)인지? 그렇다면 청나라 때 장문본(藏文本)을

---

36) ① 『佛教史大寶藏論』 pp.181~288 참조.

　　② 才讓牛宏, 『西藏佛教』(甘肅人民出版社, 2007) p.37 참조.

37) ① 『佛教史大寶藏論』 p.265 『解深密經釋大疏』 計九卷, 系由漢文本譯成藏文本, 그리고 『解深密經廣釋』 計七十五卷, 應考證與漢地和尙圓測著是否相同. 이와 같이 2종이 포함되었는데, 前後가 뒤바뀐 것이 아닌가 생각된다. 이책의 『經釋論典目錄』에는 그토록 찾고자 했던 무상선사가 토번사절에게 증송(贈送)했던 3부경 가운데 하나인 『能斷金剛般若釋』이 찾아졌다. 더욱 신라승 원측을 '漢地和尙'이라 하면서 원측이 저술한것과 같은지를 고증할 것을 注文하였다.

　　② 李龍範, 「雲居寺石刻佛經與元代高麗閣臣」(『第一屆國際華學會議論文提要』 台灣, 中華學術院, 1969) P.130 참조.

　　③ 湯用彤, 『隋唐佛教史稿』(臺灣, 木鐸出版社, 1988) p.276 참조.

38) 劉保全, 『中國佛典通論』(河北教育出版社, 1997) P.356 참조.

한역(漢譯)한 것인지 궁금할 뿐이다. 8년전 필자가 성조(性照)스님과 함께 서안의 흥교사(興敎寺)에 갔을 때 유통처(流通處)에서 간행한 위의 금능각경처의 단행본을 보았으나 주목하지 안했다. 저본(底本)이 일본의 『大正新修大藏經』 또는 홍경서원(弘經書院)의 『大藏經』에 수록된 것인지 확실치가 않다. 서지적 고찰을 하려 할 때는 무엇보다 ① 소장취(所藏處) ② 간지(刊記) ③ 출판연대 등이 필수적인 조건이다. 위의 『佛敎史大寶藏論』에서 『解深密經釋疏』가 '漢地和尙圓測'의 저술인지를 밝혀야 할것이라고 했다. 이 자리를 빌어 분명히 하고자 하는 것은 각주<37>에서와 같이 『해심밀경소』가 전부 망일(亡佚)된 것이 아니고 부분적이라는 것이다. 즉 당나라 때 법성(法成)이 장문(藏文)으로 번역한 (10卷)을 대본(臺本)으로 일부분 결락(欠落)된 부분을 오다니대학(大谷大學)의 이나바 마사즈부(稻葉正就)가 복원하였다. 그런데 최근 대만의 신문풍출판공사가 『西藏大藏經』에 수록된 원측의 본소(本疏)10권을 법성(法成)이 장문으로 번역한것을 관공(觀空)이 다시 환역(還譯)하여 출판하였다. 때문에 서지(書誌)적 고찰은 앞으로 더 조사해 볼 할 생각이다.

목록에 대해서는 적송덕찬에서부터 낭달마(朗達瑪)까지 100여 년간 번역된 경전의 목록이 있다는 것을 알게 되었다. 토번시기의 불경번역에 3부의 목록이 있다. 3부 목록이란 ① 『旁塘目錄』, ② 『欽浦目錄』, ③ 『丹喝目錄』 등이다.39) 오직 ③만이 『丹珠爾』에 수록되었는데 경론(經論)이 700여 종이다. 이 가운데 한문불경(漢文佛經)이 30여 종이다.40) 무상 선사가 준 삼부경(三部經)의 장문 번

---

39) 才讓牛宏, 『西藏佛敎』(甘肅人民出版社, 2007) p.37 참조.

40) ① 『佛敎史大寶藏論』(民族出版社, 1986) p.435 「『丹珠爾(論藏)大目錄』中, 雖說是二千三百五十種, 但其中阿底俠尊者所作的小品論著約有百種, 是另外計算的(即未統計在內), 而『大目錄』中明顯有許多前後

역이 ②에 있는지 모른다.

⑧ 검남선종(劍南禪宗)의 티베트[吐蕃] 전파

지금까지 검남선종이 티베트에 전파되었다는 말은 일본 학자에 의하여 제기되었으나 구체적 증거는 제시하지 못했다. 그 이유는 『拔協』의 내용분석을 못했기 때문이다. 이를 보충하기 위해 『바세』(增補譯本)를 면밀히 검토해야 할 필요성이 생겨났다. 『바세』에 의하면 김화상이 토번사신(吐蕃使臣)에게 증여한 3부경이 '欽補의 岩山石洞'에서 나와 먼저 찬보(贊普)에게 『十善法經』을 강설하였는데 신기하게도 왕이 듣고서는 불심이 스스로 생겨났다. 당시 티베트(吐蕃)의 역사적 배경에서 보면 십선법(十善法)은 사회질서의 안정과 왕권강화에서 필요했다고 본다. 그런 후 『금강경』을 설하자 왕이 듣고서 정행(正行)의 깨달음을 얻었고, 마지막에 가서는 또 『佛說稻杆經』을 설하자 왕이 처음 하고자 했던 정행을 깨달았다.41)

10선(十善)은 살생(殺生)하지 않고, 도둑질하지 안는다. 간음(姦淫)하지 않고, 망령된 막말을 함부로 하지 않고 착한 일을 하는 것을 말한다. 중국의 진남(陳楠)은 『十善法經』, 『金剛經』, 『佛說稻杆經』이 서로 관계가 있을 뿐만 아니라 『三部經』의 견행(見行‥見解와 行爲)이 바른 '正淨'이였음을 왕(贊普)도 알았다고 말하였다.42) 위의 『바세』에서 왕이 『三部經』을 듣고 정행(正行)의 깨달

　　重複的.」

　　② 陳慶英‧高淑芬, 『西藏通史』(中州古籍出版社, 2003) p.76 참조.

41) 『拔協』(增補譯本, 四川民族出版社, 1990) p.11 「首先對贊普宣讀了 『十善法經』. 王子聽後, 對之産生了信仰. 然後又宣講了『金剛經』. 王子 聽後, 産生了更大的信仰. 最後, 又宣講了『佛說稻杆經』. 王子聽後, 領 悟到首先要正行, ……」 위에서와 같이 검남선종의 전파는 토번국 왕 실을 중심으로 확대되어 유행된 燈譜를 갖게 된다.

42) 陳楠, 위 論文 참조.

음을 얻었다는 데서도 상호의 연관성을 엿 볼 수 있다.

7. 無相五更轉과 無相語錄

1) 無相五更轉

돈황석실(敦煌石室)에서 출토된 민간 소창(小唱)인 민요 즉, '속곡(俗曲)' 중에는 다른 고승의 오경전(五更轉)이 적지 않다. 호적(胡適)이 말한 것만 해도 「신회오경전(神會五更轉)」, 「오경전일수(五更轉一首)」(倫敦大英博物館 S.6083 殘紙), 「오경전양본(五更轉兩本)」(同, S.6923), 「대승오경전(大乘五更轉)」(同, S.4634), 「남종정사정오경전(南宗定邪正五更轉)」(巴黎國家圖書館, p.2045) 「北京國家圖書館 收藏의 두 敦煌本」 등이다.[43] 임반당(任半塘)은 더 보충하였다.

오경전(五更轉)은 하룻밤(一夜)을 오경의 순서에 배열하여 가사(歌辭)를 붙인 형식이다. 즉 저녁 8시부터 새벽까지 2시간 마다 1수(首)를 구성하여 넘기는 형식의 연장(聯章)이다. 연장이란 잡곡(雜曲) 혹은 곡자(曲子)라고 부르기도 한다. 신회(神會)화상오경전은 두 개인데 모두 혁명(革命)을 선전하는 곡자로 되어 있다. 돈황곡(敦煌曲)을 짓는 연장의 형식에는 ① 보통장(普通章), ② 정격연장(定格聯章), ③ 화성연장(和聲聯章) 등 3종류가 있다. 오경전은 바로 ②에 속한다.[44]

---

43) ① 胡適, 『神會和尙遺集』(胡適校敦煌唐寫本)(臺灣, 胡適紀念館, 1982, 三版) pp.456 - 471 참조.
   ② 任二北, 『敦煌曲校錄』(上海文藝聯合出版社, 1955) pp.115 - 123 참조.

330

짓는 방법은 표현의 체재와 일정한 장수(章數)에 맞추어야 한다. 이 같은 종교의식에 따라 무상오경전은 더럽혀진 오탁(汚濁)한 마음에 쌓인 분노와 잡념을 떨쳐 버리고 해탈과 초탈(超脫), 그리고 열반으로 나아가는 실천적 수행을 이끌었다. 상당히 넓게 유행되었다고 본다. 이렇게 본다면 『歷代法寶記』의 저자가 무상 선사를 어느 율사(律師)에 가탁(假託)하여 불법(佛法)이 없고, 살아 있을때는 설법이 많지 않았다는 외국인에 대한 편견(偏見)을 말한 것은 부합되지 안는다.

무상오경전은 바라보는 관점에 따라 다르게 말할 수 있겠지만 필자는 5수의 단게(短偈)라고 볼 수 있는 이유가 무상오경전이 오로지 무상 대사에 의해 손수 지어졌기 때문이다. S.6077에도 '無相五更轉 無相偈'란 표제를 함께 부친 데 근거할 수 있다.

〈그림 21〉 S.6077 無相五更轉 無相偈

---

44) ① 任半塘, 『敦煌歌辭總編』下(上海古籍出版社, 2006) pp.2 - 3 참조.
② 林聰明, 『敦煌俗文學研究』(台灣, 私立東吳大學 中國文學研究所, 1983) pp.159 - 160 참조.

최근에 임반당(任半塘)의 저서가 나왔기 때문에 이를 대본으로 정확히 하고자 한다. 그는 필명(筆名)이 임이북(任二北) 등 3가지가 있으며, 방대한 업적이 모두 60세 이후에 저술되었다. 비록 양주대학(揚州大學)이 지방에 있지만 그는 많은 제자들을 배출한 것으로 유명하다.

다행히 「무상오경전(無相五更轉)」이 그의 저서인 『돈황가사총편(敦煌歌辭總編)』下(上海古籍出版社, 2006, p.1455)에 수록되었다. 초판도 같은 출판사이다. 즉 (上海古籍出版社, 1981)이다. 초판(上海古籍出版社, 1981)은 일찍 출판되었다. 무상오경전은 왕중민(王重民)의 저술에서도 찾을 수 없었다. 때문에 「무상오경전(無相五更轉)」 5수가 추가되어 오경전의 수록이 대폭 진전되었다.

원문(原文)대로 소개하면 다음과 같다.

2) 無相五更轉 五首(Stein. 6077)

一更淺. 衆要諸緣何所遣. 但依正觀且□□. 念念眞如方可顯. (1035)
二更深. 菩提妙理誓探尋. 曠徹淸虛無去住. 證得如如平等心. (1036)
三更半. 宿昔塵勞從此斷. 先除過現未來因. 椷喩成規超彼岸. (1037)
四更遷. 定慧雙行出蓋纏. 了見色空圓淨體. 澄如戒月瑩晴天. (1038)
五更催. 佛日凝然妙境開. 超透四禪空寂處. 相應一念見如來. (1039)

위에서 임반당은 원본(原本)표제가 「무상오경전(無相五更轉)」이지만 끝에 「무상게오수(無相偈五首)」가 이어졌다고 하였다. 일반적인 구법(句法)과 격조(格調)가 다른 고승의 「오경전(五更轉)」과 다르다고 하였다. 오히려 동산양개(洞山良价)의 「정편오위송(正偏五位頌)」(5章)의 체재와 유사하다고 하였다.

임 교수가 무상이 신라인지를 모르면서도 구법(句法), 격조(格調)가 다르다고 지적한 것은 아무리 오경전 표현의 체재(體裁)가 엄격했다고 하더라도 내용을 명확히 분석한 학문적 수준이 탁월하였음을 알게 한다. 이를 번역하면 다음과 같다.

> 일경천(一更 淺): 중생이 여러 망상에서 일어난 인연을 어디로 보낼 것이냐? 오로지 정관에 의지하고 또 □□ 생각에 생각을 더해 진여가 비로소 나타난다.
> 이경심(二更 深): 보리의 오묘한 진리를 찾고자 서원으로 깊이 찾지만, 넓고 철저한 맑은 빈 곳에 머물지 않는다. 같은 평등심으로 인증을 얻자.
> 삼경반(三更 半): 지난날의 진로를 지금부터 끊고, 과거, 현재, 미래의 3세(윤회) 인연부터 먼저 떨쳐 버리고, 가르침에 따라 피안으로 간다.
> 사경천(四更 遷): 정혜를 함께 닦아 집착을 놓는다. 색공의 원정체(圓淨體)를 보고, 깨끗한 몸체를 살피니, 밝은 달이 하늘을 비춘다.
> 오경최(五更 催): 불일이 뚜렷하고 오묘한 경계를 열어 사선정(四禪定)의 공정한 곳을 뛰어넘고, 일념에 상응하여 여래를 본다.

위 오경의 전환을 보면 무상의 인성염불(引聲念佛)의 실천과 맥을 같이한다. 일경은 '얕은[淺]염불'에서 시작하여 이경의 '깊은[深]염불'로 넘어가고, 삼경은 '얕지도 깊지도 않은 중간[半]의 염불', 사경은 '힘차게 옮기는[遷]염불', 오경은 '빠른 재촉[催]의 염불'로 해탈과 열반으로 나아가게 이끈다.

이로 보아 인성염불은 불경을 암송하는 일반적인 염불과 다르다. 이때의 염불(念佛)은 마음을 다스리며 선정(禪定)을 닦는 데

(修習) 들어가는 문(門)으로 함께 하였다.45) 무상 오경전이 돈황까지 유행된 것은 당시 성도와 돈황이 대도회(大都會)일 뿐만 아니라 교통도 편리하였기 때문에 쉽게 교류되었다.46) 일경(一更)은 엷게, 이경(二更)은 깊게, 그런 후 정점을 넘어 삼경(三更)은 반, 사경(四更)은 힘차게 옮기고, 오경(五更)은 재촉하듯 끝낸다.

3) 無相語錄

『돈황유서(敦煌遺書)』 가운데 귀중한 문헌으로 말해지는 『역대법보기』(pt.2125)가 송나라 때까지 전래되었다면 『경덕전등록(景德傳燈錄)』(권4)에 수록된 무상 선사의 제자 4인이 모두 무기연어구(無機緣語句)가 되지는 안했을 것이다.

『역대법보기』가 비록 무주(無住) 선사의 제자 가운데서 편찬되었다고 해도 무상 선사의 핵심 선법(禪法)인 3구어(三句語)를 중심자리에 두었다.

펠리오(Pelliot) 장문(藏文) 116은 3구어가 무주 선사의 선경(禪經)이라고 소개되었기 때문이다. 여기에는 중국 선종의 문헌을 번역한 장문(藏文)과 비교함으로써 「無住禪經」이란 잘못된 착오를 알수 있을 것이다. 이 같은 이유 때문에 무상어록(無相語錄)은 차라리 『대정장(大正藏)』의 『역대법보기』에서 찾아야 한다. 즉 ① 표제

---

45) 杜繼文·魏道儒, 『中國禪宗通史』(江蘇古籍出版社, 1995) p.124 참조. 南山念門禪系는 '存心有佛'을 강조하였다.

46) ① 高榮燮, 「無相의 無念觀」(『韓國佛敎學』 49, 2007) p.219 참조.
    ② 冉雲華, 「敦煌文獻中的無念思想」(『中國禪學硏究論集』, 東初出版社, 1990) p.152 「無念思想就成爲佛學的全部. 禪學的簡化佛學, 着重於一點, 現在由金和尙完成.」

(標題), ② 해설(解說) 등을 붙이는 것이 바람직할 뿐만 아니라 선지와 사상을 보충하는 데 있어서도 도움이 된다. 『대정장』(51권)의 『역대법보기』는 런던대영박물관과 파리국가도서관소장의 양본(兩本)이 모두 수록되었기 때문이다.47)

필자가 조사한 바로는 돈황에서 발견된 『吐蕃文寫本』 중에는 무상어록이 있다고 하지만 아직까지 그러한 표제를 붙인 독립된 단독의 사본이 찾아시지 않았다. 혹시 「무상게(無相偈)」를 질못 말한 것이 아닌지 모르겠다.48) 『英藏敦煌文獻』(10卷 p.71)에는 그렇게 볼 수 있는 가능성이 「S.6077 無相五更轉 無相偈」가 동격(同格)인 표제(標題)로 붙여졌기 때문이다. 말하자면 같은 게송(偈頌)을 동시에 말한 것이라고 볼 수 없을까?

위에서와 같이 '無住師의 禪經'이란 말이 있는 것으로 보아 이미 『역대법보기』가 고장문(古藏文)으로 번역되었다고 보이지만 현재로는 알려지지 않았다.49) 『불교사대보장론』에는 장문(藏文)으로 된 『歷代法寶記』가 없는 것으로 보아 번역되지 안했다고 본다. 하지만 『역대법보기』에도 무상어록, 무주어록이란 용어는 없다. 그러나 『역대법보기』에는 모두 5종의 무상어(無相語)가 단문(短文)으로 담겨져 있음이 발견된다. 그럼에도 불구하고 『역대법보기』를 전역(全譯)한 일본의 야나기다 세이잔(柳田聖山)은 아쉽게도 표제를 붙인 무상어를 구성하지 안했다. 야나기다 세이잔은 『역대법보기』

---

47) 金九經, 『校刊歷代法寶記』 p.1 序 참조.

48) 『英藏敦煌文獻』 10卷(四川人民出版社, 1994) p.71 「無相偈」 참조.

49) 才讓, 「從『五部遺敎』看禪宗在吐蕃的傳番影響」(『西藏硏究』2002 - 1) p.39 無住禪師意爲"小子"但疑是"無住"的音釋. 『譯師班智達遺敎』作 "PT.116 作" 與漢語 "無住"之音更爲接近. P.T.116 中無住的語錄較長, 『五部遺敎』僅有三句, 但宗旨相同, 因此疑 "是無住". 위의 표안은 古藏文의 번역이다.

의 연구를 가장 많이 한 최초의 학자이다.[50] 다음의 어록표제가
내용을 압축할 수 있을 것인지는 다음에 미루고 먼저 시도적으로
간추려 보려 한다. 표제(標題)와 역주(譯註)는 필자가 부쳤다.

1. 무상어　◇ 천곡산(天谷山)에서의 사업(事業) - 적사(寂師)와
   의 법거래

   당(唐)화상이 묻기를 "그대가 천곡산에서 무슨 일을 했느냐?"
   무상이 답하기를 "한 가지 일도 못 했지만 바쁘지 않았습니다."
   당화상이 말하기를 "그대가 바빴다면 나 또한 나빴을 것이다."
   당화상은 이 뜻을 알았으나 중인은 깨닫지 못하였다.
   (唐和尙便問, 汝於天谷山作何事業. 吾答, 一物不作只沒忙. 唐和
   尙報吾, 汝忙吾亦忙矣. 唐和尙知衆人不識.)

   <譯註>
   ① 일물(一物)은 6조(六祖)의 게어(偈語)에도 있다. 즉 "菩堤無
      樹, 明鏡亦非臺, 本來無一物"이다.
   ②『歷代法寶記』杜相公章「一物在心, 不出三界.」
   ③ 事業＝道業이다. 즉,『歷代法寶記』杜相公章「此山僧無住禪
      師有何道業.」. 또 바른 행위(正業)의 수행을 말한다.
   ④『歷代法寶記』忠信章「捨諸事業, 來投和上曰. 忠信是海隅邊
      境, 遠投和上.」

2. 무상어　◇ 삼구용심의 총지문 - 계, 정, 혜의 삼위일체적 해
   탈방식

---

50) 柳田聖山,『初期禪宗史書の研究』(禪文化硏究所, 1967) pp.278~320 참조.

삼구는 무억, 무념, 막망이다. 무억이 계(戒)이고, 무념이 정(定)
이며, 막망(莫妄)이 혜(惠)이다. 이 삼구어가 바로 총지문이다
(無憶無念莫妄. 無憶是戒, 無念是定, 莫妄是惠, 此三句語, 卽是總
持門).

총지문은 총강(總綱)의 뜻이다. 무상 선사의 저술은 오경전과
무상어록 뿐이다. 무상이 문자활동 보다 삼구어 설법을 실천하
는 쪽에 치중했기 때문에 저술이 적다.

3. 무상어 ◇ 비단과 누에실타래의 관계

비단은 본래 실인데 문자가 없다. 공교롭게 짜이면 곧 문리로
알 수 있게 된다. 또 뽀개면 본래 모습인 실타래로 돌아간다.
실이 불성에 비유 된다면 문자는 망념에 비유된다.
(綾本來是絲, 無有文字, 巧兒識成, 乃有文字, 後折却還是本絲. 絲
喻佛性, 文字喻妄念.)

4. 무상어 ◇ 물과 파도의 관계

물이 파도를 떠나지 못하고, 파도는 물을 떠날 수가 없다. 파도
는 망념에 비유되고, 물은 불성에 비유된다.
(水不離波, 波不離水. 波喻妄念, 水喻佛性.)

5. 무상어 ◇ 二更心―보리의 오묘한 진리를 얻고자 깊이 찾지
만 보살의 평등심을 먼저 얻어야 한다.

결론으로 맺고 싶은 말은 위『바세』에 보이는 신화상(神和尙)이
누구인지를 두고 어떤 사람은 무주(無住)일 것이라고 말한다. 그러
나 무주 선사는 티베트(吐蕃) 사절과 만난 적이 없을 뿐만 아니라

신통력(神通力)이 없었다. 더욱『바세』에는 무주 선사가 한번도 나오지 안는다. 이 신화상의 명칭은 중국 문헌에 널리 담겨진 김화상의 신통사례와 일치되지만 먼 티베트의 기록에서도 신통이 나타난 것이다.

더욱 이른바 'KIM和尙＝'吉木和尙'의 착음(借音)이 정중사(淨衆寺) 김화상(金和尙)과 동일함이 확인되었다. 때문에 무주 선사를 말한 것은 거리가 멀고 다르다. 무상 선사를 신화상(神和尙)이라 부른 것은 무상 선사의 주변에서 항상 기적이 뒤따랐기 때문이다. 이에 관해서는 신통사례(神通事例)를 참조하기 바란다.

이 같은 신통 때문에 성도의 김화상이 토번(吐蕃)과 남조(南詔)까지 전파되어 숭상의 대상이 되었다. 필자는『南詔圖傳·文字圈』에서 언급된 김화상이 숭배의 대상이었음을 이미 밝힌 바 있다. 본장에서 말하는 김화상이『바세』에 나타나는 '吉木和尙'으로 나타난 것처럼『南詔圖傳·文字圈』에서도 기록되었다. 이것으로 보아 김화상이 신라왕자 무상 선사임을 확실히 하였다. 더욱 김화상에 관해 언급된『拔協』의 내용분석을 통해 '吉木和尙'이 바로 성도의 정중사(淨衆寺) 김화상임을 밝혔다. 때문에 신화상(神和尙)은 따로 상징적으로 불렸던 칭호임을 알게 되었다. 아울러『바세』,『南詔圖傳·文字圈』뿐만 아니라 중국문헌의 여러 곳에서 찾아지는 김화상이 정중사 무상 선사임이 밝혀졌다.

Ⅱ. 『南詔圖傳·文字圈』에 나타난 金和尙

1. 『南詔圖傳』의 槪觀

『南詔圖傳』이란 역사용어를 알아보기 위해 필자가 소장하고 있는 ① 『Encyclopedia 大辭典』, ② 諸橋轍次,『大漢和辭典』(大修館書店, 1968), ③ 下中邦彦,『アジア歷史事典』(平凡社, 1967 4版), ④ 高文德,『中國民族史人物辭典』(中國社會科學出版社, 1990), ⑤ 王鍾翰,『中國民族史』(中國社會科學出版社, 1994), ⑥ 馬大正,『中國邊疆經略史』(中州古籍出版社, 2000), ⑦ 方鐵,『西南通史』(中州古籍出版社, 2003), ⑧ 鐵橛,『中國少數民族文化大辭典』西南地區卷, 民族出版社, 1998) 등을 찾았으나 어떤 사전류에도 나오지 않았다. 이 말은 역사용어이지만 아직도 일반화되지 못한 감추어진 용어라는 것을 말해 준다. 김화상이 말한 남조의 역사에 관한 새로운 사료(史料)는『文字卷』의 마지막 제7화에 있다. 필자는『歷代法寶記』,『輿地紀勝』, 그리고『바세(sBa–bžed)』,『南詔圖傳』을 합쳐 김화상의 선지(禪旨)와 사상(思想), 유적(遺蹟) 및 교류사(交流史)를 파악하는데 4대 보고(寶庫)의 기본사료라고 말한 바가 있다. 이 가운데『南詔圖傳·文字圈』에 담겨진 김화상의 언급이 있다는 놀라운 사실에 대해 한국 사람이면 누구라도 의아해하지 안을 사람이 없다. 때문에『南詔圖傳』에 담겨진 김화상(金和尙)의 언급을 평가하여 우리 역사 안에 포함시켜야 할 것이다. 마치 고선지(高仙芝) 장군에 의해 중국의 제지(製紙)기술이 서양에 전파된 역사적 의미와 같이 무상선사를 축으로 하는 검남(劍南)선종이 중국의 서남국에 전파·교류미에서 등불을 밝히는 '傳燈大禪師'로 부를려는 데 목적이 있다.

『南詔圖傳』은 남조(南詔)의 역사, 문화, 사회, 종교, 민속을 연구하는 데 있어서 귀중한 자료이다. 구성은 畫(『畫卷』)와 圖(『文字圈』)로 나누어진다. 길이 578.5센치, 높이 31.5센치의 긴 장권(長卷)이다. 『文字圈』은 단락의 의미인 "第七化"의 3자(字)를 제외하고, 1행 13자이다. 모두 146자이다.

위의 『畫卷』과 『文字卷』은 각기 다른 장(張)으로 나누어져 있으나, 서로 뗄 수 없는 상관성이 있다. 원화(原畫)는 남조 중흥(中興) 2년(898)에 만들어졌고, 그 후 모본(摹本)이 만들어졌는데, 지금 일본에 소장된 것이 12세기-13세기에 다시 그려진 것인지는 확실치가 않다.[51) 중흥 2년(898)은 당 소종(昭宗) 때이다. 또 남조의 중흥 2년에 그려진 불교명화(名畫)라고 해서 "中興二年畫卷"이라고 부른다.

내용은 남조(南詔)왕족이 정권을 세운 역사 이야기, 불교 고사(故事)를 한 폭의 장권(長卷)에 연속적으로 복잡하게 담았다.

현재 소장처(所藏處)는 일본 교토 유린관(日本京都有鄰館) 뿐이다. 유린관(有鄰館)은 1926년 방직업으로 돈을 번 유명한 오미쇼닌(近江商人)의 전통을 이어받은 사주(社主) 후지이 젠수게(藤井善助・滋賀縣출신)가 사설(私設) 박물관(博物館)을 설립하여 지금까지 개방되고 있다.[52) 오미쇼닌이란 이름의 시원(始源)이 어떻게 해

---

51) ① 溫玉成,『南詔圖傳』文字卷考釋(『世界宗敎硏究』2001-1) p.1 참조.
　② 『南詔文化論』(昆明人民出版社, 1991) p.391 참조. 그리고 이후 그려진 『張勝溫繪梵像卷』의 眞本은 臺灣 故宮博物院에 所藏되었고, 摹本은 현재 吉林省博物館에 있다. 길이 16,35미터, 높이 0.3미터, 그리고 134폭(開)으로 되어 있다.
　③ 詹全友,『南詔大理國文化』(四川人民出版社, 2002) p.257 참조.
52) 有鄰館學藝部,『有鄰館精華』(藤井齊成會, 2003) 前言人事 참조.

서 시작되었는지는 잘 모르겠으나, 역사상 같은 고유명사를 쓰고 있는 오미왕조(近江王朝)는 일본에 건너간 백제계(百濟系) 후예가 세웠다는 통설이 유리하다. 그러나 상호 관련성은 없다.

〈사진 40〉 유린관 전경

박물관을 입장하는 데 꽤 까다로웠다. 왜냐하면 매월 셋째 주 토요일에 2시간만 입장이 가능하기 때문이다. 일찍이『藤井氏所藏 敦煌殘卷簡目』(1954)을 출판하여 이 방면의 연구에 공개적으로 제공한 바가 있다.『文字卷』은『有鄰大觀』(제4 책)에 일부만 수록되었다. 도판설명(圖版說明)이 아주 간략하지만, 도판(圖版)이 천연색(天然色)인 데서 당시의 관심을 엿보게 한다.

이것이 일본(日本)까지 오게 된 경위는『有鄰大觀』4권(有鄰館,

1929)에서도 찾을 수 없기 때문에 추측밖에 할 수 없다. 중국학자
들은 이 자료집이 언제 간행(刊行)되었는지 궁금해 하기 때문에
이 자리를 빌려 말하는 것이다.53)

　『南詔圖傳·畫卷』(이하『畫卷』이라 칭함)은 일찍이 중국의 서가
서(徐嘉瑞)가 그의 저서『大理古代文化史』(雲南人民出版社, 2005)
에서『南詔中興國史畫』를 자세하게 소개하였다. 이에 의하면, 남조
순화정(南詔舜化貞) 중흥(中興) 2년(898)에 그려져서 순화정에게
바쳐졌다. 초판이 2005년이라 한 것은 무슨 이유인지 알 수가 없
다. 왜냐하면 응당히 재판이라 해야만 하기 때문이다.

　또『畫卷』끝에 "嘉慶二十五年歲在庚辰九月二十二日成親觀"이란
제기(題記)가 있는 것으로 보아 건륭제(乾隆帝)의 11자(子) 성친왕
(成親王·愛親覺羅)의 왕부(王府)가 소장하였다고 볼 수 있다. 왜
냐하면 그가 당대의 유명한 서법가(書法家)였기 때문이다. 이 때문
에 "題記"에 쓰인 '嘉慶25年'(1820) 이전까지는 적어도 청궁(淸宮)
안에 있었다고 보아야 한다. 이와 달리 대만 고궁박물원에 소장된
회화는 거의가 다 건륭제(乾隆帝)가 관람한 도서가 여러 곳에 찍
혀 있어서 큰 훼손이 되었다. 이후 1860년 중국이 영국과 프랑스
와의 전쟁 또는 이후 팔국연합군(八國聯合軍)에 의해 북경(北京)이
함락되자『南詔圖傳』이 미국(美國)으로 반출되었다. 이 같은 결과
의 하나가 논문으로 나타났다.

　논문(論文)으로는 1936년 Dr. Helen Chapin이 남조관음상(南詔
觀音像)을 발표하여 큰 조명(照明)을 받았다.54) 중국학자의 연구는

---

53) 李霖燦,『南詔大理國新資料的綜合的研究』專刊9(『中央研究院民族學研
　　究所, 1967) p.63 참조. 참고 문헌에『有隣大觀』의 간행연도(刊行年
　　度)가 없기 때문에 이후 대륙학자들의 논문에서 묻고 있다.

54) HELEN B. CHAPIN, A Long Roll of Buddhist Images J. I. S. O.

이혜전(李惠銓)이 지적했듯이 대륙학자(大陸學者)들은 일본(日本)에 있는 실물(實物)을 보지 않은 채 적지 않은 연구(硏究)와 해석(解釋)을 내는 등 많은 성과(成果)를 거두었다.[55] 그러나 자수(字數)만 해도 ① 2,000여 자설(字說), ② 2,500여 자설(字說), ③ 3,000여 자설(字說) 등 큰 차가 있고 각기 다른 숫자를 대고 있다. 기본 사료인 유린관(有鄰館) 소장의 『南詔圖傳』을 통해서 모본(摹本), 연대(年代), 그림의 내용과 문장(文章)의 내용분석이 요구된다.

대만(台灣)에서는 이임찬(李霖燦)의 획기적(劃期的)인 정리(整理)가 나와 학계(學界)의 주목(注目)을 끌었다. 필자(筆者)와는 '60년대 초 학생 때 먼 발치로 보았으나 그때는 논문에 별 관심(觀心)이 없었다. 또 하나는 엄경망(嚴耕望)의 『唐代成都寺觀考略』(『大陸雜誌』 63-3, 1981)도 당시 관심(觀心) 밖에 있었으나 지금은 아주 절실(切實)해졌다. 선생이 생존(生存)해 계셨다면 당시 현장조사 없이 쓴 글이기 때문에 폐사지(廢寺址)를 두고 많은 의견(意見)을 나눌 수 있었을 것이다. 왜냐하면 본서(本書)의 핵심과제(核心課題)가 크게는 『淨衆 無相大師』이기 때문이다.

앞으로 돌아가서 대만(台灣)에서는 이임찬(李霖燦) 이후는 『張勝溫繪梵像卷』 이외에는 별다른 논문이 나오지 않았다. 이 교수가 30여 년간 정열을 쏟은 대리국(大理國) 불교예술의 도상자료(圖像資料)는 후계자인 이옥민(李玉珉)에 넘겨져 '張勝溫梵像卷'의 연구가 이어지고 있다.[56] 일본에서도 거의 같은 시기에 마쓰모도 모리다가(松本守隆), 「大理國張勝溫梵像卷新論」(『佛敎藝術』 118, 1978)이

A, June & December, 1936.

55) 李惠銓, 「『南詔圖傳·文字卷』 新釋二則」(『思想戰線』, 1985-4) p.90 참조.

56) 屈濤, 「20世紀臺灣 『張勝溫梵像卷』 研究之貢獻」(『敦煌研究』, 2003-2) pp.29-34 참조.

발표되었다. 주목되는 것은 이임찬의 『圖畵』 P<編号>51에는 장유
충(張惟忠)이 왕실 여인으로부터 공양(供養)을 받고 있는 그림이다.

이임찬은 항전 시기 학교가 곤명(昆明)으로 옮겨간 것을 계기로
평생을 남조민족학(南詔民族學)과 인연을 맺게 되었다. 학생 때부
터 동파문화(東巴文化)의 납서상형문자자전(納西象形文字字典)과
각종 도책(圖册)을 수집하여 『么些象形詞典』,『么些納西標音字典』
을 간행(刊行)하여 언어·민족학계를 놀라게 하였다.57) 이 같은
연구에서 볼 때 『南詔圖傳』의 정리는 우연에서 이루어졌다고 말할
수 없게 된다. 그는 동파문화(東巴文化)의 아버지로 불리며, 여강
고성(麗江古城)에 이임찬기념관이 건립되었다.

일본(日本)에서는 최근 처음으로 다테이시 겐지(立石謙次),「南
詔國後半期の王權思想 の硏究－南詔圖傳の再解釋」(『東洋學報』, 85
－2, 2003)이 있다.

중국에서 『南詔圖傳·文字卷』의 연구는 통틀어 오직 3편의 논
문뿐 이다.58) 그러나 본문(本文)에 관한 검토는 아직 없다. 적은
이유는 황당한 문장(文章)으로 여겼기 때문일 것이다. 이들은 모두
공통적으로 김화상(金和尙)이 누구이며 그와 관련된 문장(文章)을
한 번도 검토하지 않았다. 대부분의 연구가 기년(紀年)의 고증(考
證)을 중시(重視)하고, 본문의 내외적비판(內外的批判)이 소홀히 되
었다.

위 이임찬(李霖燦)도 자료(資料)의 종합적(綜合的) 정리일 뿐 주

---

57) 岱埈, 『發現李莊』(四川文藝出版社, 2004) pp.183－186.

58) ① 張增祺「『中興圖傳』文字卷所見南詔紀年考」(『思想戰爭』, 1984－2)
　　　pp.58－62 참조.
　　② 李惠銓·王軍,「『南詔圖傳·文字卷』初探」(『南詔文化論』, 云南人
　　　民出版社, 1991) pp.408－427 참조. ③ 溫玉成,「『南詔圖傳. 文字
　　　卷考釋」(『世界宗敎硏究』, 2001－1) pp.159－168 참조.

344

석(注釋)이 풍부하지 않는 것이 아쉽다. 고궁박물원에 소장된 저자의『大理國梵像卷』에만 주(註)가 있을 뿐이다. 필자는 오로지 고궁박물원에서 출판한 초판(1982)에 수록된『畵卷』의 천연색 도판에 전적으로 의거하였다.59) 중국학자들은 이른바 "金和尙"에 주목하지 않았다. 왜냐하면 김화상(金和尙)이 스스로 말하기를 "我唐家", "我大唐"이란 말 때문에 중국인으로 보았을 것이다. 이와 같이 위 3편의 논문은 모두 본문(本文)의 내적비판은 소홀히 한 채 모두 외적비판에 모아지고 있다. 그 이유는 첫째, 연구방법의 차이에서 균형을 이루지 못했고, 둘째는 한문(漢文)이기 때문에 별다른 까다로움을 느끼지 않았기 때문이다.

2. 『歷代法寶記』의 出土와 無相禪師의 登場

20세기 초 돈황(敦煌)에서 출토된『敦煌遺書』중『歷代法寶記』(1卷)로 말미암아 1300여 년 동안 묻혀 있던 무상 선사의 선지(禪旨)와 사상(思想), 그리고 정중사(淨衆寺)를 본원(本院)으로 삼아 넓게 홍화(弘化)를 한 불교활동이 생생하게 빛을 보게 되었다. 정중종의 선지(禪旨)가 명확히 밝혀진 것은 오직『歷代法寶記』뿐이다. 삼구용심(三句用心), 수연(受緣)이 잘 표명되었다. 물론『歷代法寶記』가 저작된 거의 같은 시기에 이미 종밀(宗密)에 의하여 정중선파(淨衆禪派)에 관한 부분적인 언급이 없었던 것은 아니지만 자세한 선지를 밝혀 놓은 것은 어디서도 찾을 수 없다. 더욱 덕순사(德純寺) 주변의 천곡산(天谷山)에서 준엄한 고행(苦行)의 수행

---

59) 李霖燦,『南詔大理國新資料的綜合研究』(臺北, 國立故宮博物院, 1982 初版).

생활이 자세하게 드러났다. 무상 선사에 관한 기록은 『宋高僧傳』(卷19)이 있기는 하지만 이 문헌은 시대도 늦을 뿐만 아니라 또 『僧傳』이기 때문에 간략하다. 이 때문에 무상 선사의 곁에서 일어난 많은 기적(奇迹)들의 기록을 『宋高僧傳』(卷19)에 앞서 찾아지게 된 것이다. 『歷代法寶記』는 정중(淨衆)·보당선파(保唐禪派)의 계보를 홍인(弘忍)의 10대(大) 제자로 꼽는 지선(智詵; 609－702)을 초조(初祖)로 하고 있다. 그러나 정중종의 선지(禪旨)를 처음으로 창립한 분이 무상 선사라는 것도 『歷代法寶記』에서 알게 되었다. 『歷代法寶記』는 정중(淨衆)·보당(保唐) 선파의 법계(法系)를 정확하게 홍인(弘忍) → 지선(609－702) → 처적(處寂; 648－734) → 무상(648－762) → 무주(714－774)로 파악하였다. 무상(無相; 684－762) → 무주(無住; 714－774) 때가 가장 번창하였다.

아다시피 『歷代法寶記』의 편찬은 무주(無住) 선사의 문인(門人)에 의하여 찬술된 것이다. 그러나 작자(作者)가 누구인지, 언제 성립(成立)되었는지의 확실한 기록이 없지만 권말(卷末)에 있는 무주(無住) 선사의 사진찬문(寫眞讚文)을 살펴보면 『歷代法寶記』의 성립연대는 무주 선사의 입적 직후 얼마 안 가서 대력(大歷) 9－13년간(774－778)에 쓰였다고 보게 된다. 대부분의 중국과 일본(中日)학자들은 크게는 대력연간(774－778)으로 보고, 이를 좁혀 보면 775년으로 잡고 있다. 필자가 유추한 대력 9－13년 과는 아주 가까운 시간이다.

『歷代法寶記』는 '淨衆 無相禪師'를 속성(俗姓)에 따라 '金和上' 혹은 '金禪師'라고 불렀다. '金和尙'은 중국 음석(音釋)으로 진(GIN), 긴(KIN)의 두 경우가 모두 한문음석인 것으로 불렸음을 알 수 있다.

『歷代法寶記』의 교간(校刊)은 1935년 한국인 김구경(金九經)이 처음으로 업적을 낳았고, 전역(全譯)은 일본인 야나기다 세이잔(柳田聖山)에 의해 이루어졌다. 김구경은 서울대학교 재직 중 6·25 전쟁으로 인하여 납북되었다. 북경에서는 호적(胡適) 아래서 돈황문서를 정리하는 일을 도우면서 일본에서의 연구자료를 제공했다. 김구경은 오다니 대학(大谷大學)의 종교학과에서 공부했기 때문에 자연히 스승인 스스기 다이세스(鈴木大拙)가 가진 돈황자료를 호적에게 전할 수가 있었다. 스스기 다이세스는 유럽에서 직접 슈타인·페리오를 만난 사람이기 때문이다. 이보다 앞선 선구자는 단연 야부기 게이기(失吹慶輝)를 꼽게 된다.[60] 이와 같이『歷代法寶記』를 통한 중·일·한국인 간에 펼쳐진 국제교류의 한 장면이 한국 사람에 의해 이루어졌다.

그의 업적인『校刊歷代法寶記』는 심양(沈陽)에서 떠돌아다녔던 이른바 '瀋陽無所得居'일 때 '鷄林金九經'이 교정(校定)하였다. 호적(胡適)은 김구경의 업적을 높게 평가하였다. 그러나 김구경에 의한 교간이 마음에 들지 않았던 탓인지 그도 교간을 붙이고 싶다고 말했으나 끝내 이루지 못했다. 필자는 무상 대사와 관련된 문장을 ① 대정장(大正藏)에 수록된『歷代法寶記』, ② 김구경의『校刊歷代法寶記』, ③ 스스기 다이세스(鈴木大拙)의 관련 자료, ④ 기타『歷代法寶記』의 필사본, ⑤야나기다 세이잔의 주석(註釋) 등을 대조해서 채택하였다. 그리고 일본학자는 원문(原文)대로 김화상을 번역했을 뿐 고의적인지는 알 수 없으나 신라왕자라고 부각시키지 않았다. 이보다 늦게 야마구찌 쯔이호(山口瑞鳳)의 논문『ヂベット佛敎と新羅の金和尙』(『新羅佛敎硏究』山喜房佛書林, 1973)이 나왔다.

---

60) 矢吹慶輝,『鳴沙餘韻』(臨川書店) 참조.

앞으로의 연구가 더욱 발전되기를 우리 모두가 바라는 바다.

무상 선사의 연구에서 볼 때 『歷代法寶記』의 연구는 아직도 초보적이고, 부분적이라고 말할 수 있다.[61] 왜냐하면 무상 선사의 행적, 사상을 통한 종합적인 연구가 한 번도 시도된 바가 없기 때문이다. 필자가 새로운 과제(課題)로 파악한 것은 다음과 같다. ① 성도(成都)에 가지 않고, 덕순사(德純寺)로 직행한 까닭, ② 무상 선사의 선종(禪蹤)이 깃든 천곡산(天谷山), 영국사(寧國寺)의 지리비정(地理比定), ③ 인성염불(引聲念佛)과 도신(道信) 이래의 염불정심(念佛淨心), ④ 한 손가락에 불을 지져 등을 밝힌[一指爲燈] 공양은 무상 선사의 신통변화(神通變化)를 보여준 행위이다. 이것들을 『歷代法寶記』의 내용분석에서 찾아야 할 것이다.

①은 <Ⅳ편-3-3)>편에서 ②는 <Ⅴ편-3-1)>에서, ③은 <Ⅴ편-4-2>에서 ④는 <Ⅵ편-2)>에서 다루었다. 모두 장(章) 절(節)을 따로 두었다. 위 ②의 스스기 다이세스(1870-1966)는 일본의 유명한 선학자이다.

무상 선사를 가장 강하게 끌어당긴 곳이 덕순사이다. 왜냐하면 자중(資中)에는 무상 선사의 발자취가 남겨진 수행처, 천곡산(天谷山)과 탁석감(卓錫龕)이 남아 있기 때문이다. 앞에서 말한 바와 같이 『歷代法寶記』는 돈황사본(敦煌寫本)에 남아 있다. 모두 7개 사본(寫本)이 있다. 즉 슈타인(Stain)편호 516, 1611, 1776, 5816과 1313

---

61) 다음 논문이 있다.

　① 冉雲華,「東海大師無相傳研究」(『中國佛教文化研究論集』, 臺北東初出版社, 1992 初版2刷) pp.42-64.

　② Jan Yun-hua, Mu-Sang and His Philosophy of No Thought; 『淨衆無相禪師』(佛教映像會報社, 1993) pp.178-216.

　③ 山口瑞鳳,「吐蕃佛教と新羅の金和尙」(『新羅佛教研究』, 東京, 山喜房佛書林, 1973) 참조.

그리고 페리오(Pelliot)편호 2125, 3717, 3727이다. 이 가운데 2125
의 첫머리와 끝이 온전하여 유일한 완권(完卷)으로 말해진다. 무상
어록(語錄)과 오경전(五更轉)은 『歷代法寶記』와 관련이 없기 때문에
위에서 따로 다루었다.

3. 『南詔圖傳·文字卷』의 新史料

19세기 초 『歷代法寶記』가 출토되면서 신라구법승 무상 선사가
크게 부각되었다면, 『南詔圖傳·文字卷』에 등장된 김화상은 바로
무상 선사를 축(軸)으로 중국 서남국(西南國)과의 불교교류가 활발
하였음을 입증(立證)하는 신사료(新史料)가 된다. 『南詔圖傳·文字
卷』의 정리는 일찍이 이임찬(李霖燦)에 의해 출판되었으나 성도(成
都)의 무상 선사와 연관시키지 못하였다.

앞에서 말한 바와 같이 김화상을 중국인으로 보았기 때문이다.
『文字卷』의 자수(字數)는 앞에서 말한 바와 같이 모두 2,363자이
다. 이것은 처음으로 밝힌 확실한 자수(字數)이다. 이 가운데 김화상
(金和尚) 관련의 자수는 146자이다. 전체 자수의 16분의 1에 해당한
다. 『文字卷』에 담겨진 김화상의 언급은 바로 정중종이 남조국(南詔
國)까지 전파된 중요한 자료이다.

〈사진 41〉『南詔圖傳·畵卷』中의 혜능(右) 신회(中) 남인(左)

그러나 『화권(畵卷)』에는 오히려 이와 달리 혜능(慧能) → 신회(神會) → 장유충(張惟忠) 등 남종(南宗)의 법맥이 그려져 있다.

특히 『張勝溫繪梵像卷』의 도판<圖版51 – C>의 '張□忠'은 가운데 글자가 지워져 뚜렷하지 않다. 이임찬에 의하면 '作' 아니면 '惟'라고 추정하였다. 『張勝溫繪梵像卷』 가운데 <23 – 58開>은 석가모니와 중국 조사 9명 및 운남조사 8명을 배열하였다. 운남의 초조가 장유충이다. 기왕(奇王)이 남조왕실(王室)의 여인(女人)으로부터 공양을 받는 장면이 그려져 있다. 그러나 남조(南詔)의 존경인물인 남인(南印) 장유충(張惟忠)은 정중사(淨衆寺) 신회(神會)의 제자이다. 무상 선사에게는 법손(法孫)이 된다. 이를 말해 주는 것이 장유충이 하택(荷澤) 신회(神會)로부터 전법을 받은 것은 상징적이지만 지리적인 거리가 멀고, 정중사(淨衆寺) 신회(神會)는 직접적으로 접촉되었다는 해석이다.62) 남인(南印)이 하택 신회(神會)로

---

62) 李玉珉,「南詔佛敎考」『印順導師九秩華延祝壽文集』(臺北, 東大圖書公

부터 상징적으로 깊은 선지(禪旨)는 터득했지만 아무도 인증(印證)하는 사람이 없었기 때문에 후에 다시 정중사(淨衆寺) 신회(神會)를 찾아 계심(契心)을 받았다는 것이다.[63] 그러나 호적은 근본적인 문제에서 종밀(宗密)이 고의적으로 정중사 신회(神會)를 하택사 신회(神會)로 오인하게끔 혼용한데서 비롯되었다는 것이다. 이를 두고 용트림에서 봉황의 날개를 달았다(攀龍附鳳)[64]고 하였다. 남인의 문하에는 종밀(宗密)이라는 설출한 학승(學僧)이 나왔다.

4. 『南詔圖傳·文字卷』의 金和尙 관련 本文 注釋

김화상(金和尙)이 신라왕자(新羅王子)라는 역사사실(歷史事實)과 그를 축(軸)으로 하는 중국서남국(中國西南國), 즉 토번(吐蕃)과 남조국(南詔國)까지 정중종(淨衆宗)을 전파시키고 교류(交流)하는 중심에서 활동하였음을 밝히기 위해 『南詔圖傳』의 관련 사료(史料)가 중요하다. 그 목적(目的)은 김화상(金和尙)이 검남선종(劍南禪宗)에서 차지하는 주역(主役)의 지위(地位)에 있었으며, 또 그의 빛

司, 1995) p.536 「乃成都淨衆寺的神會大師(720－794), 爲北宗系無相禪師的傳人, 所傳的是淨衆派的禪法. ⋯⋯ 郤因無人爲他印證, 所以他只好轉投淨衆寺神會的門下. 這也就是說, 和惟忠禪師直接接觸的應是淨衆神會而非荷澤神會.」

63) ① 『宋高僧傳』 卷11 自在傳附聖壽寺釋南印傳 「得曹溪深旨無以爲證. 見淨衆寺會師.」

② 『六學僧傳』 卷6 唐南印 「游學深得曹溪之旨. 然無以爲證. 淨衆寺會師曰. 落機之錦, 濯以增姸.」(『新纂大日本續藏經』77册).

64) 胡適遺稿, 「跋裵休的唐故圭峯定慧禪師傳法碑」(『歷史語言所集刊』34－上册, 1962) p.7 참조.

나는 활동(活動)이 성도(成都) 밖의 외연(外延)으로 남조(南詔)까지
여전히 숭고(崇高) · 고귀(高貴)의 신승(神僧) 또는 신통(神通)이 있
는 예언자(豫言者)로 자리 잡은 고승(高僧)임이 성도에서와 같이
나타났다. 이 말은 당시 성도 사람들이 무상 선사를 성인(聖人)으
로 숭상하였다는 뜻이다. 때문에 그의 말은 종래 많은 고승들의
예언과 달리 현안(懸案)의 문제를 풀어주는 해답까지 제시해 주었
다는 점에서 특이하다. 언제나 무상의 생활주변에는 항상 신이(神
異)의 행동이나 예언이 있었다.

(1) 本文

第七化

全義四年己亥歲①, 復禮朝賀. 使大軍將王丘佺②, 酉望張傍等部至
益州, 逢金和尙云③, 雲南自有聖人入國授記, 汝先於奇王④, 因以雲
南, 遂興王業, 稱爲國焉. 我唐家或稱是玄奘授記⑥, 此乃非也. 玄奘
是我大唐太宗皇帝貞觀三年己丑歲⑤, 始往西域取大乘經, 至貞觀十九
年乙巳歲, 屆于京都. 汝奇王是貞觀三年己丑歲始生, 豈得父子遇玄奘
而同授記耶. 又玄奘路⑦非歷於雲南矣.

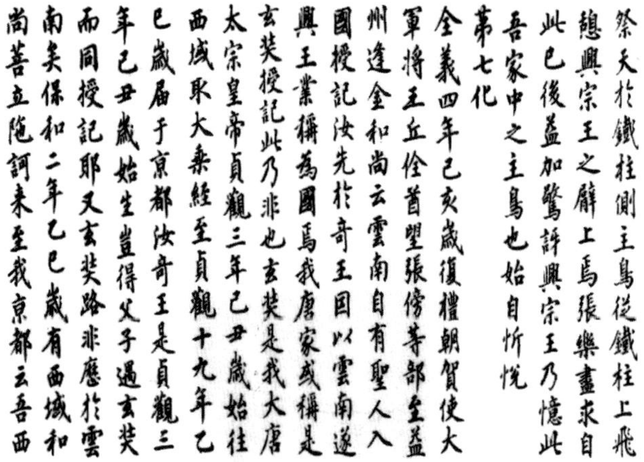

祭天扵鐵柱側主鳥従鐵柱上飛
緫興宗王之辭上鳥張樂求目
此已後益加驚許興宗王乃憶此
吾家中之主鳥也始自忻悦
第七化
全義四年己亥歳復禮朝賀使大
軍將王丘佺首塑張傍等郡室益
州造金和尚云雲南自有聖人入
國授記汝先扵奇王囙以雲南遂
興王業㪷為國焉我唐家或㪷是
玄奘授記此乃非也玄奘是我大唐
太宗皇帝貞觀三年己丑歳始往
西域取大乘經至貞觀十九年乙
巳歳届于京都汝奇王是貞觀三
年己丑歳始生豈得父子過玄奘
而同授記耶又玄奘路非應扵雲
南受和記二年乙巳歳有西城和
尚善立陁詞來至我京都云吾西

〈그림 22〉『文字圈』第七化 金和尙관련의 記事

(2) 注釋

① 全義 4年

남조(南詔) 정왕(靖王) 근리성(勸利晟)이 사용한 연호(年號)이다. 『隋唐紀年表』에 의하면 전의(全義) 3년이 당나라 원화(元和) 14년 (819)에 해당한다. 이해는 무상 선사가 입적한 지 이미 57년 째가 된다. 때문에 『文字卷』의 신빙성에 문제가 있다. 때문에 이 기사가 진실인가에 대해서는 의문을 불러 일으킨다.

사료가치에 있어서는 김화상의 말이 약간 떨어지겠으나, 그 기록에 담겨진 역사적 배경마저 배제시킬 수는 없을 것이다. 왜냐하면 생전에 있지도 않았던 김화상(金和尙)을 만났다는 이야기는 한마디로 허위이지만 당시 저명한 김화상(金和尙)에 가탁(假託)하여 자신이 이룩하려는 목적이 김화상을 내세우게 되었다. 즉 그때까지 전래되어 온 몇 가지 수기(授記)의 전설(傳說)을 남조(南詔)의 역사로 확립하려는 의도가 숨어 있다. 또 57년이란 시차는 무상 선사(無相禪師)가 생전에 일으켰던 기적의 이야기가 아직도 이웃 이야기처럼 입에서 입으로 생생하게 떠돌아 다녔던 그런 시간, 때 이다. 때문에 김화상이 말한 ① '聖人入國', ② '玄奘路' 등 남조 의 역사, 불교교류에 관한 이야기는 당시까지만 해도 많은 사람들 의 입에서 말해진 것이다. 남조(南詔)에서 성도(成都)에 온 유학생 (留學生)이 자그마치 1,000명이나 되었다.[65] 이 가운데 무상 선사 의 법손인 남인(南印) 장유충(張惟忠)이 걸출하였다. 이와 같이 남 조, 대리도 파촉불교(巴蜀佛敎)의 영향 아래서 석각(石刻), 석굴(石 窟), 회화(繪畫) 등 예술의 발전을 보았다.

② 王丘佺

실제 인물인지 중국문헌에서 찾아야 할 것이다. 이 같은 시각에 서는 시대(時代)가 맞고, 중국과의 교류가 맞아야 할 것이다. 중국 의 온옥성(溫玉成)에 의하면 왕구전(王丘佺)을 『南詔德化碑』에 나 오는 '軍將王丘各'에 비정하였다.[66] 또 왕구각(王丘各)은 『舊唐書』 (卷197 南詔蠻傳)에도 나오는 실존 인물이다. 그러나 명확한 시대 와 교류에서 어째서 '王丘各'이 되었는지의 설명이 보태어져야 할 것이다. 필자가 소장하고 있는 당나라 번작(樊綽)이 찬한 『蠻書』에 는 '南詔德化碑'가 없고, 『南詔野史』(下卷)에 있으나 내용이 담겨 지지 않아 확인하지 못하였다. 조사결과 '南詔德化碑'는 ① 마요 (馬曜)의 『云南各族古代史略』, ②향달(向達)의 『蠻書校注』(中華書局, 1962)에 수록되었음을 나중에 알았다.

---

65) 『新唐書』 卷222 南詔傳上 참조.

66) 溫玉成,「『南詔圖傳』文字卷考釋」(『世界宗敎硏究』, 2001－1) p.8 참조.

③ 金和尙

　김화상(Kim hva san)은 당시 사람들이 부르기 쉽게 속성(俗姓)에 따라 붙인 호칭이다. 『歷代法寶記』에는 그때 사람들이 김화상이라 불렀다[時人號金和上也]고 했다. 당시 성도(成都)에는 김화상(金和尙)이 여러명이 있었다. 즉 「歷代法寶記」의 '金和尙', '金禪師', '小金師', 최치원(崔致遠)이 찬(撰)한 「鳳巖寺智證大師寂照塔碑」(『朝鮮金石總覽』上, p.90)에 나오는 '益州金, 鎭州金者', 「成都府古寺名筆記」(『四川成都府志』卷44 所收)의 '金和尙像', 『輿地紀勝』(卷154)의 '富國鎭 新羅僧'이 있다. 진주(鎭州)는 하북에 있다. 그리고 『佛祖統紀』(卷41)의 '全禪師'(金禪師의 착오임), 『重修成都縣志』(卷7) 선석조(仙釋條)에 기록된 3화상(和尙) 중 무상 선사(無相禪師) 이외에 따로 김화상(金和尙)을 기록하였다. 이로 보아 김화상이 무상 선사와 또 다른 사람으로 말할 수 있겠으나 당나라 때의 문헌이 중시될 것이다. 이 외 또 김화상의 기록은 다음에서 찾게 된다.

　　① 『宋高僧傳』(卷30) ─ 金和尙者

　　② 『北山錄』(卷6) ─ 金和尙

　　③ 『圓覺經大疏鈔』(卷3之下) ─ 成都府 淨衆寺金和尙

　　④ 『蜀中廣記』(卷88) ─ 無相大師 金和尙

　　⑤ 『菩提寺置立記』─ 金和尙

　　⑥ 『輿地紀勝』(卷157) ─ 金和尙

　김화상은 『南詔圖傳·文字卷』에 나오지만 『南詔圖傳·畵卷』에는 나오지 않는다. 그러나 당시 명망(名望) 높은 저명한 고승(高僧)을 두고 말한 것이기 때문에 응당히 성도의 '淨衆寺 無相'을 지칭했을 것으로 본다.

④ 奇王

남조(南詔)를 처음 세운 몽(蒙) 세노라(細奴羅)가 전설만이 아니
라 김화상(金和尙)에 의해 거듭 또 한 번 강조되고 있다. 세노라
(細奴羅)를 기왕(奇王)이라 부르며 제3화(第三化)에는 기몽세노라
(奇蒙細奴邏)라고 하였다. 또 '建國觀世音菩薩'이라 칭한다. 명·청
간에 저술된 『南詔野史』(上卷)에 의하면 세노라(細奴邏)는 서천축
국(西天竺國)의 마갈국(摩竭國) 아육왕저몽목(阿育王低蒙苜)의 다섯
째 아들이라고 하였다. 마갈국은 본래 마갈타국(摩羯陀國)으로 표
기되는데, 오천축국(古天竺國)에서 큰 나라였다.

「南詔圖傳·畵卷」(<圖版>86)에는 기왕(奇王)이 농민복장(農民服
裝)을 하고, 위산(巍山) 아래서 농사일을 하며 다가올 서상(瑞祥)을
묘사하였다. 그리고 이임찬의 <도판 Ⅳ-A>에는 남조 왕실의 여
인으로부터 공양을 받고 있다. 또 "梵僧"을 "聖人"으로 보았다.

시조 세노라(細奴羅)에서 마지막 왕인 901년 순화정(舜化貞)까지
는 13대, 237년이다. 이후 대장화(大長和)의 남조는 제외시켰다. 『白
國因由』(卷1)(巴蜀書社, 1998)에 의하면 '일작(一作)'에는 257년이
라고 하였다. 건국 시기는 시조와 2세 왕(世王) 흥종왕나성(興宗王
羅盛)까지이고, 마지막 왕인 순화정 때는 불교가 전래되었다. 그러
나 남조세계(世系)는 문헌에 따라 다르다. 향달(向達)의 『蠻書校注』
(附錄3)에 의하면 대부분 문헌에서 제1대가 빠져 있다고 지적하였
다. 김화상(金和尙)은 남조(南詔)의 역사를 꿰뚫고 있듯이 시조 기
왕(奇王)의 건국을 또 한 번 강조하였다.

〈사진 42〉 흠王이 남조왕실의 여인으로부터 공양을 받고 있다

⑤ 貞觀 3年

현장(玄奘)의 서역출행(西域出行)이 언제이고, 또 언제 귀국했는지에 따라 본문(本文)의 정관(貞觀) 3년~19년을 역사와 접근시킬 수가 있을 것이다. 필자의 조사에 의하면 귀국은 별문제가 없으나 서행의 출발은 각기 다른 3가지 설이 있다. ① 정관 원년(貞觀 元年), ② 정관 2년(貞觀 2年), ③정관 3년(貞觀3年) 등이다. 가장 신빙성이 큰 것이 ③이다. 왜냐하면 신빙성 있는 문헌(文獻)들이 현장(玄奘)의 서행(西行)을 ③으로 기록했기 때문이다.

③을 기록한 문헌은 다음과 같다.

① 『大唐大慈恩寺三藏法師傳』(卷1)

② 『大唐西域記』(卷12 記贊)

③ 『成唯識校釋』(中華書局, 1998, p.5)

④ 『續高僧傳』(卷4)

⑤ 『六學僧傳』(卷4)

⑥ 『佛祖統紀』(卷30)에는 상표(上表)가 '正觀 2年'이지만 그해 곧바로 서행(西行)했다고 보지 않는다. 정관(正觀)은 정관(貞觀)의 잘못된 오자(誤字)임.

그리고 위 ⑤⑥을 제외하고는 모두 당나라 때 편찬된 저술이다. 요컨대 원년(元年)과 삼년(三年)은 필사본에서 유사하게 판독되기 쉽다. 그 사이의 이 년(二年)은 시간적으로 양쪽에 가깝게 접근된다. 세노라(細奴羅)의 활동 시기는 『南朝野史』에 의하면 당나라 고종(高宗) 때이다.[67] 때문에 김화상이 말한 세노라의 탄생이 정관 3년이었다는 것은 맞는 말이다.

⑥ 玄奘授記

종래 성인 입국(聖人入國)에서 볼 때 김화상(金和尙)은 단호히 현장(玄奘)이 남조(南詔)에 온 사실이 없다고 하였다. 성인(聖人)을 범승(梵僧)으로 볼 때 좁게 말하면 인도승(印度僧)을 말하고, 넓게 말하면 외국승(外國僧) 전체에 적용시키면 현장(玄奘)일 수도 있으

---

67) ① 徐嘉瑞, 『大理古代文化史』(雲南人民出版社, 2005) p.362. 「據王崧本 『南詔野史』與蒙細奴羅同時代, 則其時代當在唐高宗時也」.

② 『南朝野史』上卷 「舜化貞唐昭宗丁巳乾寧四年卽位, 年二十歲」라고 하였다. 때문에 본서의 (注)13에 해당하는 문장은 ① 『佛祖统纪』(卷 30)이외 어디에서도 관련된 文據를 찾을 수 없었다. 필자가 보기에 순화정(舜化貞)은 당나라 소종(昭宗) 건녕 4년(897)에 즉위하였다. ②는 순화정은 기점(起点)으로 역산(逆算)한 연표(年表)에 의거해서 보면 당나라 고종 영휘(永徽) 1년(650)은 세노라(細奴羅) 2년에 해당하기 때문에 위의 서가서(徐嘉瑞)의 말은 틀리지 않지만 근거[文據]를 『南詔野史』에서 찾을 수 없었다. 5종의 版本가운데 필자가 소장한 것은 『南詔大理歷史文化叢書』(1輯)에 의거한 것이다.

나, 그는 전혀 아니라는 것이다. 이 같은 사실은 무상 선사가 들었던 지선(智詵)으로부터의 말로 보게 된다. 지선은 성도에서 현장을 따라 다니다가 황매(黃梅) 동산(東山)의 홍인(弘忍)을 찾았다.[68]

⑦ 玄奘路

현장(玄奘)이 인도로 간 경로는 서남(西南) 실크로드가 아니고, 『大唐大慈恩寺三藏法師傳』(卷1)에 의하면 북방의 서역(西域) 실크로드를 경유하였다. 즉 장안(長安) → 란주(蘭州) → 과주(瓜州) → 돈황(敦煌)으로 나아갔다. 때문에 남조(南詔)를 경유하는 서남(西南) 실크로드를 이용하지 않았다는 것이다. 왜냐하면 현장이 남조에 간 바가 없기 때문이다.

⑧ 父子遇玄奘同授記

부자가 함께 현장 법사를 만났다는 것은 부자연명제(父子連名制)를 말하는 것이다. 즉 부계(父系)의 제도 아래서 부의 이름과 자식의 이름을 함께 아울러 쓰는 명명(命名)제도이다.[69] 이 연명제는 남조의 오랜 사회적 전통이다. 몽씨(蒙氏)의 전통적 특색이 연명(連名)에 있었는데 애뢰이(哀牢夷)가 연명제(連名制)를 사용하지 않았다는 기준에서 의문을 제기하였다.[70] 이 애뢰이가 중요한 사료라는 것은 또 몽씨(蒙氏)가 스스로 '哀牢之後'라고 말했을 뿐만 아니라 '哀牢'가 '犁族'으로 번역되지 않는다면 위에서와 같이 잘못된 착오라고 하였다.[71] 그러나 시간상으로 볼 때 부(父)인 기왕(奇

---

68) 「歷代法寶記」에 「初事玄奘法師, 學經論, 後聞雙峯山忍大師.」
69) 文史知識文庫, 『中國古代民族志』(中華書局, 1993) p.210 참조.
70) 위의 徐嘉瑞 책, p.112 참조.

王) 마저도 만날 수가 없었다. 왜냐하면 현장이 서행했던 바로 그 해에 태어났기 때문이다.

위에서와 같이 김화상의 말이 비록 짧은 문장이지만 현장 법사에 대해서는 잘 알고 있었다고 본다. 이 점에서 보면 김화상의 말 속에는 ① 남조역사, ② 성인입국(聖人入國), ③ 현장로(玄奘路)는 확실하다. 그러나 위 ⑧은 잘못 알았다고 보게 된다. 때문에 김화상에 의해 현장이 운남(雲南)에 오지 않았다는 사실이 강하게 지적된 것이다. 한마디로 남조의 역사에서 주목되는 수기(授記)의 전설적인 형식을 객관적인 존경의 고귀한 김(金)화상을 통하여 역사 기록으로 확정시켰다.

현장은 육로로 갔다가 육로로 왔지만 신라승 혜초(慧超)는 해로로 갔다가 육로로 돌아왔다. 때문에 그의 기행(紀行)이 풍부하다. 필자는 일찍이 그의 저서 『往五天竺國傳』을 열심히 읽은 적이 있는데, 지금 아프간 지역에 있는 바미안석굴이 빠져 있다. 이 석굴이 귀중한 사료가 될 뻔했기 때문이다. 최근 외신보도에 의하면 폭파된 대석굴(大石窟)을 복원할 계획이라 한다. 남실크로드는 일부의 신라인, 신라상인이 장안 → 한중 → 성도 → 운남 → 인도를 통해 상업에 종사했던 루트였음을 알 수 있다.

위에서와 같이 『南詔圖傳·文字卷』에 실려 있는 김화상의 사료는 검남선종(劍南禪宗)이 남조국(南詔國)까지 전파되고 교류된 실증적 바탕에는 김화상을 중심에 두고 있음이 티베트[吐蕃]의 경우와 같다. 이 같은 무상 선사의 신통은 어디서나 그의 곁에서 나타났던 것이다. 『宋高僧傳』(卷20 『感通篇』)과 『神僧傳』(卷7)에 무상 선사가 포함되었다.

---

71) 方國瑜, 『滇史論叢』(上海人民出版社, 1982) p.170 참조.

　　요컨대 정중종(淨衆宗)이 중국의 서남국(西南國)에 전파·교류되는 중심에 신라왕자 김화상(金和尙)이 떠받치는 기둥의 대표적 역할을 하고 있었다는 새로운 역사적 사실이 밝혀지게 되었다. 때문에 한국의 교류사도 사료가 있는 한 적어도 중국의 서남국까지 확대시켜야 하는 새로운 과제가 등장된다. 하루속히 무상 선사의 불교 활동이 평가되어 우리 역사 안에 복원시켜야 할 것이다.

　　끝으로『文字卷』의 사본(寫本)과 이를 옮긴 활자본(活字本)을 서로 비교하면 잘못된 오류가 한 곳이 발견된다. 즉 현장이 정관(貞觀) 19년 을사(乙巳)년에 경도(京都)에 이르렀다는 '届于京都'가『民族學研究所專刊 9』(p.43)에서는 '届於京都'라고 하였다. 그러나 뜻으로는 '届于=届於'는 동일하다.

| 主要引用文獻 |

1. 漢籍文獻

歷代法寶記, 大正新修大藏經, 51冊, 臺灣新文豊出版公司, 1983.

歷代法寶記, 中國佛教叢書 禪宗編1, 中國江蘇古籍出版社, 1993.

楞伽師資記, 中國佛教叢書 禪宗編2, 中國江蘇古籍出版社, 1993.

禪源諸詮集都序, 中國佛教叢書, 禪宗編1, 中國江蘇古籍出版社, 1993.

中華傳心地禪門師資承襲圖, 禪宗編1, 中國江蘇古籍出版社, 1993.

六祖大師法寶壇經(宗寶本), 禪宗編1, 中國江蘇古籍出版社, 1993.

圓覺經大疏鈔(卷3之下), 藏經書院版 卍續選輯 14冊, 新文豊出版公司, 1976.

『錦江禪燈目錄』(卷1), 藏經書院版 卍續選輯 15冊, 新文豊出版公司, 1976.

大藏經補編(20冊), 台北華宇出版社, 1986.

北山錄, 大正新修大藏經, 52冊.

傳法寶記, 大正新修大藏經, 51冊.

宋高僧傳, 中華書局, 1987.

六學僧傳, 新纂大日本續藏經, 77冊.

五燈會元, 中華書局, 1984.

景德傳燈錄, 新文豊出版公司, 1988 1版.

輿地紀勝(8冊), 中華書局, 1992.

方輿勝覽(3冊), 中華書局, 2003.

大正新修大藏經目錄(改訂新版), 大藏出版株式會社, 1966.

大正新修大藏經索引-正編, 新文豊出版公司, 1980.

大正新修大藏經索引-續編, 新文豊出版公司, 1992.

蜀中廣記(卷82-84), 欽定四庫全書 史部 592-400, 台灣商務印書館.

蜀中名勝記(卷1-9), 重慶出版社, 1984.

錦江禪燈, 四川大學出版社, 1998.

天啓新修成都府志①, 巴蜀書社·江蘇古籍出版社·上海書店, 1992.

民國資中縣續修資州志㉖, 巴蜀書社, 1992.

四川通志(4冊), 巴蜀書社·江蘇古籍出版社·上海書店, 1992.

全唐文(20冊), 台灣開明書店, 1961.

(淸) 金石萃編, 補正續編, 臺灣國聯圖書出版公司, 1965.

全唐詩(上中下), 中州古籍出版社, 1996.

天壤閣襍記, 1882(光緖8).

巴蜀佛敎碑文集成, 巴蜀書社, 1992.

靑城山志, 巴蜀書社, 2004.

2. 中國語著書

1) 大陸

劉志遠·劉廷壁, 成都万佛寺石刻藝術, 中國古典藝術出版社, 1958.

成都市地名領導小組, 四川省成都市地名錄, 1983.

拔塞囊, 拔協(增補本)譯注, 四川民族出版社, 1990.

布頓, 佛敎史大寶藏論, 民族出版社, 1991.

馮學成 等, 巴蜀禪燈錄, 成都出版社, 1992.

四川省文史館, 成都城坊古蹟考, 四川人民出版社, 1987.

鉄波樂, 資州攬勝, 內江作家協會, 2001.

蘭州大學敦煌學研究所, 敦煌佛敎與禪宗學術討論會文集, 三秦出版社, 2007.

姜義華, 胡適學術文集, 中華書局, 1997.

黃夏年, 胡適集, 中國社會科學出版社, 1995.

石峻, 胡適論學近著, 山東人民出版社, 1998.

洪修平, 禪宗思想的形成與發展, 江蘇古籍出版社, 2000.

印順, 中國禪宗史, 江西人民出版社, 1999.

任繼愈, 漢唐佛敎思想論集, 人民出版社, 1994.

楊曾文, 唐五代禪宗史, 中國社會科學出版社, 1999.

任半塘, 敦煌歌辭總編(上中下), 上海古籍出版社, 2006.

楊仲錄 等, 南詔文化論, 雲南人民出版社, 1991.

徐嘉瑞, 代理古代文化史, 雲南人民出版社, 2005.
北京圖書館分館普通古籍組, 繪圖五百羅漢, 書目文獻出版社, 1992.
秦孟瀟, 七塔禪師五百羅漢圖, 陝西旅游出版社, 2002.
王衛明, 大聖慈寺畵史叢考, 文化藝術出版社, 2005.
袁有根, 歷代名畵記, 北京圖書館出版社, 2002.

2) 台灣
李霖燦, 南詔大理國新資料的綜合研究, 中央研究院民族學研究所 專刊 9,
　　　　1967.
李霖燦, 南詔大理國新資料的綜合研究, 臺北國立故宮博物院, 1982.
阿部肇·關世謙譯, 中國禪宗史, 東大圖書公司, 1988.
柳田聖山·吳汝鈞譯, 中國禪思想史, 台灣商務印書館, 1982.
冉雲華, 中國佛敎文化研究論集, 東初出版社, 1990.
冉雲華, 中國禪學研究論集, 東初出版社, 1990.
胡適, 胡適手稿(第7·8集), 胡適紀念館, 1970.
胡適 校, 敦煌唐寫本神會和尙遺集, 中央研究院胡適紀念館, 1982.
胡適, 胡適講演集 上中下冊, 胡適紀念館, 1970.
唐德剛 譯註, 胡適口述自傳, 臺灣傳記文學出版社, 1986.
弘文館出版社 編輯部, 中國佛敎思想資料選編(第2卷), 弘文館出版社, 1986.
呂徵, 佛敎研究法, 臺灣新文豐出版公司, 1996.

3) 日本語著書
柳田聖山, 初期の禪史Ⅱ, 筑摩書房, 1979.
柳田聖山, 初期禪宗史書の研究, 禪文化研究所, 1967.
鈴木敏夫, 慧能研究, 大修館書店, 1978.
宇井伯壽, 禪宗史研究, 岩波書店, 1966.
田中良昭, 敦煌禪宗文獻の研究, 大東出版社, 1983.
金知見·蔡印幻 編, 新羅佛敎研究, 山喜房佛書林, 1973.

4) 韓國語文獻

金富軾, 三國史記.

朴永善, 朝鮮禪敎考, 續藏經 148冊.

金九經, 校刊歷代法寶記, 沈陽出版社, 1935.

李能和, 朝鮮佛敎通史, 佛紀2945.

朝鮮總督府, 朝鮮金石總覽(上), 1919(大正8).

高僧傳八種, ALTHAI HOUSE, 1982.

佛敎映像會報社 編, 淨衆無相禪師, 1993.

5) 欧美語著書

Helen B. Chapin, A Long Roll of Buddhist Images, J.I.S.O.A, June & December, 1936.

Jan Yun‐Hua, Mu‐Sang and His philosophy of 'NO Thought', 佛敎映像會報社 Seoul, 1993.

Lancaster and Lai, Early Ch'an in China and Tibet, Berkeley; University of California 1983.

Helen B. Chapin, Yünnanese Images of Avalokitésvara, Harvard Journal of Asiatic Studies, Vol.8. NO.2, PP.131‐186. August, 1944. 오래 전 서울에서 출간된 이른바 해적판에는 아쉽게도 포함되지 아니하였다.

| 색 인 |

|附 錄|

—필자의 자료수집을 위한 래왕 書函

〈문통 1〉 敦煌變文에 큰 업적을 낸 潘重規 교수의 육필

〈문통 2〉中國文化大學 董事長 張其昀 博士 肉筆

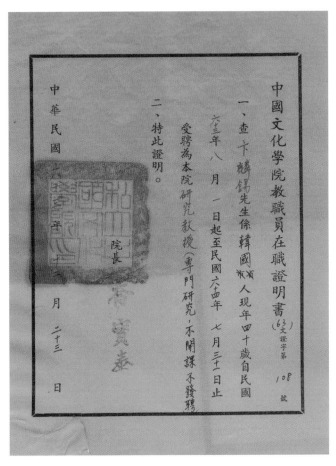

〈문통 3〉中國文化學院 재직증명서

〈사진 1〉胡適 博士

A photo showing some of the faculty of the
Center of Asian Studies. Next to Professor Allen
and Dr. Djang Chu is Professor In-suk Pyun, Ex-
change Scholar from Yeungnan University , Korea.

〈사진 2〉St. John's 대학 동아연구소 교수와 함께(Center
발행의 News Letters에서)

|后 記|

　無相禪師에 관심을 가지게 된 것은 1907년 『歷代法寶記』란 禪宗史書가 돈황의 藏經洞에서 出土되면서부터 시작되었다. 즉 地下에서 1,600여 년 간 亡失되었다가 다시 復活됨에 따라 무상 선사의 行蹟과 禪法이 처음으로 생생하게 드러나게 되었다.

　지금까지의 연구는 『歷代法寶記』와 함께 약간 언급되었을 뿐, 단독으로 新羅求法僧이란 人物을 종합적으로 다루어지지는 안했다. 본서가 처음일 뿐만 아니라, 성과에서도 한 단계 끌어 올려 놓았다.

　본서의 연구방법은 무상의 禪跡이 있는 現場을 통해 3時期로 나누었다. 이 같은 時期의 區分은 일찍이 胡適博士가 中國禪宗史의 커다란 결점이 歷史意識이 없는데서 비롯되었다고 지적한데 대하여 그 같은 관점을 수용하고, 신청자 나름대로 중시한 것이 ① 年代(紀年), ② 遺蹟, ③ 풍부한 典籍의 運用 등이다. 비록 人物史의 연구일지라도 실증적 연구의 방법으로 ① 文獻 ② 遺蹟을 一致시켰다. 그 代表的인 것이 종래 일본의 山口瑞鳳, 카나다의 冉雲華교수가 이룩한 金和尙 관련의 연대를 批判할 수 있었다.

　본서의 연구내용은 서문에서 이미 언급했듯이 13個의 핵심 課題를 設定하여 新羅王子 求法僧－金和尙을 바르게 評價하는데 目的을 두었다. 즉 그가 唐나라에 건너가 당시 선종의 제2 勢力으로 創立한 淨衆禪派가 먼 中國西南國인 티베트(吐蕃)와 南詔國까지 전파되어 太陽(尼瑪), 神僧으로 崇尙받았던 사실이 과연 진실일가?

그 이유는 무엇일가를 그의 宗敎活動을 통해 立證하고자 하였다.

본서에서 다룬 중요한 14개의 과제는 모두 무상 선사 스스로가 발전시키고, 이룩한 자랑스러운 업적이다. ① 五百羅漢(455号)의 반열에 들어 간 것, ② 淨衆宗이 티베트(吐蕃)와 南詔까지 전파된 것, ③ 淨衆宗의 宗旨와 禪法을 確立한 것, ④ 敦煌歌辭 中에 많지 않은 無相五更轉이 들어간 것, ⑤ 『歷代法寶記』에서 無相語錄을 모을 수 있다는 깃, ⑥ 그의 宗敎活動이 坐禪(頭陀行)→弘法(傳授)→佛事(造寺) 등이 境界의 벽 없이 드나들며 至善至高의 가치로 創立시킨 것, ⑦ 많은 嗣法弟子를 배출시킨 것, ⑧ 『宋高僧傳』(卷 19), 『神僧傳』(卷 7)의 신라승 무상이 티베트 『바세』에 나타나는 神僧과 일치한다는 것, ⑨ 옛 淨衆寺가 과연 어떤 모습이였을가를 文獻에 산재된 殿堂의 기록을 조각으로 맞추어 再構成한 것, ⑩ 무상선사의 얼굴 모습이 『歷代法寶記』에서처럼 추한 코 등 위에 사마귀가 없었다는 것을 ⓐ 玄宗의 導師 ⓑ 최치원이 찬한 寂照碑銘 ⓒ 大慈寺의 벽화 ⓓ 그의 宗敎 活動 등을 통해서 그럴 가능성이 전혀 없다는 것을 밝혔다. ⑪ 무상에 관한 異說의 文獻, ⑫ 무상의 神通事例, ⑬ 무상과 馬祖 道一의 師資關係 ⑭ 종래 무상 선사가 수행한 天谷山이 어디에 있었는가를 두고 볼 때 일본의 柳田聖山, 카나다의 Jan Yun-Hua에 의하여 잘못 誤導된 地理比定을 바로 잡은 것, 아울러 무상의 제자인 無住가 得道한 白崖山과 保唐寺의 위치 비정도 중국학계에서 시도하지 안했던 것을 처음으로 다루었다.

위의 課題를 모두 모아서 볼 때 그가 創立한 淨衆禪派가 어떤 것이며, 그 세력이 당시 禪宗을 대표한 것으로 보아 충분히 티베트·南詔까지 전파되고 발전할 수 있었다는 것을 입증할 수가 있었

다. 이 점에서 무상 선사를 '傳燈大禪師'라고 불러도 무방할 것이
다. 뿐 만 아니라 본서는 종래의 어떤 주장, 설, 서술(敍述), 비정
(比定)에 대한 객관적인 검토를 통하여 바로 잡은 곳만 해도 30여
곳이 된다.

이상으로 무상대사에 대한 학술적인 연구를 끝내고 보니 하고 싶
은 말은 정중 무상대사를 두 나라 국민의 우의(友誼)를 위해 顯彰紀
念堂을 현지의 중국측과 함께 건립하는데 실제적인 發願의 후원자
가 나타나 주기를 바라는 소망이다. 아울러 성도 巴蜀書社 汪사장
이 필자가 필요한 구입목록을 보여주었을 때 꽤 많은 돈을 받지 않
고 기증해준데 감사한다. 또 臺灣 新文豊出版公司가 매년 연하장
과 함께 출판목록을 보내준데 대해서도 이 자리를 빌어 감사한다.

2009.2
변인석

| 中文后記 |

1907年禅宗史书《历代法宝记》从敦煌的藏经洞出土，从此引起了无相禅师研究热潮。随着失踪1600多年的史书重新从地下被发掘，无相禅师的行迹和禅法首次公诸于世。

迄今为止，研究仅涉及《历代法宝记》，并没有单独对新罗求法僧进行人物综合研究。本书属此方面之首创，且取得了阶段性成果。

根据无相禪师的行迹，本书的研究分为3个时期。胡适博士曾经指出，中国禅宗史的巨大缺陷在于历史意识的缺乏，本书对时期的划分注意改正了此缺陷。作者十分重视 ① 年代，② 遗迹，③ 丰富的典籍运用等。虽然本书是对人物史的研究，但却利用实证方法将文献与遗迹统一。其中有代表性的是，批判了此前日本的山口瑞凤，加拿大的冉云华教授有關金和尚的年代记录。

本书的研究内容已在序文中有所提及，即設定 13个核心课题，目的在于对新罗王子求法僧－金和尚作出正确评价。即他远渡唐朝，创立当时禪宗第2大势力的净众禅派，并远播至中国西南的吐蕃和南诏，他被称为太阳(尼玛)和神僧而广受崇尚，这些是否属实，同时通过他的宗教活动探明其理由。

本书涉及的14个重要课题，全部为无相禅师的辉煌业绩。

① 进入五百罗汉(455号)。

② 净众宗传播至吐蕃和南诏。

③ 确立净众宗的宗旨及禅法。

④ 敦煌歌辞收录了一些无相五更转。

⑤ 可通过≪历代法宝记≫收集无相语录。

⑥ 他的宗教活动包括坐禅(头陀行)→弘法(传授)→佛事(造寺)等，摆脱了境界的限制，创造了至善至高的价值。

⑦ 培养了众多嗣法弟子。

⑧ ≪宋高僧传≫(卷19),≪神僧传≫(卷7)中的新罗僧无相与西藏文≪拔协≫中出现的神僧一致。

⑨ 为探明古净众寺的原貌, 按照散在文献中的有關记录再構成了寺院配置和殿堂风貌。

⑩ 据≪历代法宝记≫记载，无相禅师丑陋的鼻子上有一颗瘊子，但本书通过 ⓐ 玄宗的导师 ⓑ 崔致远撰写的寂照碑銘 ⓒ 大慈寺的壁画 ⓓ 他的宗教活动等事实, 证明了此记载的不实性。

⑪ 与无相有關的异说文献。

⑫ 无相的神通事例。

⑬ 无相和马祖道一的师資關系。

⑭ 修正了先前日本的柳田圣山, 加拿大的冉云华關于无相禅师修行的天谷山位置的错误描述, 同时首次探明了中国学术界未曾涉及的, 无相的弟子无住得道的白崖山和保唐寺的位置。

综上所述，证明了无相创立的净众禅派内容充实，并传播发展至西藏和南诏。從這一点來看，亦可称爲傳燈大禪師. 不仅如此，本书对先前的主张，些说，叙述，地理比定作出了客观评价，修正的地点址达30多处。在对无相大师的学术研究结束之际，真心希望有更多的人与中方一起，资助建立纪念净众无相大师的顯彰纪念堂。同时，在拿出购书书目时，成都巴蜀书社的汪社长免费提供了笔者

此表示真诚的谢意。另外，台湾新文豊出版公司每年向笔者寄送贺
年卡和出版目录，借此机会一并表示感谢。

2009. 2

卞 麟 錫 謹

변인석 　•약 력•
(卞麟錫)
고려대학교 사학과 졸업
국립대만대학 역사연구소 졸업
영남대학교 대학원 졸업(문학박사)
영남대학교 전임강사 · 교수
중국문화대학 교환교수
미국 St. John's대학교 동아연구소 교환교수
일본 동경대학 동양문화연구소 외국인연구원
(일본학술진흥회 초청)
아주대학교 인문학부 교수
동양사학회 회장
정년 퇴임 후 학회활동에 참석하고 있다.
섬서사범대학 주진한수당문화연구중심 교수
서북대학 당국제문화연구소 연구원
중국 CCTV당문화연구소 연구원
정중 무상대사 현창회(031)278 - 0020 준비위원

•주요저서•
『安史亂의 新研究』, 『四庫全書朝鮮史料의 研究』, 『唐代文化史叢說』,
『中國文化遺蹟踏査』, 『白江口戰爭과 百濟 · 倭關係』, 『唐長安의 新羅史蹟』,
『淨衆 無相大師』

淨衆 無相大師

초판인쇄 | 2009년 4월 30일
초판발행 | 2009년 4월 30일

지은이 | 변인석
펴낸이 | 채종준
펴낸곳 | 한국학술정보㈜
주 소 | 경기도 파주시 교하읍 문발리 513-5 파주출판문화정보산업단지
전 화 | 031) 908-3181(대표)
팩 스 | 031) 908-3189
홈페이지 | http://www.kstudy.com
E-mail | 출판사업부 publish@kstudy.com

등 록 | 제일산-115호(2000. 6. 19)
가 격 | 35,000원

ISBN 978-89-534-4231-3 93910 (Paper Book)
　　　978-89-534-4232-0 98910 (e-Book)